GRAVITARE
万有引力

Mr. Smith Goes to China

Three Scots in the Making

Of Britain's Global Empire

史密斯先生到中国

三个苏格兰人与不列颠全球帝国的崛起

[美] 韩洁西——著

史可鉴——译

SPM

南方出版传媒

广东人民出版社

· 广州 ·

图书在版编目（CIP）数据

史密斯先生到中国：三个苏格兰人与不列颠全球帝国的崛起 /（美）韩洁西（Jessica Hanser）著；史可鉴译. —广州：广东人民出版社，2021.11
书名原文：Mr. Smith Goes to China: Three Scots in the Making of Britain's Global Empire
ISBN 978-7-218-15185-4

Ⅰ.①史… Ⅱ.①韩… ②史… Ⅲ.①经济史—英国 Ⅳ.①F156.19

中国版本图书馆CIP数据核字（2021）第185579号

SHIMISI XIANSHENG DAO ZHONGGUO: SANGE SUGELANREN YU BULIEDIAN QUANQIU DIGUO DE JUEQI

史密斯先生到中国：三个苏格兰人与不列颠全球帝国的崛起

［美］韩洁西（Jessica Hanser）著 史可鉴 译　　　版权所有　翻印必究

出 版 人：肖风华

丛书策划：施　勇
项目统筹：陈　晔　皮亚军
责任编辑：刘飞桐　陈　晔
责任校对：钱　丰
责任技编：吴彦斌　周星奎
封面设计：瓦　剌

出版发行：广东人民出版社
地　　址：广州市海珠区新港西路204号2号楼（邮政编码：510300）
电　　话：（020）85716809（总编室）
传　　真：（020）85716872
网　　址：http://www.gdpph.com
印　　刷：广州市岭美文化科技有限公司
开　　本：889毫米×1194毫米　1/32
印　　张：9.75　字　　数：215千字
版　　次：2021年11月第1版
印　　次：2021年11月第1次印刷
著作权合同登记号：19-2021-096号
定　　价：78.00元

如发现印装质量问题影响阅读，请与出版社（020-83716848）联系调换。
售书热线：（020）85716826

超越以国家和东印度公司为中心的历史

这些在不同疆域为私利行事的帝国驱动者身上

我们将以全新的视角

看到大英帝国何以扩张，全球化何以发生

本书系广州市哲学社科规划 2020 年度课题（2020GZGJ54）、2019 年度《广州大典》与广州历史文化研究资助专项课题（2019GZY08）阶段性成果。

中文版序言

我第一次去中国是在 2004 年，当时我 23 岁。那时，我对中国的历史、文化和语言知之甚少。在两周的时间里，我试着了解一切：北京的八达岭长城、紫禁城、圆明园，南京的紫金山，西安的兵马俑；但我从没去过上海以南的地方。当我回到美国并开始在耶鲁大学攻读历史学博士时，我还没有完全意识到这次旅行将如何改变我的学术轨迹，并最终改变我的人生历程。我原本的计划是写一部关于英国和德国历史的书，但在开学的第一天，我惊讶地发现自己匆忙地在选课目录中搜索汉语入门课程。学习中文的过程甘之如饴，如此迷人而丰富的语言让我乐在其中。但除此之外，我当时还是漫无目的地学习，直到我在史景迁教授的中国史本科通选课上听到他的一番评论。他随口提到，历史学家对中英两国在鸦片战争前的交往了解不多。我于是明白自己要写什么样的历史了。我还意识到，通过自己在地理和语言上的"去中心化"，我能够将自己所描绘的历史"去中心化"。

这就是《史密斯先生到中国》的由来。本书的主人公虽然是三位名叫乔治·史密斯（George Smith）的苏格兰人，但地理中心却是口岸城市——广州。在 18 世纪和 19 世纪，广州是全球重要的金融、商业、政治和文化发展中心。我们在很大程度上要感谢以范岱克为代表的当代学者，他们将广州历史带到了世界史的舞台中央。

这本书以他的作品为基础，进一步探索了英国在中国以及中国在英国的历史。

研究中国历史的学生和学者会注意到本书所用史料的不均。我希望在讲述这段历史时能有更多的中国声音。遗憾的是，18世纪广州的行商虽然与乔治·史密斯们以及其他类似的商人在社会和经济上往来密切，但他们几乎没有留下什么记录。他们的确做过记录，但大多数没能保存下来。我之所以依赖清代的官方档案，是因为它们确实存在，但或许有一天，中国的学者们会通过仔细调查发现迄今未知的史料。加油！

韩洁西

佛罗里达州西棕榈滩

2021 年 5 月 6 日

目 录

序　言

　　从 17 世纪到 19 世纪，经英国政府的许可和定期授权，东印度公司垄断了好望角以东的贸易。绝大多数英国人没有合法权利与印度、东南亚、日本和中国进行贸易。虽然一些人脉较广的商人设法从东印度公司获得自行交易的许可，但许多人选择完全无视东印度公司的垄断权。大多数时候，东印度公司无法实施绝对的垄断，因而私人贸易很快成为亚洲海上商业景观的一种常态。"散商"（private trader）一词贯穿本书，它指的是那些未经东印度公司许可而在亚洲自行做生意的人。本书讲述了 18 世纪下半叶英国散商在印度和中国之间进行贸易的历史。

　　直到最近，我们才开始对散商有所了解。关于欧洲在亚洲海上的商业和帝国主义活动，过去的大多数研究都以英国人和欧洲人组建的几个东印度公司为研究对象。虽然有些研究——例如霍尔登·弗伯（Holden Furber）、P. J. 马歇尔（P. J. Marshall）、艾米丽·埃里克森（Emily Erikson）和苏林·门茨（Søren Mentz）的研究——探讨了"私人贸易"（private trade），但他们倾向于关注东印度公司员工自行经营的副业，而鲜有甚至完全忽视对独立散商的考察。此外，这些研究通常关注的是印度，而不是中国。

　　不过，在最近的几十年里，历史学家开始更多地关注私人贸易。美国史学家，如乔纳森·戈尔茨坦（Jonathan Goldstein）和詹姆斯·费希特（James Fichter），在很大程度上起了带头作用，这主要是因为美国没有堪比东印度公司的垄断巨头；由于与亚洲的贸易对所有美国公民开放，前往印度和中国的美国人都可被定义为散商。对于中国方面的研究，特别是范岱克的宝贵研究，为广州贸易史注入了新的生机。他的著作激励了一代学人——苏珊·史楚普（Susan Schopp）、莫家泳（Maria Mok）、丽莎·赫尔曼（Lisa Hellman）和本杰明·阿斯穆森（Benjamin Asmussen）——深入挖掘美国、欧洲和中国的档案，以揭示第一次鸦片战争（1840—1842）前围绕中国展开的全球贸易。

新近的学术研究强调对亚洲（特别是对中国）海上之散商的生活进行密切且持续的考察，《史密斯先生到中国》正是这一波学术研究的组成部分。本书以散商为中心，将看似枯燥的账簿史料变成引人入胜的历史叙述，从根本上改变我们对工业革命前夕的大英帝国和全球贸易的理解。

本书非独力所能写就。在过去的十年间，我得益于许多人和机构善良大方的帮助。我有幸与耶鲁大学出版社两位优秀的编辑贾亚·查特吉（Jaya Chatterjee）和玛丽·帕斯蒂（Mary Pasti）共事，他们的敬业、专注和对我的鼓励使得出版过程充满乐趣。

我获得来自耶鲁大学、伍德罗·威尔逊基金会（Woodrow Wilson Foundation）、中国台湾地区教育主管部门、美国国家安全教育计划、富布赖特项目、耶鲁大学拜内克珍藏善本图书馆（Beinecke Rare Book and Manuscript Library）、安德鲁·梅隆基金会（Andrew Mellon Foundation）、历史研究所（伦敦）、耶鲁大学詹姆士·包斯威尔文献特藏、耶鲁大学东亚研究委员会、哈佛大学历史研究计划、以色列亚德·哈纳迪夫基金会（Yad Hanadiv Foundation）、特拉维夫大学、香港城市大学以及耶鲁—新加坡国立大学学院（Yale-NUS College）的资助。本研究得到耶鲁—新加坡国立大学学院 IG15-SR103 号拨款支持。

　　感谢大英图书馆、拜内克图书馆和萨里历史中心的工作人员，特别是赫德利·萨顿（Hedly Sutton）、玛格丽特·梅克皮斯（Margaret Makepeace）、理查德·莫雷尔（Richard Morel）以及黛安·杜查姆（Diane Ducharme）为我使用档案指点迷津。

　　巴瑞特（Timothy Barrett）、凯特·特尔切（Kate Teltscher）、休·鲍恩（Huw Bowen）、马克·盖姆萨（Mark Gamsa）、乔丹·古德曼（Jordan Goodman）、彼得·克兰（Sir Peter Crane）、卫思韩（John E. Wills）、王国斌（R. Bin Wong）、彭慕兰（Kenneth Pomeranz）、本杰明·艾尔曼（Benjamin Elman）、陈国栋（Chen Kuo-tung）、许雅惠（Hsu Ya-hwei）、苏珊·史楚普（Susan Schopp）、莫家泳（Maria Mok）、丽莎·赫尔曼（Lisa Hellman）、王雨青（Eecheng Ong）、胡嘉映（Ho Gia Anh Le）、玛丽亚·达罗蒂娜（Maria Taroutina）、克里斯蒂娜·沃克（Christine Walker）、伊曼纽尔·迈耶（Emanuel Mayer）、塔兰·康（Taran Kang）、翁赐宁（Claudine Ang）、陈大荣（Tan Tai Yong）、马特·里戈（Mate Rigo）、顾史考（Scott Cook）、万百安（Bryan Van Norden）、岛津直子（Naoko Shimazu）、特雷弗·伯纳德（Trevor Burnard）、詹姆斯·费希尔（James Fichter）、普鸣（Michael Puett）、佩里克莱斯·鲁维思（Pericles Lewis）、丽贝卡·坦嫩鲍姆（Rebecca Tannenbaum）、查尔斯·贝

林（Charles Bailyn）、布莱恩·麦卡杜（Brian McAdoo）、黄宇和（John Wong）、李嘉玲（Catherine Ladds）、安妮·鲁德尔曼（Annie Ruderman）、普拉桑南·帕塔萨拉蒂（Prasannan Parthasarathi）、濮德培（Peter Perdue）、罗伯特·特拉弗斯（Robert Travers）、凯瑟琳·威尔逊（Kathleen Wilson）、芭芭拉·哈恩（Barbara Hahn）、贝瑞葆（Robert Batchelor）、张万民以及张隆溪在本研究的不同阶段给予我宝贵的意见、批评和鼓励。我的研究助理赖伊浦（Lai Yikpo）和莎茉莉（Mollie Saltskog）同样提供了宝贵的帮助。

我能够学习中文并翻译本书所引用的中文档案得益于多位老师在语言方面长期的悉心教诲和鼓励，他们包括孔飞力（Philip Kuhn）、胡静（Hu Jing）、古柏（Paize Keulmans）、周雨（William Zhou）、沈建华、苏炜、林秋芳（Lin Chiu-fang）以及许多其他在耶鲁大学和台湾大学国际华语研习所（International Chinese Language Program）的老师。他们使得学习这门极具挑战性的语言成为一种乐趣。

我有幸受教于一些出色的学者，在他们的帮助下，我成长为一名研究者和教师。史景迁教会我如何发现一个引人入胜的故事，弗朗西斯卡·特里维拉托（Francesca Trivellato）带我进入跨文化贸易和微观史的世界，尼古拉斯·斯宾塞（Nicholas Spence）向我展示如何研究家族史，P. J. 马歇尔指引我阅读东印度公司迷宫般复杂的档案，范岱克教我如何成为广州贸易史学家。获得博士学位后，我遇到了几位很棒的导师——娜奥米·拉莫雷（Naomi Lamoreaux）、亚当·克卢洛（Adam Clulow）、欧阳泰（Tonio Andrade）和范岱克，他们的善意和对我研究的支持意义重大。

多年前，当我的博士生导师基思·赖特森（Keith Wrightson）批评我在学术上"兴趣泛滥"的时候，我暗自窃喜。他鼓励我走自己的学术道路，并教我如何进行人文写作。能成为他的学生，我深感荣幸。

追寻三个乔治·史密斯的环球足迹需要大量的旅行。我很感谢丽贝卡和格雷格·布伦希尔弗夫妇（Rebecca & Greg Rice-Brensilver）、利奥拉·汉泽和格雷姆·特雷纳夫妇（Leora Hanser & Graeme Traynor）以及艾利森和杰里米·科恩夫妇（Alison & Jeremy Cohen）在伯克利和伦敦为我提供住所。萧家的萧璇（Maggie）、萧镇安（Shaw）、萧瑜和陈美燕（Kenny）把我当作女儿和妹妹一样对待。他们的家犹如避风港，让我在台湾完成本书的写作。

最后，我永远感谢我的朋友和家人，唯望本书值得他们为我付出的时间、精力、资源和情感。

导　言

18 世纪中叶，三个同名为"乔治·史密斯"的苏格兰人从英国航行到东印度寻找财富。由于他们都有一个英国当时最常见的名字，时人以他们工作和生活的港口城市对其加以区分。本书讲述了马德拉斯的乔治·史密斯、广州的乔治·史密斯和孟买的乔治·史密斯的生平。尽管他们可能听起来只不过是大英帝国在亚洲的一个集体隐喻，但却是真实存在的；历史学家对他们早有耳闻。这三位乔治·史密斯出现在许多历史著作的脚注中，但我们对他们几乎一无所知。许多历史学家（情有可原地）将他们混为一谈，以至于很难厘清他们的故事。[1]

了解这些鲜为人知的苏格兰人和他们隐秘的生活有什么益处？首先，他们的故事引人入胜。其次，他们为我们指明了一条进入18 世纪下半叶全球贸易和大英帝国扩张的世界的独特通道。通过追溯乔治·史密斯们在全球的足迹，我们可以看到不列颠商业帝国的运作是如何在不同的区域同时开展和加强的。史密斯们的故事也使人们对 18 世纪 90 年代初英国第一个访华使团有了新的认识，因为使团的派遣及其几个主要目标似乎都源于几位乔治·史密斯。最后，或许有些矛盾的是，对这三位苏格兰商人的持续关注提醒我们，帝国的崛起不只是靠少数勇敢的英国人。史密斯们的故事让我们看到更广泛的行动者，包括中国和印度的商政精英、妇女、儿童以及

1　当地的英国社区，他们既是帝国的参与者，也是其成果的分享者。

在官方层面，中英之间直到 18 世纪的最后十年才有所接触。当时英国政府向北京的朝廷派遣了第一个官方批准的使团——马戛尔尼使团（Macartney Mission）。对英国商人而言，真正接触的不是中国的北方，而是中国南方的广州，那里是广东的省城，即欧美商人所熟知的"Canton"。英国政府决定派遣访华使团之前，英国商人在广州的商业贸易已有一个世纪之久，且获利颇丰。1600 年，东印度公司获得英国国王的授权，得以垄断好望角以东的贸易，并在 17 世纪早期将贸易延伸到中国的东南沿海。[2]

英国东印度公司进入中国的同时，不列颠群岛和中国都出现了政治动荡。1644 年，就在英国内战爆发的两年后，明朝被推翻，随之建立的就是众所周知的清朝。改朝换代总是暴力、漫长、混乱的。直到 17 世纪 80 年代，明遗民在郑氏家族的领导下，以东南沿海的福建、台湾为据点，抵抗清朝。清政府直到政局稳定后才向外国商人开放通商口岸，而台湾郑氏政权寄望于"通过进口英国武器弹药"以增强其军事实力，于 1670 年允许东印度公司在台湾设立商行，几年后又在厦门设立商馆（factory）。[3]

1683 年，清王朝最终平定台湾郑氏政权。东印度公司虽然失去了在台湾的贸易特权，但获得了它梦寐以求的东西：在中国大陆口岸的通商许可。广州很快成为东印度公司船只停靠的首选港口。在广州，东印度公司员工面对的是一个稳定且管理良好的官僚机构，它致力于支持和规范国际贸易。尽管中国的贪官污吏、贿赂以2　及高关税可能依旧让人颇有微词，但"广州体制"促进了跨文化贸易。[4] 直到第一次鸦片战争（1840—1842）为止，这一有序且高效的体制持续运作了 150 年之久。世界各地的商人——欧洲人、亚美尼亚人、印度人、巴斯人（Parsis）[①] 以及美国人——蜂拥而至，并在广州发财致富，都印证了该体制的成功。

东印度公司并不是英国在广州唯一的重要机构。17 世纪后期，散商们来到中国的南部沿海。这些"自由商人"（free merchants）"港脚商人"（country traders）和"非法自营商"（interlopers，即侵害垄断贸易的散商，时人这样称呼他们）并非东印度公司的雇员，但他们在东印度公司的阴影下生活和工作。例如，散商约翰·斯卡特古德（John Scattergood）在 18 世纪早期就与在广州的中国商人们形成了密切的商业关系，他们包括连官（Linqua）、晏官（Anqua）、戈德史密斯（Buqua Goldsmith）[②] 以及名字诙谐的"Pinkee Winkee"[③]。[5] 连官和晏官是福建籍的合伙人，作为东印度公司最大的货源供应商，他们的商贸网络扩展到荷属巴达维亚，即今天的雅加达。1715 年，他们向斯卡特古德赠送两罐红茶和两段塔夫绸，以感谢他为"前往马德拉斯且在贵船歇脚的中国人"提供交通之便。[6]

18 世纪中叶前后，散商大量涌入中国。按霍尔登·弗伯

[①]　广州、澳门和香港地区译作"巴斯"，其他地区则译作"帕西"或"帕栖"，是主要居住于印度次大陆、信仰琐罗亚斯德教的人群。本书页下注均为译者注。

[②]　暂未查到该商人所对应的中文名，只译出姓。外国商人通常以"某官"（qua）称呼广州行商，因此"Buqua"亦是"某官"的拼写，可能此人在与外国商人交易时取了一个西洋姓氏。

[③]　"Pinkee Winkee"未见到类似发音的中文名，此处暂保留英文史料中的拼写。

关乔昌（Lamqua，活跃于1825—1860年间的中国著名画家，又称"蓝阁""林官"或"琳呱"）《广州十三行图》（*View of the Hongs at Canton*）。布面油画，尺寸57.15厘米×81.28厘米×5.08厘米。由美国皮博迪·埃塞克斯博物馆（Peabody Essex Museum）于1931年购得，为奥古斯丁·赫德（琼记洋行，Augustine Heard & Co）特藏，藏品编号M3793。美国马塞诸塞州皮博迪·埃塞克斯博物馆惠允使用，由马克·塞克斯顿（Mark Sexton）和杰弗里·戴克斯（Jeffrey R. Dykes）摄影。

（Holden Furber）的说法，他们在印度洋掀起了一场"商业革命"。[7] 18世纪60年代，印度和中国之间的贸易扩大了，这可能是由18世纪中期英国对印度的征服所引起的。英国的私人运货商利用"新建立的政权和扩张后的资源基础"，创建了新的亚洲贸易网。[8]

三个乔治·史密斯正是在这个不断发展变化的私人贸易和跨文化贸易的亚洲海域世界中经商的。然而，本书一开始并不是对乔治·史密斯们或散商的研究，它首先要探索的是第一次鸦片战争前英国与中国的政治经济关系。本研究自然从大英图书馆的东印度公司档案开始，那也是乔治·史密斯首次在文献记录中出现。他曾现身于孟买、广州、后来名为开普敦的殖民地、槟城、萨里、伦敦、苏格兰、马德拉斯、孟加拉和澳门。乔治·史密斯似乎是一个马不停蹄的世界环游者。这个活力充沛且行险徼幸的商人究竟是谁？他似乎无处不在，但其私人记述却无迹可寻。他的遗嘱、信笺、手账、日记都消失了，但对他的研究却不容忽视。随着时间的推移，在美国、英国、澳大利亚、瑞典、丹麦等国和中国港澳台地区的学者对英国、中国、欧洲等相关档案进行深入的研究，三个形象各异的乔治·史密斯逐渐浮出水面。18 世纪下半叶，他们都在印度和中国之间行商。孟买的史密斯甚至出现在中国的档案中；他被称为"大班士蔑"。[9] 历史文献揭示了这些毫不起眼的史密斯是如何被卷入一系列重大事件中的，包括亚洲的两次金融危机、一次与清政府的武装冲突、马德拉斯的军事政变、广州的人质危机、两艘军舰的对华派遣、东印度公司和英国议会对印度事务的正式调查以及英国使团首次访华的筹划。本书正是构建于史密斯们的经历、思想和行动之中。

对马德拉斯、广州和孟买的乔治·史密斯以及他们同类人的关注，使人的面貌得以呈现在一些本就复杂抽象的宏观过程之中，比如全球化和大英帝国在亚洲的扩张。本书的微观史方法不仅"用实实在在的人来充实我们的模型和理论"，从而使"抽象的进程、历史和地理"变得鲜活起来，而且还让我们能够用"过去人类行为中动态、具体化的例子来检验首要的（通常是理想化的）前提"。对乔治·史密斯们的关注，让我们得以"探索原本无法触及的事物"，并提醒我们，"帝国是建立在人们的血汗、眼泪和欲望之上的"[10]。

从史密斯们的角度来书写历史，有助于我们讲述一个大英帝国在亚洲扩张的新故事。通过史密斯们，我们可以想象，18世纪的大英帝国不仅仅是一个被消费主义、贸易和投射在全球范围内的军事力量定义的商业、文化或政治实体，还是一个由无数的金融交易、信贷关系以及欧洲人与身处帝国地理边缘的地方精英之间的互动所构筑与巩固的金融实体。当事情出了偏差，个体就会有新的盘算，并在国内外采取行动，向宗主国政府施压，有时（但不总是）说服政府支持他们的举措并更积极地在更广阔的世界进行干预。虽然历史学家们早已认识到金融与帝国主义之间的重要联系，但他们倾向于关注立足英格兰（特别是伦敦）的"绅士资本家"（gentlemanly capitalists）、银行家、金融家和投资者们，在他们看来，这些人通过在整个帝国的资本投资，影响了帝国政策，并促进了帝国扩张。[11]

5　将关注的地理焦点转向亚洲海域的港口城市，新的经济参与者和经济体系就显现出来了。我们发现，通过将英国的私人资本（也就是白银）出借给印度的统治者和中国商人，散商和他们的委托人在印度和中国建立了庞大的金融市场。这一金融体系建立在向亚洲借款人发放高风险、高息贷款的基础之上，它最终引发了在广州和马德拉斯的重大金融危机。这种看似金融合作的伙伴关系，背后其实潜藏着弱点，可能会给参与者带来破坏性后果。互惠互利的金融交易和信贷关系可能会迅速演变成某种不同的东西，它带有帝国主义性质；跨文化信贷可以迅速变为殖民债务（colonial debt）。

在港口城市马德拉斯和广州，乔治·史密斯们向我们展示了英国私人资本的谋划和资本家对债务杠杆的利用如何在微观经济层面上将权力的天平向有利于英国的方向倾斜。欧洲国家崛起为世界列强的过程早已引起学者们的关注。有些学者用欧洲在海军、军事、技术、金融和公司制度、甚至文化等方面的优势来解释"西方在东方的崛起"。[12] 在这样做的时候，他们已经深入到过去寻找欧洲地缘政治成功的深层根源。然而，在过去的几十年里，许多学者选择"重新面向东方"（re-Orient），反而强调一直到 19 世纪欧洲和亚洲之帝国和社会都有惊人的相似之处。他们主张，"大部分有文字记录的历史之预设……都是亚洲是最重要的"[13]。根据最新的帝国研究，欧洲的势力"微弱"，并且"是建立在与亚洲人和非洲人的密切互动之上的"；欧洲人努力"在以亚洲为主导的政治秩序中找寻一席之地"。[14] 但欧洲人试图甚至有时成功地改变了与亚洲精英们进行经济和政治接洽的条件。观察这些微妙的权力变迁，洞悉帝国何以扩张，需要对帝国地理边缘的新型跨文化碰撞剖幽析微。通过把 18 世纪的英国散商置于故事中心，我们可以从独特的视角，准确找到那些使欧洲人得以在亚洲更有力地维护自己的权利并最终使权力天平向有利于他们的方向倾斜的关键时刻和历史进程。

　　英国散商们的经济和政治影响力远远超出了亚洲海域的港口城市，甚至深入到伦敦的英国政治权力中心。亨利·邓达斯（Henry Dundas）和埃德蒙·伯克（Edmund Burke）是当时英国最重要的两位政治家，他们收到了大量来自散商们的信件和政策建议，其中就包括马德拉斯的乔治·史密斯和广州的乔治·史密斯。史密斯们的广泛通信使我们对英国首个赴华使团有了新的认识。虽然人们普遍认为，英国政府决定向中国派遣使团是为了确保利润丰厚的茶叶贸易，并为英国出口开辟新市场，但我们仍然不知道英国政府为何

6

突然将目光往东投向中国。为什么英国首相小威廉·皮特（William Pitt）的得力助手、监管东印度公司在印度事务的政府委员会的实际负责人亨利·邓达斯不顾东印度公司的意愿，决定与中国建立正式的外交关系？散商们是英国首个赴华使团故事的核心；他们是其最积极的拥护者，派遣使团的想法可能就源自他们。在同是苏格兰人的亨利·邓达斯身上，他们看到了一位富有同情心、精力充沛的合作伙伴，他对自由贸易帝国的愿景与他们对私人利润和在亚洲更大机遇的追求相契合。邓达斯和散商们共同筹建了英国第一个赴华使团。

乔治·史密斯们还揭示了苏格兰人和苏格兰经济思想在英国对华贸易中的重要作用。在包括印度在内的大英帝国中，苏格兰人无疑是无处不在的。[15]据历史学家汤姆·迪瓦恩（Tom Devine）的研究，"在帝国所有职业领域的统计记录中，苏格兰人的占比都很高，在某些情况下，比如在印度具有高级军衔的人中，其占比尤甚"。[16]1776年，一位在印度工作的英国散商发现，"全世界汇聚此地的外国人，要么是苏格兰人，要么是爱尔兰人"。[17]

三位来自苏格兰的乔治·史密斯证明，苏格兰人不仅如大量研究业已证明的那样在欧洲、美国、印度和澳大利亚举足轻重，而且在中国也是如此。[18]尽管苏格兰人在驻华散商中占比特别高，但大多数关于在亚洲的苏格兰人的研究都聚焦于印度，"那里的推荐任命制（patronage）①、人脉关系与苏格兰的东方主义等议题一

---

① "Patronage"特指东印度公司中一种靠着家世背景谋职的方式，明面上是以推荐的形式完成任命。东印度公司的董事多为伦敦地区的富商或银行家，他们往往可以通过特有的推荐任命权让其子弟或亲友来华工作。

直都是关注的热点"。[19] 我们对在华苏格兰人有限的认知都来自于几个 19 世纪最著名的鸦片走私者和植物猎人的丰富传记与相关研究，包括威廉·渣甸（William Jardine）[①]、詹姆士·马地臣（James Matheson）[②] 和罗伯特·福钧（Robert Fortune）。[20] 历史学家们对 19 世纪第一次鸦片战争（中英之间第一次军事冲突）前的几十年研究兴趣浓厚，但却因此忽视了苏格兰人在 18 世纪对中国的介入。即便在华苏格兰人吸引了历史学家们的目光，他们也被误认为是"独立的英国人"或"一群居住在中国善妒的英国人"。[21] 但"独立的苏格兰人"或"一群居住在中国善妒的苏格兰人"可能更确切。苏格兰散商在发展连接印度和中国的新兴的金融市场方面发挥了关键作用。通过与亨利·邓达斯的关系，他们还影响了在伦敦制定的帝国政策。对三位乔治·史密斯及其同类人的细致考察，证实了苏格兰对 18 世纪大英帝国在亚洲的发展产生了"显著的、可以说是极其重要的"影响。[22]

对乔治·史密斯们的研究也将全球化进程及其对英国、印度和中国的各种参与者之影响和联系置于更清晰的视野之中。史密斯们使大英帝国内外区域间的关联变得了然可见。通过史密斯，我们看到英国对古老的中国商品——茶叶——日益增长的消费需求是如何为东印度公司和中国商人在广州创造了商业机遇和金融挑战的。广

---

① 又译"威廉·查顿"。威廉·渣甸是苏格兰人，早年在鸦片港脚船上担任外科医生，后专门运营鸦片贸易，并创办怡和洋行。他推动了鸦片战争，并在清廷割让香港一事中起到关键作用。

② 又译"占士·麦地臣"。马地臣亦是苏格兰人，1832 年与渣甸在广州合办怡和洋行。

州的资金流动性问题（liquidity）在很大程度上是由来自孟加拉、孟买和马德拉斯的私人资本解决的。18 世纪中期，英属东印度公司对这些地方的军事征服为许多东印度公司的雇员创造了大量财富。为这三位苏格兰商人的微观史研究提供了一个全球化视角，它通过将英国、印度和中国交错纠缠的历史置于同一镜头下，从而超越了大英帝国狭隘的地理界限。23

　　乔治·史密斯们是我们了解 18 世纪不列颠帝国全球史的引路人，但本书不仅仅涉及这三位苏格兰人。它也讲述了他们亚洲贸易伙伴——印度东南部阿尔果德的纳瓦布（nawab）① 和广州行商（Hong merchatns）——的故事，史密斯们与他们建立了长期密切的金融关系。它也是有关史密斯们的家庭和社区的故事。像当时的许多苏格兰人一样，三位乔治·史密斯很早就背井离乡。他们在印度遇到了他们的妻子和情人。他们的子女在马德拉斯、孟买、澳门和开普殖民地（Cape Colony，即南非"好望角"）出生并长大；他们的儿子和孙子们在东印度公司谋得文职和武职；他们的女儿和孙女们嫁给了东印度公司的雇员和英国军人；他们的姐妹、遗孀和未婚女儿们继承了大量的东方财富，这使她们得以在英国作为独立的债券持有人和投资人而衣食无忧地生活。事实上，从源自亚洲的家庭财富中最终获益最多的可能正是史密斯们的遗孀和女儿们。经济独立的单身女性和拥有信托基金的妻子们可以安享富贵，她们赖以为生的投资可以"免受丈夫的任何干涉、管控、债务和约定"的影响。24 史密斯们的家族与帝国广泛而持久的联系揭示了"英国的

---

① 英印土著的王公称号。

帝国势力何以成为包括几代妇孺在内的英国人之生活的一部分"。[25]

东印度的财富触及整个英国社区的生活。19世纪初，在苏格兰的福代斯（Fordyce），有很多姓史密斯的男孩（看来有不少）获得助学金，在一位"经验丰富的"教师指导下学习现代商业语言、数学和会计。福代斯任何姓氏的居民都可在一家新医院接受诊疗。他们还享受来自教区牧师的关照。这些重要社会服务的资金直接来自于孟买的乔治·史密斯。他把其私人的印度财富捐赠出来，为他的亲戚和邻居的思想、身体和灵魂服务，在这个过程中，他把"帝国"带回了家。[26]

如果不是为了令人上瘾的中国茶，史密斯先生就不会去中国了。由于各种原因，英国的臣民在17世纪晚期和18世纪早期开始茶叶消费，这种对英国而言颇为新鲜的文化习俗将中国、印度和英国聚到了一起。[27]

随着东印度公司和中国的行商们——即那些专门从事对外贸易的机构——越发难以为日益增长的茶叶贸易提供资金，英国散商们就介入进来以填补金融缺口。乔治·史密斯们恰恰向我们展示了这一切是如何实现的，英国的私人资本在印度筹集，然后以高利率放贷给中国商人。这种放贷行为导致了1779年的一场严重的金融危机，进而刺激散商们利用英国的国家力量在广州进行积极干预。大约在同一时间，类似的事情也在马德拉斯发生。这并非巧合。广州和马德拉斯的金融危机都揭示了英国在印度和中国的贸易基地所实施的一种帝国模式。私人金融的纠葛逐渐削弱了当地精英的势力，并扩大了英国在亚洲的势力。

广州爆发金融危机后不久，我们故事中的第三个乔治·史密斯，即孟买的乔治·史密斯，卷入了另一场与中国官府的严重冲突之中。孟买的史密斯的"休斯夫人"（*Lady Hughes*）号商船上的炮手在鸣放礼炮时，导致附近一艘船上的两名中国人死亡，贸易停止了，而战争一触即发。

这些在广州令人不安的进展时常浮现在亨利·邓达斯的脑海之中，他正在思考英国利润丰厚的对华贸易之未来以及其在 18 世纪蓬勃发展的大英帝国中的地位。在马德拉斯的乔治·史密斯、广州的乔治·史密斯以及其他散商们的建议下，他决定向中国派遣首个英国使团。

10

第一章

茶与金融

在 18 世纪的英国，"中国热"盛行。中国是大英帝国对"东方"想象的主体，英国社会更是被其别致且精巧的器具制品所吸引。[1]富人们依循中国的审美原则来设计和装点他们的庄园和花园。这种所谓的"中国风"（chinoiserie）至少是对中式风格的一种欧洲诠释。[2]新兴的中产阶级热衷收藏中国瓷器，文人则书写中国的政府、宗教和经济。到 18 世纪末，几乎人人都喝茶了。[3]

如果不是因为茶，史密斯先生或许就不会去中国了。英国消费者端起茶杯，无意间创造了吸引散商前往中国的商业契机。饮茶这种看似简单且无伤大雅的行为推动了新的全球金融体系发展，这一体系在依托印度鸦片之前就已经将英国、印度和中国联系在一起了。

虽然茶的历史始于中国，但我们经常把茶和印度联系在一起。自 19 世纪中叶以来，印度的茶园为世界提供了大量的茶叶。[4]茶树是阿萨姆邦的土产，当地一些部落用茶叶来酿造药用饮料，但这种植物直到 19 世纪三四十年代才开始人工种植，当时英国人对茶的喜好刺激了它的商业前景发展。[5]对英国茶客而言，野生的阿萨姆茶在口感上太过"糙粝"，因为他们早已习惯了中国茶的味道。19 世纪 30 年代，中国的茶种和茶农（其中许多是来自今天马来西亚

和新加坡海岸外的槟榔屿的海峡华人①）被带到阿萨姆邦，英国的
11　茶业由此在印度起步。[6]

英国的商人、植物探险家和科学家一直都在探索培育中国茶树
的方法。1788 年，英国皇家学会主席、英国皇家植物园裘园主任
约瑟夫·班克斯爵士（Sir Joseph Banks）建议东印度公司的董事们
将茶作为"东印度公司种植和生产的对象"。[7]据班克斯所言，中
国的茶生长在浙江和福建两省的丘陵中，其"出众的口味"得到
广泛认可。"商品茶"（merchantable teas）生长于北纬 26 度到 35
度之间，其中红茶（black tea）适宜生长在北纬 26 度到 30 度，而
绿茶更适宜生长在北纬 30 度到 34 度。如果东印度公司的董事们审
视他们在印度的领地，他们会"发现这些领地气候多样，从热带灼
热，到凉爽宜人……从肥沃到贫瘠的土地上，都有着无数勤俭节约、
聪明能干的本地人在辛勤劳作，并对拿着也许远远低于其他人的工
资习以为常。这里有着众多交错纵横的通航河流，仿佛有意将价格
低廉的生产成果运送到商业中心"。班克斯建议公司的董事们将中
国的茶树带到不丹山区附近比哈尔省的北部地区。他的计划需要中
国茶农的配合，他希望能够诱导茶农们"将茶叶灌木以及所有的种
植和生产工具同他们一起迁移到加尔各答"，在那里他们可以获得
20 英亩的土地。这些土地"处于和广州几乎相同的纬度，并已经

---

① 海峡华人（Straits Chinese）特指在英国海峡殖民地（Straits Settlement，
即马来半岛和马六甲海峡一带）出生的华人及其后裔，俗称"峇峇娘惹"（Baba
Nyonya）。自 15 世纪至 18 世纪，大量的华南移民前往南洋的马来半岛定居，他们
和当地的马来人通婚，生下的后代中男孩子叫作"峇峇"，女孩子叫作"娘惹"。
这些海峡土生的华人主要说马来语和福建话，但是在生活习俗上基本继承了中华文
化传统。

按照种茶的要求清理和准备完毕"。班克斯认为中国的茶农会教比哈尔的"土著"们如何"种植和生产茶叶"。[8] 他的设想直到 19 世纪中叶才得以实现。在此之前,英国的消费者只能依赖中国的茶叶。

在中国,茶叶的种植和消费要比伦敦著名的日记作者塞缪尔·佩皮斯(Samuel Pepys)在 1660 年喝第一口"中国饮料"早了一千多年之久。[9] 全世界称呼这种饮料的词要么来自中国南方的闽南语(tea,te),要么源于北方官话(chai,cha)。[10] 汉代以前,四川的佛教僧侣们在寺院附近的山间种植茶叶。到了唐代,"社会各个阶层"的人都饮茶。[11] 南宋时期,茶叶成为开门七件事"柴米油盐酱醋茶"之一。[12]

12

在中国,茶的加工和制作方式多种多样。我们今天所熟悉的茶杯、茶壶与用热水冲泡散茶,都是明代的创新。在 14 世纪以前,茶被烘制成团饼,研磨成末,继而以"沸水滴注、茶筅搅拌出汤花",或配以姜、陈皮和不同佐料煮成茶汤。[13] 16 世纪出现各式的红茶(black tea,发酵茶),如小种茶(souchong)、武夷茶(bohea)和工夫茶(congou)。乌龙茶(Oolong)和白毫茶(pekoe)在略晚的 18 世纪出现。[14]

茶叶生产和消费的发展"全面重塑了中国文化",并"重构了社会生活"。[15] 明代的士大夫徐光启谈到茶对于 17 世纪的国家与社会之重要性:"夫茶,灵草也。种之则利薄,饮之则神清。上而王公贵人之所尚,下而小夫贱隶之所不可阙,诚民生日用之所资,国家课利之一助也。"[16] 一个世纪之后的英国文人亦是如此高度评价茶对于英国社会的意义。

随着中国的茶成为一种英国饮品,福建和浙江的中国茶农们开始回应欧洲不断增加的茶叶新需求。[17] 数以万计的苦力在"武夷山间运茶六日之久"，他们和内地商人、中间商一道构筑了从中国中部到广州的茶叶运输密集网络。茶叶从农场到市场，要一到两个月的时间，它们将抵达广州，并在那里被卖给欧洲商人。[18]

13　17 世纪早期，中国的茶通过荷兰商人引入英国。[19] 但英国人对这种热饮的追捧要晚于其欧洲邻国。尽管在 17 世纪 50 年代可以买到"少量"茶叶，但直到接下来的十年，尤其是在 1688—1689 年的光荣革命之后，茶叶才开始在英国和北美流行起来。[20] 到 1703 年，东印度公司的董事们声称，饮茶已经在英国"各式各样的人中间"流行起来。[21] 为了满足不断增长的茶叶需求，东印度公司在 1739 年进口了 1,765,694 磅茶叶。[22] 这个数据"几乎可以肯定……只是占茶叶总消费量的一小部分"。另外每年还有 200 万磅茶叶，"还可能更多"，被走私到英国出售。[23] 据政府估算，在 1742—1745 年间，有 300 万磅走私茶叶通过各国东印度公司所雇商人进入英国。[24] 到 1743 年，饮茶已经变得非常普遍，以至于当政府讨论"要向茶叶征税，并由每家每户按家庭内儿子的人头缴纳"时，当时的观察家霍勒斯·沃波尔（Horace Walpole）宣称"这几乎不可能行得通；

14　茶是如此的普遍，它比酒税更能引起强烈反响"。[25] 自 18 世纪 30 年代起，茶叶价格开始走低，这使得更多的人能消费得起茶叶，尤其是红茶。[26] 茶不再是一种奢侈品；同在中国一样，它已经成为一种必需品。

伦敦是英国的进口贸易中心，因此，伦敦人成为茶叶的早期消费者。1717 年，托马斯·川宁（Thomas Twining）在伦敦开设第一家茶馆。[27] 饮茶没有局限在伦敦，它很快传播到英帝国及其扩张的

威廉·丹尼尔（William Daniel，1769—1837 年）《中国一景：栽培茶树》（ *A View in China: Cultivating the Tea Plant* ），1810 年。耶鲁大学英国艺术中心（Yale Center for British Art）惠允使用。

其他地方。[28] 到 18 世纪 40 年代，"（茶叶的）大众消费在英国大部分地区已经蔚然成风"，英格兰和威尔士人每年人均消费 1 磅茶叶。[29] 在 18 世纪头几十年里，英格兰东北部诺森伯兰郡和达勒姆郡的绅士们经常饮茶。到 18 世纪 40 年代，北方中产阶级喝茶已是常态。[30] 苏格兰亦是如此，那里的贵族精英们早在 17 世纪 90 年代就开始喝茶了。到 1745 年，苏格兰社会对茶的品种、价格和质量已经形成了明确的偏好和认识。[31] 在英属北美，18 世纪 20 年代，超过半数家产在 50 英镑以上的城市居民家里有茶和茶具；1745—1754 年，四成家产低于 50 英镑的城市居民也拥有茶和各式茶具。[32] 到 18 世纪中叶，饮茶已经成为一种广泛的社会习俗，包括那些"贫弱者（lesser-sorts）"在内，他们"也坚持喝茶"了。[33]

为什么茶会风靡不列颠及其大西洋殖民地呢？从实用的角度讲，茶是一种健康的提神饮料，且容易在家制备。煮过的茶比白水更安全、更有情调，而且与咖啡不同，煮茶不太需要精密和昂贵的器具。18世纪的头25年，茶的价格相对于咖啡也有所下降。[34]与其他诸如啤酒和麦芽酒等英国大宗饮品相比，含咖啡因的茶有充沛体力、提神醒脑之效，在某些社交情境下似乎已经取代了酒精饮料。如现代消费者所知，茶中的咖啡因会让人上瘾，加上糖之后更让人欲罢不能。[35]

茶有几点特性令人着迷。它充实了早期现代英格兰已经开始的社会和文化发展——例如，社交访问。对于人们，尤其是妇女而言，饮茶创造了一个可以在家里进行社交活动的机会。这可能意味着和家人一起在早餐桌旁话家常，或者是下午与来访的朋友、邻居一起喝茶。[36]茶桌很快成为一种重要的社交摆设。1749年，乔治·文（George Vane）透露了他关于鲍斯夫人八卦的来源。他报告说："茶桌上的人见了她日渐丰腴的体态，都说她打算再给家里添一口。"[37]茶具配件还推动早期现代英格兰的一个趋势，即餐具及其相应礼仪的精致化，这可以从日益流行的刀叉和金属盘子中得到印证。很多人乐于通过购买和展示崭新且富有异域情调的中式陶瓷茶杯和茶壶的方式来为自己的家产增值。[38]对于正在崛起的中产阶级和新贵们而言，饮茶所提供的仪式和符号使他们得以定义一种新的、以"体面"为特征的社会身份。这些仪式和符号揭示了整个社会群体的举止和社会地位，而在此之前，他们被排除在所谓文雅、可敬、礼貌的形象之外。[39]一些家庭委托他人作画，即交谈画作（conversation pieces），描绘的是他们在家中会客时或者打牌时喝茶的情景。这种新的中产阶级身份的展现也可以发生在家庭之外——例如，在咖啡馆，顾客一边喝着热茶，一边阅读报纸或谈论政治和商业。

除了社会和文化意涵，茶对于品茗者还有不同的意义。对一些人而言，与遥远国度的精英们喝着同样"为中国的官员、军人、文人所饮用"的饮品，令人心驰神往。1752年的《纽卡斯尔公报》（Newcastle Gazette）正是这样向潜在消费者推销茶叶的。[40] 对另一些人而言，喝茶是一种独立（solitary）的仪式，它提供自我的享受，标记着个体一天中独处的时光。诗人、学者、翻译家伊丽莎白·卡特（Elizabeth Carter）曾描述自己独自吃饭，陶醉于茶与蛋糕之间，"一种遗世独立的奢侈，几乎不需要外物，也不需要侍从；它同祷祥书中有异曲同工之妙"。[41] 对（达勒姆郡附近）巴克沃思的拉尔夫·格雷（Ralph Grey）而言，饮茶是他构造日常的方式。他的日记记录了典型的一天："从就座正餐的第三个小时喝茶，其间要安坐以便于消化，茶后步行一小时，然后学习到晚餐时间。"[42] 饮茶的多元意涵，反映了饮茶者自身的特质。

茶也为英国的政治家们所瞩目。首相小威廉·皮特在1783年上台后，很快就同他的助手亨利·邓达斯认识到茶对英国的经济意义。茶叶贸易的价值是如此明显，以至于他们觉得"没有必要……再详述中英贸易间的国家重要性"。[43] 七年战争在1763年结束，英国和欧洲的茶叶进口比七年前增加了70%。但东印度公司茶叶销售的飞跃发生在18世纪80年代，尤其是1784年之后，销售额增长了两倍。1783年，东印度公司向英国国内和欧洲市场销售了5,858,000磅茶叶，1785年销售了15,082,000磅，1794年销售额达

休伯特·弗朗索瓦·格弗路（Hubert Francois Gravelot，1699—1773 年）《夸德里尔牌戏》（*A Game of Quadrille*），1740 年。夸德里尔牌戏为 18 世纪流行的一种四人玩四十张牌的纸牌游戏。耶鲁大学英国艺术中心惠允使用。

到 19,127,000 磅。[44]

　　东印度公司的茶叶进口在十年间增长如此之快绝非偶然。尽管国内对茶叶的需求在不断增长，但这种令人瞩目的增长在很大程度上要归功于一项立法措施，即 1784 年小威廉·皮特为制止向英国走私茶叶而通过的《折抵法案》（*Commutation Act*）。1784 年前，英国政府对东印度公司的茶叶进口课以重税，使净成本增加了 65%—110%。[45] 在英国，合法公司茶叶的成本飞涨刺激了黑市的发展。茶叶走私在 18 世纪 70 年代变得非常严重，当时各种竞争公司进口到欧洲的茶叶高达 1,340 万磅，其中绝大多数供给英国市场。[46]
走私茶叶对英国消费者很有吸引力，因为这可以让他们避开英国政
府的茶叶重税。但黑市茶叶威胁到英国国家的茶叶税收，"从 60
万到 90 万英镑不等"，还威胁到东印度公司的财务。在与美洲殖
民地的灾难性战争（1775—1783）之后，国家和东印度公司都遭受
了损失。作为调整，英国政府通过了《折抵法案》，将茶叶关税降
至 12.5%。[47]

1784 年的《折抵法案》"让走私者破产歇业，使英国政府更
彻底地将茶叶贸易操于股掌"。[48] 某历史学家认为，在 1833 年东
印度公司对中国的贸易垄断被废除之前，《折抵法案》是"中英两
国关系史上最重要的事件"。[49] 亨利·邓达斯声称，《折抵法案》
通过十年后，"你不能忽视这一交易的价值已因《折抵法案》增加
了多少"。[50] 这项立法把英国和中国的命运联系在了一起。东印度 18
公司董事们、英国首相小威廉·皮特和亨利·邓达斯都明白，东印
度公司的存亡系于与中国的茶叶贸易。尽管在印度的战争和领土征
服给该公司造成了经济损失，但对中国的贸易仍有利可图。到 18
世纪中叶，茶叶贸易已成为该公司在东印度唯一的盈利业务，茶叶
是其交织着咖啡因的生命线。[51]

然而，相较茶叶在英国所受的追捧，东印度公司在中国销售的
产品没有一样可与之匹敌。东印度公司被迫向中国出口美洲白银以
弥补贸易逆差，而这一做法受到了英国公众的严厉批评。迫于国
内的压力，在美国独立战争和第四次英荷战争期间，也就是 18 世
纪 70 年代到 80 年代初，东印度公司的董事们几乎不再向中国出口
白银。他们希望流入中国的是他们在新的印度领地所创造的财富。

董事们认为这一预期合情合理，因为该公司最近获得了迪瓦尼权（diwani rights），即在印度最富裕的孟加拉省的征税权。因此，他们迫使其在印度的三个据点（settlement），特别是孟加拉管辖区（Bengal Presidency），用其收入来资助茶叶贸易。如果在孟加拉管辖区的税收能够达到那些参与征服孟加拉邦的人的预期，并且该公司能够设法在印度免于战争，那么这种战略可能会奏效。但事实并非如此，军事和行政成本使得英属印度在马德拉斯、孟买和孟加拉的诸管区难以提供足量的白银来支撑与中国的贸易。康沃利斯伯爵在 1786—1793 年间担任印度总督（他正是那位几年后在弗吉尼亚约克镇向乔治·华盛顿将军投降的康沃利斯），他私下向亨利·邓达斯抱怨："没有什么比向中国的汇款更让我困扰的了，而且我必须坦言，我认为自己没有处理好这个业务。"而有同样担忧的人不在少数。[52]

几十年来，东印度公司与中国的茶叶贸易日益增长，但资金的筹措却一直行之不易。早在 1759 年，东印度公司在伦敦的董事们就指责孟加拉和孟买管辖区的议事会（council）向其在伦敦的财库支取大额汇票。董事会（The Court of Directors）解释说，"我们几乎势必要葬送公司唯一的盈利贸易，即对中国的贸易"。两年后，在伦敦的董事会提醒其在孟加拉管区的员工，"在条件允许的情况下，尽可能多地向中国汇款以满足与中国贸易的需要，这至关重要"，因为"（与中国的贸易）是我们获得价值回报的主要来源"。1761 年，东印度公司的董事们重申了这一点："与中国的贸易是切实的利润来源，考虑到目前这里对茶叶的巨大需求，（它）仍需要尽可能多的供应。"1768 年，他们向孟加拉管区议事会解释道，"我们非常关切的一个目标就是向中国最大限度地扩大贸易，就可预见的利好而言，通过占据优势可以阻止其他的欧洲人进入这个市场；而且从国家的利益来看，这中间的收入也尤为重要"。[53]董事们一再指示在印度的各管辖区向中国输送白银，足见他们对茶叶贸易资金筹措的忧心。

白银的需求在广州日益增长的同时，资本却在印度的英国散商手中不断积累。在印度南部，马德拉斯周边地区政局不安，英属和法属东印度公司支持对方的敌对政治势力，并通过各自的印度盟友开战。[54]最终，英属东印度公司占据了上风。按照阿拉萨拉特纳姆（S. Arasaratnam）的说法，它成为"沿海地带政治权力的真正拥有者"。[55]18世纪五六十年代，在孟加拉和马德拉斯的领土征服和军事胜利为普拉西（Plassey）战役之后英国在印度的掠夺铺平了道路。普拉西战役（1757）对英国人而言是一场决定性的胜利，许多东印度公司的员工——其中最声名狼藉的是大英帝国在印度的创立者罗伯特·克莱武（Robert Clive）——通过与当地印度统治者的"礼物馈赠"和私人协议来中饱私囊。随着他们在该地区军事和政治实力的增强，东印度公司员工还干预了孟加拉的内部贸易。他们现在可以进入印度市场，并在某些情况下垄断包括棉花、大米、靛蓝、硝石以及鸦片在内的贸易。[56]所有新的商业契机的出现，使他们中的许多人在东印度的繁盛中迅速赚得盆满钵满。[57]但是，他们会如何利用新的财富呢？

20

根据他们的风险承受力和对利润的预期，有一系列投资项目可供在印度的英国新贵们选择，包括在英国和印度的房地产、印度的钻石、英国政府债券和年金、东印度公司和英格兰银行（Bank of

England）的股票、东印度公司在印度的债券、东印度群岛的商贸业（亦称"港脚贸易"）、海上保险以及面向欧洲和亚洲的商人与统治者的私人贷款。在对这些项目进行选择时，英国投资者会考虑风险、潜在的投资回报、投资所需的资本量以及其资本被占用的时间。他们还试图通过分散投资组合和在多种投资中配置资产的方式来最大程度地降低风险。

那些追求高额利润的人更倾向于在亚洲的风险投资，那里的回报率比在英国高得多。一些人通过购买公司债券和国库券的方式对东印度公司在印度不断增长的债务进行投资。这些债券的利息是8%—12%，如果以折扣价购买，回报率往往更高。[58] 东印度公司员工和散商也可以向住在印度的欧洲人放贷。到18世纪70年代中期，在孟加拉管辖区的欧洲人一般为私人贷款支付12%的年息。[59]1778年，劳伦斯·沙利文（Laurence Sullivan）给他即将前往马德拉斯的儿子的忠告是："记住，印度的利息很高，你的钱永远不会躺在你的棺材里。"[60] 投资者有时以船货抵押借款（respondentia）或船舶抵押契约（bottomry bonds，即海上保险的雏形）的形式向海上贸易商提供贷款。这些贷款的利息很高（每年18%—50%），因为他们为货物或者船舶提供保险。投资者承担了风险，但如果航行成功，他们会赚取可观的利润。向印度商人和统治者提供的私人贷款的年利率高达25%，这也吸引了众多英国投资者。[61]

相反，公司中更多投资稳健型的雇员更愿意将自己的财富汇转到英国。东印度公司在孟加拉的官员乔治·范西塔特（George Vansittart）向他的朋友兼律师、前马德拉斯管辖区总督罗伯特·波尔克（Robert Palk）表达了这一意向："我希望到明年四月资产价值达五十万卢比，尽管想让这个数值翻倍，但如果我承受现有的损失并只寄托于未来的良机，恐怕它不值得我继续尝试。"投资者的财富一旦转移到英国，其中最谨慎、最成功的人就会购置地产。例如，范西塔特谈到："我不喜欢把我的钱放在基金里。我对他们不断的波动不感兴趣。我甚至不能完全相信他们的安全性。"相反，他指示他的经纪人替他购置一份地产。[62] 当时，在英国的土地投资可以带来 3%—4% 的回报。那些比范西塔特略能承受更多风险的人则通过购买政府年金、东印度公司和英格兰银行的股票和债券的方式成为基金持有人。利率和股息虽然相对较低，但在 18 世纪下半叶其波动维持在 3%—6% 之间。[63] 在英格兰，尽管高利贷法的法定利率上限是 5%，但私人贷款的利率还是要高一些。[64]

在 18 世纪，将财富从亚洲转移到欧洲并非易事。为了将风险降到最低，许多人都依赖汇票。这是 12 世纪意大利和法国商人发明的一种金融工具，它使商人得以"在国外城市付款，延长短期信贷，并通过货币套利进行投机"。[65] 散商利用了东印度公司在印度、广州和伦敦的财库（treasury）系统和汇票工具。[66] 他们运输和管理其印度客户所投资或委托给他们的货物。在东南亚和中国出售这些货物后，他们将利润存入东印度公司在广州的财库，并拿到汇票，其客户通常在一年后可从东印度公司在伦敦的财库兑现汇票。

1761—1780 年，东印度公司确认了二十多个未经其许可进行对外贸易的散商，他们在不同的时间在广州做生意，而实际的人数很可能更多。[67] 许多散商，如马德拉斯的乔治·史密斯和约翰·克莱顿（John Crichton），先是抵达印度，尔后未经东印度公司允许便到广州定居。其他一些人，如孟买的乔治·史密斯和大卫·斯科特（David Scott），虽然留在印度，但他们定期前往中国。尽管东印度公司可以合法地垄断在东印度和中国的贸易，但只要散商们低调地为该公司及其雇员提供重要的金融服务，东印度公司往往会睁一只眼闭一只眼。针对散商侵蚀东印度公司垄断贸易的行为，双方似乎已经达成了一项君子协定。东印度公司的官方政策毫不含糊：未获东印度公司许可而在东印度进行贸易是非法的。然而，实际做法则有所不同。尽管伦敦的董事会一再指示其广州的货监（supercargo）①命令非法自营商离开中国，但东印度公司非常愿意与他们做生意。货监是东印度公司的正式雇员，负责在广东货物的买卖。[68]1774年，广州的乔治·史密斯向广州的货监管理会（Council of Supercargos）②提出申请，要求优先给予1776年的公司汇票。[69]公司在伦敦的董事们作出回应，指示货监："由于我们决定继续在中国开设财库以发出汇票，一些先生们希望利用这一渠道进行汇款，因此，如果你想要其名下的全部资金，就允许……他们的律师可预先收到其名下金额的汇票，其数额将在我们这里支取。"董事会后来备注道，"乔治·史密斯先生是表中第一个收到汇票的人，其名下所记为4万英镑"。[70]

　　游走于印度和中国之间的散商所提供的商业和金融服务为东印度公司的对华贸易注入了其急需的白银。事实上，"没有这种安排，与中国的贸易就无法实现融资"。[71]广州的乔治·史密斯声称，如果没有散商，东印度公司就无法完成其年度投资。[72]根据公司的东

---

　　① 清代档案文献中称"大班"，本书统一使用"货监"。
　　② 又译"大班会社"。

印度船（East Indiaman）①船长约翰·罗杰斯（John Rogers）的说法，公司"在开设财库时曾向散商寻求现金供应……公司商船的负责人拿不出与公司投资所需等额的资金……我不认为东印度公司会因定居于中国但未得其贸易许可的散商而蒙受损失"。[73]这不是危言耸听，没有散商就意味着茶叶贸易会大幅减少。1769—1792年，散商向东印度公司在广州的财库存入28,817,076西班牙银元②，而同期在中国采购茶叶的成本是29,334,051银元。[74]首任美国驻广州领事塞缪尔·肖（Samuel Shaw）在他的日记中谈到，私人贸易的盈余大多存入了在广州的财库，"使得数年来东印度公司都不必从欧洲输出铸币来与中国进行贸易"。[75]

当东印度公司在伦敦的董事们询问在广州的货监"在中国的公司从印度的汇款中获得了什么好处"时，回答众口一词："无穷尽矣！"在18世纪70年代担任公司货监的亚历山大·布鲁斯（Alexander Bruce）回答道："没有它们，公司的资金鲜有能够或根本不足以负担货物成本。"他的同事威廉·菲茨休（William Fitzhugh）与另外两个在广州的货监大卫·兰斯（David Lance）、亨利·莱恩（Hengry Lane）合营私人副业或代理商行。他补充道："无论是从政治还是商业的角度考虑，来自印度的汇款抑或创造这些营收的贸易给公司带来无比重要的好处……这些汇款支撑了中国贸易……没有它们的话，公司必然会永远失去信誉，或者不得不减少派出商船的数量，把市场拱手让给其他冒险家。"菲茨休还赞扬

---

①　"East Indiaman"即对17—19世纪欧洲各国东印度公司授权商船的通称。

②　本书所引用18—19世纪外文档案皆使用西班牙银元作为汇算单位，如无特别说明，以下皆简称"银元"。

了散商的吃苦耐劳，在他看来，"他们的一切都归功于他们自己的活动和努力，他们在印度发挥了很大作用，理应得到印度政府所能给予的鼓励"。[76]

认识到这些贸易上的好处，东印度公司的官员们便鼓励其雇员通过公司在广州的财库将他们的新财富从印度汇往英国。这种鼓励有多种形式。例如，董事会定期改变英镑兑西班牙银元的汇率以吸引英国的私人资本。从1769年起，"对投资其广州商馆的印度私人资本，公司在伦敦以优惠的汇率提供汇票"。[77]孟加拉管辖区还尝试了多种方法来吸引旅居印度的英国人将其财富存入广州的财库，有时为来往于印度和中国间的东印度船提供免费运输，有时接受白银认购，在公司承担风险的情况下，白银通过国王的护卫舰运到公司的广州财库。随后，认购人在广州收到汇票，并可以在东印度公司的伦敦财库中兑现。

英国投资者从印度运往东南亚和中国的商品和货物是什么呢？换言之，他们是以何种形式将其财富转移到他们的广州代理人手中的呢？作为东印度公司贸易赤字的解决之道，鸦片虽然受到了广泛的关注，但在三位乔治·史密斯的生平中，它只占散商的多样化商业投资组合的一小部分。东印度公司的雇员们通过各种各样的商品将他们的财富从印度转移到中国，包括食品、香料、药品、工艺品和珍玩。从印度和东南亚运往中国的货物是富有异国情调的商品杂烩，包括锡、红木、硝石、藤、胡椒、大米、西米、阿剌吉（arrack）①、檀香、肉豆蔻、"龙血"、象牙、鱼翅、云木香（putchuk）、

---

① 酒精饮料，又称亚力酒。

鱼胶、小珍珠（seed pearls）、珊瑚、紫胶、黄珠、黑木、丁香、鼻烟、樟脑、手帕、长厄尔绒（long ells，羊毛布料）、帕拉普尔（palampores，印度印花棉布）、海参（bêche-de-mer）、墨可石（moco stones）、燕窝、镜子、钟表、铅、植物插枝、玻璃窗、葡萄干、金线、琥珀、石蓝（stone blue）、手表、豆蔻、胭脂虫（红色染料）和龟甲。[78]

18世纪80年代，孟买棉成为一种特别重要的商品。欧洲对华出口本身不足以支付从中国进口茶叶的成本，而从印度向中国输送原棉，解决了从中国进口茶叶的支付问题。中国人购买的棉花"不断增加"，孟买的棉花贸易很快被散商掌控。[79]1774—1785年，"广州进口的棉花几有60%"由散商承运。[80]孟买棉帮助维系了广州茶叶贸易的畅通，而这两个港口城市之间日益增长的商贸反过来又确保孟买作为英国商业和军事据点的存续。[81]

与棉花一样，中国的鸦片进口在18世纪下半叶也有所增长。但鉴于这一贸易的风险——在中国销售鸦片是非法的——东印度公司在很大程度上避免直接参与其中。不过，公司确实积极地鼓励私人在印度的拍卖会上购买鸦片，然后自行决定在整个东南亚和中国分销鸦片。这样，"无论中国人需要多少鸦片，相应数量都可以很快地到达那里，而公司亦不会因从事非法贸易而蒙羞"。[82]这正是东印度公司所希望的。据公司在中国的货监说，"几乎每个国家的船只都（带着鸦片）来到这里，我们可以想见他们将继续带鸦片来"。[83]有些人视鸦片为解决东印度公司在中国贸易赤字的灵丹妙药。1773年，孟加拉的一名外科医生助理詹姆斯·克尔（James Kerr）告知董事会，"中国人将鸦片与烟草混合吸食成为风尚。在往来寒暄之礼后，它是对来访者或陌生人的首选赠礼"。他报告说，鸦片的消费量每年都在增加，"现在据说是几年前的两倍"。[84] 1782 年，驻广州的公司货监托马斯·菲茨休（Thomas Fitzhugh）向伦敦的董事会解释说，鸦片"在很长一段时间里，每年由我国和葡萄牙的商船大量运往中国，它有时停抵澳门，有时则是在黄埔"。[85] 东印度公司与中国的间接鸦片贸易，由散商充当掮客，在一些人看来运作良好。1781 年，公司的一位中校亨利·沃森（Henry Watson）声称："据我所知，仅中国东南诸省目前的（鸦片）年消费量就达到一千二百箱。"[86]

然而，鸦片贸易也受到质疑。只是事后看来，我们才知道鸦片在 19 世纪扮演的重要角色。而当时像马德拉斯的乔治·史密斯这样的商人就没有如此的把握。史密斯发现鸦片生意非常不稳定："虽然我吸食鸦片，也能确切了解供应量和需求量，但在我的计划中，我们现在对这一商品没有确定的市场。"[87] 当托马斯·菲茨休被问及关于"以公司的名义从孟加拉向中国输送鸦片是否得当"的意见时，他回答说："这个商品的价格波动很大，因为这取决于它的购买量，而购买它的中国人以及那些需求较低的人在没有巨额利润的时候不会对它进行投机，因为一旦冒险投资鸦片，其风险和困难是巨大的。1779 年鸦片的价格低得很，有个港脚船（country ships）的船长（他自己有不少钱）购入鸦片进行投机；由于他的船必须返回印度，他在澳门买了一艘小船——把它带到黄埔——当然装上了他所有的鸦片，结果一整年都困在那儿；为了能够找到买主，他不得不将它分成几批以小包装出售。"菲茨休描绘了一幅充斥着风险和未知的贸易图景，它困难重重又易于让人蒙羞。在他写给公司董事们的信的结尾处,他警告说:"中国人非常清楚港脚船和东印度船的差异,也清楚公司与散商在贸易方式上的差别。他们把你们的雇员看作是给大公司办事的人,与此同时,他们努力防止欺骗,以坦率、规矩且自由的态度行事。当你们(公司名下的)雇员偏离体面贸易的正途而走上走私的邪路时,这一印象又会如何改变呢?"[88]

英国议会的议员们对鸦片贸易也有疑虑。针对亨利·邓达斯就孟加拉棉花和鸦片可以平衡英国对华贸易的断言,"谢里登(Sheridan)先生极度嘲笑每年用鸦片这种只能通过走私进入中国的商品来抵支 275,000 英磅的想法"。[89]当董事会问及从欧洲或印度对中国的出口贸易可否通过新的或旧的商品得以增强时,公司的广州货监们指向棉花、铅、锡、胡椒、檀香和羊毛制品,没有人提及鸦片。[90]根据威廉·菲茨休的说法,"几样最为重要的商品是棉花、胡椒和檀香木,在过去的几年里,散商带走的数量更为庞大"。[91]

27

1786 年,至少有 2,000 箱鸦片被走私到中国。[92]与之后几十年相比,这些数量是很小的。1821 年,鸦片在中国的年进口量徘徊在 4,500 箱左右。直到 19 世纪 30 年代末,鸦片进口量才飙升至每年 4 万箱。[93]18 世纪末的鸦片贸易还没有达到 19 世纪的规模。

在地球的另一端,英国遇到了无害的中国茶,它给英国国内带来了新的社会和文化习俗,并鼓励了国外的金融创新。随着消费者对茶叶需求的增加,东印度公司难以提供足够的白银来支撑其在中国的茶叶贸易,这是到 18 世纪中叶该公司在亚洲唯一盈利的商业投资。英国的散商来助一臂之力:他们立足于广州和澳门,促进了新的亚洲内部金融网络的发展,维系了 18 世纪下半叶白银和茶叶的流通。在散商的助力下,东印度公司的雇员们可以安全地将他们的私人财产从印度转移到英国，而公司的广东财库则存入了白银。一时间，人人都称心快意。这一金融系统非常有效，以至于公司"越发严重地依赖港脚散商为广州的货监们提供流动资金"。在这个以中国茶叶为中心的新全球经济体系中，港脚散商发挥了至关重要的作用。[94]

28

第二章

马德拉斯的乔治·史密斯

　　18 世纪中叶，三个同是苏格兰人的乔治·史密斯听说印度和中国有获利不菲的商机，他们决定采取行动。刚刚 20 岁出头的他们告别家人，背井离乡，远渡重洋，来到半个地球之外的地方找寻财富。这并非个例。

　　许多像乔治·史密斯们一样的英国年轻人前往东印度，是想尝试"获得自立"。大多数人将他们在印度、东南亚或中国的时光视为暂别家乡的冒险之旅。他们希望能掌握"本领"，"尽快地"回到朋友和家人身边。[1]最成功的东印度商人是"英印富豪"（nabobs），他们一回到英国，就在英格兰和苏格兰购置大量地产，成为议会议员甚至是东印度公司的董事。[2]有些人想要在英格兰或苏格兰提前退休，而其他人则继续在伦敦开展业务。

　　英国国教（Anglican）①一个牧师的儿子弗雷德里克·戴维（Frederic Davy）在 1775 年前往印度，当时他年仅 16 岁。他在一个名为"加尔各答基里肯、鲁宾逊、克罗夫特斯、格兰特和弗格森孟加拉商会（the Bengal Commercial Society of Killican, Robinson, Croftes, Grant, and Fergusson of Calcutta）"的代理行做商务学徒。[3]代理行从"基本的银行业务"起家，"收取存款并进行投资"，

---

　　①　即安立甘宗，又称圣公会。

但其后来的业务包括造船、东印度公司的汇票交易、航运、汇款、保险、糖和靛蓝种植园以及鸦片贸易。[4] 在这家代理行当学徒时，戴维渴望成为驶往中国私人商船的货监，他认为那是"在印度最赚钱的生意"，一次航行可赚到 3,000 英镑。虽然他不奢求名利双收，但他的确希望所得"足以让自己过上轻松且愉快的生活"，并"尽快功成身退，谦逊且独立地低调行事"。[5] 在英国，2 万英镑的存款足够让一个商人和他的家庭提前退休了，而更雄心勃勃的人则打算把 6 万英镑带回家。[6]

29

作为英格兰商人，让戴维颇感震惊的是苏格兰人在东印度的无处不在，而后者彼此间的忠诚团结让其他像戴维一样能干的商人利益受到损害："在所有东印度公司中，尤其是在欧洲和港脚船的船长中，苏格兰人与英格兰人的人数之比往往超过 4∶1；苏格兰的贫穷迫使苏格兰人出国谋生，而这正是他们遍布世界各地的原因；我为人处世的原则之一是绝不对任何民族或者国家的人带偏见；但是苏格兰人的共性是骄傲和自负的，当获得权力时他们谄上欺下；而他们对于自己同胞的偏爱竟到了如此荒唐的地步，以至于无论多么值得赏识的人也不会得到他们的青睐。"[7] 戴维的言论虽然有些夸张和偏私，但突出了苏格兰人在东印度的无处不在和引人注目。许多苏格兰人拿到了货监一职，即驶往印度和中国商船的业务经理。根据安德鲁·麦基洛普（Andrew Mackillop）的记述，在1732—1750 年间，瑞典东印度公司的航程约有三分之一是"以苏格兰货监为主或为辅的"。[8] 很可能有更多苏格兰年轻人和三位乔治·史密斯一样，在东印度公司以外的私人港脚船上工作。

戴维所言不虚，贫困迫使许多苏格兰人（以及英格兰年轻人）

来到东印度。然而，贫穷并不是驱使苏格兰青年远航数千英里找寻财富的唯一因素。旅居和迁徙深深根植于苏格兰的历史和文化之中。[9] 早在中世纪，苏格兰就是一个"以'移民文化'为特质的外向型地方"，尤其是向欧洲移民。[10]17 世纪，"全球冒险成为苏格兰人的一种生活方式"。而随着 1707 年英格兰和苏格兰合并，"苏格兰人作为士兵和学者的传统大陆式旅行被迫服务于 18 世纪仍处于扩张早期的不列颠帝国"。[11]三位乔治·史密斯正是苏格兰悠久的移民史的参与者。

30

除了苏格兰的全球冒险文化的影响，促使苏格兰年轻人，特别是苏格兰高地的人，在 18 世纪离开家人前往东印度冒险，还有一些更为迫切的因素在推动。1688 年，詹姆斯二世（James II）被他的女儿玛丽和荷兰女婿奥兰治的威廉三世（William of Orange）废黜，史称"光荣革命"（Glorious Revolution）。不到 60 年后的 1745 年，詹姆斯二世的孙子查尔斯·爱德华·斯图亚特在苏格兰西海岸登陆，并在高地氏族首领的帮助下组建了一支小型军队。第二次詹姆斯党人叛乱（Jacobite uprising），又称"四五年叛乱"，试图复辟斯图亚特王朝，夺回英国王位。"在卡洛登堡（Culloden House）附近"，起义军在"名为德拉莫西沼地（Drumossie Moor）饱浸冻雨的荒野"战败。对许多年轻的苏格兰人而言，詹姆斯党人在卡洛登堡的失败"促使他们远离族人战死的坟地而远走他乡找寻财富"。[12]

31

在一些英国观察家看来，苏格兰高地就像北美洲，是"一个地处帝国边缘之所，都市的行为标准、法治和中央政府的权威在那里都很薄弱"。[13]这片区域长期以来被认为是原始、野蛮、叛逆、暴力和危险的，而这场失败的起义为英国提供了征服和教化它的契机。在高地，英国军队开展了暴力的惩罚性行动，他们劫掠和毁坏私人财物，并残酷地对待当地社区的人。英国政府还开始实施一项长期的帝国计划，按照英国的经济、文化和政治规范对高地社区进行重组和同化。议会的计划无非是"破除苏格兰高地古老的盖尔文化"。[14] 高地人被解除武装，宗教生活被监管，詹姆斯二世党人的庄园被没收，英语的地位被提升到盖尔语之上，氏族长老、封地法庭（baron's courts）以及氏族议会（clan council）的权威被推翻。[15]正是在"四五年叛乱"之后，三个乔治·史密斯去了印度和中国。

　　三个乔治·史密斯中，似乎只有马德拉斯的史密斯获得了东印度公司的许可在东印度居住和贸易。理论上，东印度公司获得国家批准，可以垄断好望角以东的贸易，但实际上，它无法控制人们向东印度流动。特别是，"没有有效的手段阻止开拓进取的个人前往印度"。那些年纪太大或者因无钱无势而无法获得公司行政或军事职务的人，可以向东印度公司申请许可，以自由商人的身份在印度进行贸易。在支付 1,000 英镑保证金后，他们被允许在公司的印度居留地（settlement）生活和工作，偶尔也可以短期前往中国。[16] 然而，一些人试图完全绕开该公司，加入一家与之竞争的欧洲东印度公司。丹麦、瑞典和奥斯坦德（Ostend）的公司都大量雇佣了英国的货监、海员和军官。[17] 散商们还可通过其他途径设法到达东印度——例如，通过陆路，经黎凡特（the Levant）东向而行。还有人绕过地中海路线，在东印度公司的军队或者商船上找到了工作，确保进入印度后便离开公司，开始自己进行贸易。[18] 到 1787 年，在马德拉斯至少有 175 名欧洲人"以非正当的方式航行到印度"。[19]

18 世纪 60 年代，有 70 个自由商人居住在孟加拉，但是这并未包括那些没有得到公司许可的商人在内。[20] 在中国——即广州和澳门，东印度公司在那儿没有独立居留地——的人数要少得多，长期驻留在那里的英国散商在任何年份可能都不超过 10 个。[21]

如果说 18 世纪的印度洋和中国南海有着数不尽的商机，那么风险也是如此。财富和未来自足的诱惑是巨大的，但冒险到东印度的散商们面临着许多障碍、竞争者和人财两失的危险。为了航行到印度和中国，他们孤注一掷。东印度公司商船的航海日志中充斥着对疾病危险的警告："凌晨 4 点，托马斯·弗朗西斯（Thomas Francess）病亡，中午将死者的遗体沉入海底。"[22] 如果商人们在从英国到印度的六个月旅程中幸存下来而免于"葬身海底"，他们还可能会被各种虫媒或水媒疾病击倒。威廉·希基（William Hickey）于 1777 年前往印度，在加尔各答最高法院担任律师，差点死于一种类似伤寒（typhoidlike）的疾病。他将之描述为"一场噩梦，伴随着难以言状的痛苦"。[23] 生活在东印度的人往往因为发烧和腹泻而过早且痛苦地死去。与希基同时去往印度的公司文官中，有 44% 的人再也没能回去讲述他们的故事。[24]

身体上的生存是一种挣扎，而商业上的生存更甚。风险和困难是 18 世纪商业的常态：资本不足、信息不对称、委托—代理问题（principal-agent problems）、沉船事故、官僚腐败、政治动荡以及战乱。但是东印度的贸易凸显了旧风险，也增加了新风险。资金从印度外流一直是一个令人担忧的问题。作为印度洋世界的主要货币，白银经常短缺，而印度和中国的利率每年飙升超过 12%。语言、文化和政治上的差异给长距离贸易造成了巨大障碍。英国散商不得

33

不与众多政治精英和商业中间人进行谈判。在中国，教授外国人汉语严格来说是非法的，语言障碍迫使大多数英国商人依靠中国商人和语言学家为他们翻译。他们认为，较之其中国的贸易伙伴，对中文翻译的依赖使他们处于严重劣势。[25]英国商人经常抱怨"欧洲人在广州遇到严苛且不公正的待遇"，以及"清朝官员的欺诈和恶行"。[26]各种各样的商业风险和单纯的错误判断使生意很容易失败。许多事业始于年轻人的乐观（或贪婪），但最后以资不抵债或破产告终。我们将看到，我们的三位乔治·史密斯中有两个正是如此。

当时，在印度和中国私人贸易的另一个障碍是东印度公司本身。从 1667 年到 1784 年，在印度的公司雇员通常有权以个人名义在东印度进行贸易。私人贸易对他们来说不仅仅是附带利益，更是公司招聘的主要吸引力。乔治·范西塔特在担任公司在巴特那（Patna）的执行官时，为自己赚了一笔私人财富。与此同时，他承认公司应该"增加顾问的津贴，并完全限制他们从事贸易"，因为他认为"由商人来担任一个国家的统治者，尤其是一个专制政府的统治者，必然是一种破坏性极强的制度"。[27]不隶属于公司的散商们处于严重不利的地位。他们只被允许居住在公司的居留地，在与公司的雇员竞争印度内陆贸易方面困难重重。[28]获得公司的人脉会有帮助。弗雷德里克·戴维抱怨道："权力全部集中在英国议会派来的绅士们所组成的新管理会（council）里，除非你与他们交好，否则什么也得不到。"但对那些没什么公司人脉的人而言，海上贸易，特别是与中国的贸易，是他们最赚钱的机会。1776 年，戴维得知他将与另一位散商约翰·弗格森（John Fergusson）一起前往孟买和中国时，他高兴极了。戴维向他在英国的家人解释说："我向你们保证，这件事让我振奋，因为我不知道在短期内有什么可以给一个不在东印度公司工作的人带来比这更大的好处了。"[29]

18世纪80年代，东印度公司决定禁止其在印度的大多数雇员以个人名义进行交易。[30] 这项禁令为散商们，如孟买的大卫·斯科特和加尔各答的约翰·弗格森，"主动开辟新的贸易路线"的举措铺平了道路。[31] 虽然印度、东南亚和中国之间的海上贸易并不是什么新鲜事，但散商们却加快了印度特定产品的出口，最著名的是孟买的原棉以及19世纪后期孟加拉的鸦片。英国的私人航运如今可以构建新的亚洲贸易网络了。[32]

在东印度贸易并不是为了规避风险，对许多人而言，潜在的财富实在太过诱人，令人无法拒绝。戴维在给他父亲的信中说："我们不应该过早地打如意算盘，那样会更失望，不过满怀希望和期待还是令人欢喜。"[33] 正是发家致富的期望把商人们吸引到了东方。

1754年，马德拉斯的乔治·史密斯，这位来自苏格兰高地的罗斯郡人，乘船驶往东印度。幸运的是，他与弗里斯堡的芒罗氏族（Munro of Foulis clan）有联系，这是苏格兰主要的士绅家族之一，"对罗斯郡的选举有很强的影响力"。[34] 在18世纪，许多苏格兰人以东印度公司文官（civil servants）、士官生（cadets）、医生（surgeons）和自由商人的身份来到印度。这并非偶然。在1707年英格兰和苏格兰合并后政治动荡的数十年间，英国政府有意鼓励苏格兰人对英格兰的忠诚和服从，其计划的一部分便是将东印度公司的就业机会和居住许可授予那些有影响力的苏格兰家族，比如弗里斯堡的芒罗氏族。许多苏格兰人被派往大英帝国的各处，这有助于保持新的不列颠民族国家的完整性。[35]

35

马德拉斯的乔治·史密斯的亲戚们也投身到这一时代大潮中，他们以东印度公司医生的身份来到印度。弗里斯堡的芒罗氏族有很多人从医，其中一些在著名的爱丁堡大学行医。1718年，一些从医的芒罗族人移居印度，当时奥伯斯代尔支系的邓肯·芒罗医生（Dr. Duncan Munro of Obsdale）在马德拉斯的圣乔治堡（Fort St. George）担任东印度公司的医生，几年后他的堂兄安德鲁·芒罗医生（Dr. Andrew Munro）也加入进来。1720—1757年，东印度公司在马德拉斯的每一位首席医官都是苏格兰人；其中两个来自芒罗氏族。[36]

安德鲁·芒罗医生是乔治·史密斯的叔叔。在1742—1746年、1749—1757年的数年里，他担任东印度公司在马德拉斯的首席医官，其间有机会为罗伯特·克莱武提供诊治。芒罗肯定被认为是一位医术精湛的大夫，但他对待患者的态度却有些不尽如人意。事实上，他"以脾气暴躁著称，还极度厌恶任何他认为近似疑病症（hypochondria）的东西"。在公司雇员詹姆斯·亚历山大（James Alexander）投诉后，他"臭名昭著的"行为受到马德拉斯总督的谴责。亚历山大"曾数次向医生申请一些药材来配制一种粉末以治疗他牙齿上的坏血病，但都徒劳而返"。芒罗医生最终答应了亚历山大的请求，但他在给助手的指示中丝毫没有掩饰自己的恼怒："请随他的便吧，别再让他的胡言乱语来烦我了。此致，安德鲁·芒罗。"[37]

无论乔治·史密斯的亲戚们作为医生的能力如何，他们都成了马德拉斯居留地的常驻人员。到18世纪50年代，芒罗家族已经有两代人在马德拉斯生活了。安德鲁·芒罗医生和妻子弗朗西斯·玛丽·芒罗（Francis Mary Munro）在查尔斯街拥有一栋房子，并在那里养育了四个孩子：罗伯特·邓肯（Robert Duncan）、休·约翰（Hugh John）、凯瑟琳（Katherine）和玛格丽塔·奥罗拉（Margaretta Aurora）。芒罗医生在 1754 年还担任马德拉斯市长（mayor），与公司在圣乔治堡的居留地的头面人物关系良好。他选择托马斯·桑德斯绅士（Esq. Thomas Saunders）和罗伯特·波尔克爵士担任其遗产的遗嘱执行人，两人先后担任马德拉斯圣乔治堡的总督。芒罗医生的私人生意包括与中国的贸易；他 1757 年去世时，他的一部分钱"还躺在中国的广州"。[38] 芒罗家族在马德拉斯的人脉和影响力无疑使芒罗医生的儿子罗伯特·邓肯得以在东印度公司工作。

然而，芒罗医生的影响力毕竟有限，他不能为其侄子乔治·史密斯在东印度公司谋得一官半职。1754 年，史密斯出发去中国，他在印度逗留了一段时间。毫无疑问，通过他叔叔的关系，东印度公司允许他在马德拉斯居住并在东印度进行贸易。虽然自由商人的执照颇受青睐，但在印度更容易且稳妥的赚钱之道还是受雇于公司。如我们所见，史密斯未能在公司谋得工作，这成为他年长后的一大憾事。他一有了儿子——也取名为乔治·史密斯——就开始花费大量的时间和精力来争取东印度公司文书（writer）的提名，这是一个能让他在公司某个印度管辖区参与行政工作的入门岗。

芒罗家族的关系网对史密斯还是有其他价值的，它提供了资源和平台，让史密斯迅速成为一个人脉广泛的散商。抵达印度才三年，史密斯就因其"谨慎和周全"得到其高傲的叔叔的赏赐。作为奖励，芒罗医生在遗嘱中"把总计 2,000 印度金币（pagodas）的船货抵押借款委托到史密斯手中，后者可以在印度以七年为期、12% 利率利用这笔钱"。芒罗医生还授权其侄子来确保存放在广州的资金可以"经史密斯之手汇出，抑或大部分以船货抵押借款的形式，或者最好是通过从广州前往欧洲的商船，转交到在卡凯恩（Culcarin）、罗斯郡、北不列颠和伦敦的遗嘱执行人手中"。[39]

托管 2,000 印度金币的财务责任无疑推进了史密斯的商贸事业，而这一事业早在 18 世纪 50 年代就开展了。1757 年他的叔叔去世时，乔治已不在马德拉斯了；他正在中国做生意。[40] 档案显示，他从 1754 年开始绝大部分时间都在广州和澳门度过，直到 1765 年他永久地返回印度。

虽然我们对乔治·史密斯与芒罗家族的联系了解颇多，但对他家的其他成员却一无所知。不过，我们可以推测，史密斯的父母至少是职业人士或有士绅身份。在其书信中，史密斯对自己的过去闭口不谈，但他写作的质量表明他接受了良好的教育。他不仅写作流畅清晰，而且他的书信还证明他掌握基本的拉丁语和流利的书面法语。他的观点和评论经常夹杂着拉丁套语，如"verbum sapienti"（智者一言已足）和"delenda est Carthago"（迦太基必须毁灭）。他引用曼利乌斯（Manlius）的格言"tenere pacem"（保持和平）来比对大英帝国和罗马帝国，还偶尔在句子说到一半的时候插入法语散文。[41] 他对古典历史、拉丁语和法语的了解表明他当时受过高等的教育。马德拉斯的史密斯后来确保其儿子在伦敦的哈罗公学（Harrow School）接受教育。[42] 家族对教育的重视表明史密斯家族享有与芒罗一家对等的社会地位。

东印度公司苏格兰人的社会背景与史密斯的相当。申请在印度工作的公司雇员中，苏格兰人往往比英格兰人在社会阶梯中占据更高的地位。1750—1795 年，在公司申请中列出自己父亲职业的苏格兰人中，"近一半是士绅，其余的则是商人或其他职业人士"。[43]在这一方面，马德拉斯的史密斯是苏格兰商人在东印度的典型代表。

由于乔治·史密斯的家在 1765 年到 1779 年搬回马德拉斯，同时代的人都称之为"马德拉斯的乔治·史密斯"。这个称呼，虽然在 1783 年他把业务转移到孟加拉以后依然沿用，但多少有些名不副实。尽管马德拉斯是史密斯的一个根据地，但从 1754 年到 1765 年，他做生意的真正重心在中国。到了晚年，史密斯声称自己"与广州的第一家中国商行（trading house）有长期的熟识与联系"。[44]我们从英国、瑞典、丹麦的档案可知，在职业生涯的头十二年里，

威廉·丹尼尔（William Daniell，1769—1837 年）《中国广州的欧洲商馆》（*The European Factories at Canton in China*），1806 年。耶鲁大学英国艺术中心惠允使用。

他以代销商（commission merchant）和捎客的身份在中国非法定居和做生意。

史密斯在中国出现的最早记录是在 1757 年，他的叔叔安德鲁·芒罗医生在同年去世。芒罗在遗嘱中指定史密斯管理其留在广州的资产。在写给遗嘱执行人的信中，史密斯透露了他将如何管理已故叔叔的资产以及如何在广州作为代销商经营自己的生意。在广州，史密斯用他叔叔的 11,000 两在广州放贷生息。他还收到从马尼拉寄来的 2,000 西班牙银元以及之前在广州的威廉·艾略特先生（Mr. William Elliott）寄送给芒罗医生两个孩子"鲍勃"（罗伯特·邓肯）和"姬蒂"（凯瑟琳）的 2,073 西班牙银元。史密斯最后将较大的那一笔钱转交给在广州的一个商人，他认为这样比较安全。他还指示"伦敦的克利夫、沃波尔与克拉克银行（Messrs Cliff, Walpole & Clark）代表安德鲁·芒罗先生向托马斯·桑德斯绅士支付一笔总计 3,450 英镑的资产"。史密斯确信，银行只要收到"他为此业已寄出的"东印度公司汇票即可完成汇兑。[45] 至于芒罗医生在广州其余的资产，史密斯计划再按利息放贷一年，届时他可将全部款项汇回英国。不过，芒罗的资产中借给中国行商（Hong merchant）黎开观（Beaukiqua）的那部分已无法收回。黎开观祖籍福建，是一位显赫的行商，他以经营优质的丝绸而闻名。他在福建有一家典当行，在广州有多处房产，是 18 世纪 50 年代欧洲商人眼中最重要的行商之一。因此，当他 1758 年资不抵债而去世时，许多人都感到惊讶。[46] 史密斯哀叹道："我很遗憾地向你们确认黎开观对这笔资产的债务完全无法收回，他没有留下任何财物；我已竭尽所能地去追回这笔钱，但一切都是徒劳。"[47] 黎开观的破产是广州首次发生的大规模经营失败，它暗示着一场更大的金融危机即将到来。[48]

在丹麦亚洲公司（Danish Asiatic Company）和瑞典东印度公司（Swedish East India Company）的记录中，史密斯与他们进行了大量业务往来。根据丹麦的记录，在 1759—1764 年间，史密斯资助丹麦公司在广州开展业务。1759 年，他以 15% 的风险溢价出借 5,000 英镑，贷款期限为 90 天，之后他可获偿 5,750 英镑，还款抑或直接支付他在伦敦亨利和彼得·米尔曼公司（House of Messrs. Henry and Peter Miulman）的订单。1761 年，他代表其客户马德拉斯的乔治·贝克（George Baker）以 30% 的利率出资 3,052 两，为丹麦商船"丹麦朱莉安娜·玛利亚女王"（*The Queen of Denmark Juliana Maria*）号从广州到哥本哈根的回程投保。史密斯似乎已习惯于为丹麦船只进行融资和投保，以规避"海上的危险、火灾、敌人、阻碍以及其他麻烦"。1763 年和 1764 年，他分别出借 9,900 两白银和 1,666 英镑，用作"丹麦弗雷德里克王子"（*Prince Friderick of Danmarc*）号商船两次欧洲回程的海上保险。史密斯还把钱存入丹麦亚洲公司位于广州的财库，购买可以在 60—90 天后在伦敦兑现的汇票。[49]

瑞典的档案为进一步了解史密斯在 18 世纪 60 年代早期的广州贸易提供了窗口。瑞典东印度公司货监的信件显示，史密斯与瑞典人有贸易往来，并在马德拉斯和中国之间运输了数百瓶马德拉酒（Madeira wine）、烈性酒、布料和鸦片。他与亚美尼亚商人阿鲁顿先生（Señor Arutum）合作，可能还成了罗伯特·杰克逊（Robert Jackson）船长的商业合伙人。瑞典的记录表明，与史密斯合作密切的还有英属东印度公司的医生托马斯·阿诺特（Thomas Arnot）和蔡世文（Monqua）。后者是显赫一时的行商，但他在广州官员的胁迫下接手其父亲及其他破产同侪的债务之后，数十年来一直亏损经营。由于债务缠身而又不准辞去行商的职位（没有政府的批准，行商不能自行退出），死亡成了他唯一的出路。1790年，在吸食过量鸦片后，"他被发现死在床上"。[50]

马德拉斯的史密斯还经常出现在英国东印度公司的档案里，不过不涉及常规交易。从公司的角度讲，他是个非法自营商（interloper）。他未经公司许可在中国进行贸易，侵害了公司在东印度贸易的合法垄断地位。据公司在广州的货监们记录，乔治·史密斯"也是这些商人之一，法庭已在四年前下令其离开该地"。[51]货监们还写道："众所周知，乔治·史密斯先生每年都在那儿[澳门]处理其私人业务。"他们把史密斯描述为"一个对澳门所有商贾都熟门熟路的人"，并"与葡萄牙商人有着更紧密的关系和影响"。[52]到1764年，不论合法与否，史密斯都已成为澳门和广州商贸社群的一员。

东印度公司在广州的货监明面上抗议马德拉斯的史密斯继续在中国居住，但同时又默许他这样做。或许这对史密斯所代表的亨利·范西塔特（Henry Vansittart）的商业利益无害，后者在1759—1764年间担任孟加拉总督。[53]东印度公司甚至时不时地要利用史密斯的金融服务。史密斯同中国贸易的经验丰富，又与澳门联系尤为密切。当东印度公司的货监们筹划与几个澳门的葡萄牙商人就贷款事宜进行秘密谈判时，史密斯的这一声誉使他成为公司的不二人选。通过5比4的投票表决，货监们决定将马德拉斯的史密斯派到澳门"去借我们想在澳门得到的钱",而又不会引起法国和瑞典的竞争对手的猜疑。公司的货监们希望史密斯的澳门之行不会引起其他欧洲人的注意,因为他们"习惯于向葡萄牙人借贷",可能会试图挫败该计划。[54]1764 年 8 月,马德拉斯的史密斯被派往澳门,在那里他受命再获得一笔价值 72,000 银元的一年期贷款,并以 12% 或更低的年利率尽可能多地借贷。[55]

东印度公司与葡属澳门(Portuguese Macau)的关系是复杂的。1557 年,葡萄牙人在澳门建立居留地,实行自治。[56]澳门成为葡属印度(Estado da Índia)的一部分,后者的首府在果阿(Goa)。果阿政府禁止澳门的对外贸易,并禁止外国商人在澳门定居。但澳门议事会(Senado da Câmara)和葡萄牙商人经常无视这些禁令,他们对开放包括走私鸦片在内的对外贸易具有浓厚的商业兴趣。[57]在此背景下,东印度公司与澳门的葡萄牙人建立了一种共生的商业关系,但又不满其权威,权力斗争和冲突频发。然而,无论是葡萄牙人还是英国人,商人的底线都是盈利。在澳门,盈利胜过政治。

抵达澳门后,史密斯报告称,路易斯·库埃略(Lewis Coeilho,城市司库)、曼努埃尔·佩雷拉·德·冯赛卡(Manuel Peireira De Fonceca)、安东尼奥·乔扎·德·科斯塔(Antonio Joza de Costa)和西蒙·维森特·德·罗莎(Simon Vicente De Rosa,城市检察长)等四位商人已同意将他们对东印度公司的贷款续借一年,而若阿金·洛佩兹·德·席尔瓦(Joaquim Lopez de Silva)将以 12% 的年利率向东印度公司提供 16,000 银元的贷款。史密斯相信他可以从其他几位商人那里获得"相当多的"钱。[58]经过几个星期的谈判,史密斯总结道:"我已经竭尽所能来处理此事,我也将

42

对贵公司任何其他利益相关或者诸公恰巧关心的事务竭尽全力。"他重申其帮助东印度公司的承诺，并补充道，"如果我在澳门能为贵公司尽力服务，以任何方式证明我服务的用处或令您满意，我都将认为自己是幸运的，并随时准备在任何情况下证明这一点。"[59]

东印度公司的货监们对史密斯所费的周折"深表感谢"。[60]但不久之后，不知出于什么原因，公司对他的"感谢"却是将他驱离中国。史密斯后来哀叹道："我因服从公司的命令而离开这个国家，这对我损失重大……在中国还有许多大生意未了。"[61]

1765年，史密斯回到马德拉斯，并在那里定居下来。他迁居到那儿的时候，东印度公司在马德拉斯的政治地位已经开始稳定下来，但战争依然是18世纪后半期印度南部生活的常态。英法两国的东印度公司经常因支持对方敌对的当地领导人而开战，但这对欧洲势力在1754年达成临时和平协议。[62]马德拉斯的和平岁月没有持续太久。七年战争（1756—1763）扩展到印度，这促使法国人在1758年试图再次占领马德拉斯；他们在1746年已经尝试过一次了。但是英国东印度公司的军队和两个皇家军团成功地击退了他们。1767—1769年，马德拉斯再次爆发战争。当时东印度公司在那儿的议事会（council）试图通过进攻强大的政治势力迈索尔（Mysore）来巩固其对北萨卡尔（Northern Circars）沿海的控制。作为报复，迈索尔的突击队"袭击了英军，切断了他们的补给"，并在该地大肆掠夺，"在马德拉斯制造恐慌"。1780年，迈索尔出动据称8万精兵袭击了马德拉斯的周边区域，马德拉斯再次陷入恐慌。迈索尔军逼近马德拉斯时，"从孟加拉派出的军队和资金以及刚抵达的英国皇家军团和军舰"拯救了公司的居留地。[63]

正是在这种动荡不安的背景下，乔治·史密斯在马德拉斯着手谋生，开启一段新的生活。他写道："我们所在的这片海岸尚且平静祥和，至于这种平静会持续多久，就不是我这种非政治家所能决定的了。"[64] 尽管局势长期不定，但马德拉斯的史密斯还是投身到新社区的公民生活中。他担任马德拉斯帕塔姆（Madraspatnam）的市长，协助治安委员会（Board of Police），还担任英王记录法院（His Majesty's Court of Record）的法官。[65] 公民职责可能很繁重："会议开始了，我以身体不适为由缺席了；事实是，我是逃避这一必要的义务，因为 [它] 现在比以前麻烦多了。"[66] 但是，他又显然有一种强烈的公民责任感。毫无疑问，他还享有这些行政角色所带来的威望。正如他在中国所做的一样，史密斯在马德拉斯的商业和公民生活中确立了自己备受尊敬的显达地位。

与同时代的许多人不同，马德拉斯的史密斯回到英国前就结婚了。尽管马德拉斯的大多数居民都是男性，但那里也居住着相当多的欧洲女性，因此史密斯在找老婆上不必舍近求远。[67] 事实上，他仅把目光投向了自己的家族：他的表妹玛格丽塔·奥罗拉·芒罗（Margaretta Aurora Munro），也就是安德鲁·芒罗医生的女儿。玛格丽塔·奥罗拉被称为奥罗拉，她的姐姐就是凯瑟琳，小名"姬蒂"。姬蒂嫁给了马德拉斯骑兵队的詹姆斯·柯克帕特里克（James Kirkpatrick）上校，并诞有一子，他就是威廉·达尔林普尔（William Dalrymple）传记作品《白莫卧儿人》中的主人公詹姆斯·阿基利斯·柯克帕特里克（James Achilles Kirkpatrick）。玛格丽塔·奥罗拉正是这位著名"白莫卧儿人"的姨妈。[68] 她出生在马德拉斯，但 1760—1768 年间在英国生活过几年。[69] 在印度的英

44

国家庭把年幼的孩子送回母国接受教育是极为普遍的。回到马德拉斯后不久，玛格丽塔·奥罗拉和乔治·史密斯便结婚了。[70] 史密斯当时大概 30 岁出头，对于一个年轻的商人来说，这是个敏感的年纪，因为他很可能被建议"在获得经济地位之后再结婚"。[71] 这段婚姻似乎很美满，至少在蜜月期间是这样，当时史密斯感谢一位密友的祝贺："我们的结合，迄今都很完美，我希望继续如此。"[72] 史密斯一家在马德拉斯期间，这一完美的结合还繁衍兴旺。在马德拉斯教区的登记簿上有他们四个孩子的出生记录：奥罗拉·凯瑟琳（Aurora Catherine, 1772 年 12 月 24 日受洗），凯瑟琳·弗朗西丝（Catherine Frances，1775 年 5 月 25 日受洗），乔治（George，1776 年 8 月 27 日受洗）和杰迈玛·克劳迪娅（Jemima Claudia，1777 年 12 月受洗）。[73] 第五个孩子亨丽埃塔·克里斯蒂安娜（Henrietta Christiana）于 1780 年出生于好望角。

在马德拉斯，英国人住在东印度公司在圣乔治堡的居留地。他们中的许多人还在居留地外购置了乡间别墅。[74]18 世纪，根据苏林·门茨（Søren Mentz）的研究，18 世纪"富有的英国人开始在定居在圣乔治堡城墙之外，住在'白人镇（White Town）'之外的别墅中"。[75] 史密斯一家租住了马德拉斯外伊格摩（Egmore）的一处占地 11 英亩的土地。在 1778 年，他们似乎还居住在卢茨（Luz），即马德拉斯东南的一个地区，离海岸不远。[76]

在伊格摩，他们的邻居包括玛格丽塔·奥罗拉的哥哥罗伯特·邓肯和她未来的第二任丈夫威廉·皮特里（William Petrie）[77] 可以想见史密斯夫妇在一栋乔治时代的楼房里养育子女，这种房屋"适合有许多仆人的大家庭"，这也是当时富有的马德拉斯商

45

贾家中的常见配置。[78] 他们或许还喜欢在乡村骑马，那里还装饰有"许多优雅的乡间座椅"。史密斯一家住在卢茨一处靠近大海的地方，可以体验海风吹拂的治愈感，"海风，被称为'医生'（the Doctor），通常早上 10 点钟左右到来"。[79]

尽管与母国相距遥远，又很容易患上致命的热病和疾病，但史密斯一家在马德拉斯的生活还算舒适。一个富裕的商贾之家有钱雇佣大量的仆人和奴隶，这种"铺张"经常招致新来欧洲人的批评。史密斯家至少雇了数名女仆或奴隶。[80] 尽管生活奢侈，但他们可能仍然渴望来自祖国的物质享受。人们不禁要问，他们是否和查尔斯·史密斯（Charles Smith，他们没有任何交集）一样幸运。后者是东印度公司在马德拉斯的文职人员，他的兄弟卡林（Culling）会从英国寄送查尔斯想要的各种物品。1767 年，在收到他兄弟的关爱包裹后，查尔斯·史密斯表示感谢："酒、鞋和眼镜都安全地收到了，但鞋子没有用，我猜鞋匠是按照你的脚的尺寸而不是我的做了它们，我看还是把它通过这艘船再寄回去吧。"查尔斯还有一些额外的要求："眼镜整洁又好看，我已经收到一副，所以麻烦你再送一副同样度数的给我，连同一些备用镜片，大小要刚好可以和眼镜装在一起。葡萄酒总是要寄的，但愿报纸杂志也能随第一艘靠岸的船寄给我。"[81] 如果乔治·史密斯一家没有在英国的亲戚愿意寄书报和用以阅读的眼镜给他们，那他们或许要从印度的朋友圈借到这些珍贵的物件了。

史密斯一家乐于同马德拉斯的显要们相聚，比如居留地总督乔治·皮戈特（George Pigot）勋爵就经常与他们共进晚餐。他们和皮戈特一家非常亲近；史密斯的两个贸易伙伴克劳德·拉塞尔

（Claud Russel）和爱德华·蒙克顿（Edward Monckton）都娶了皮戈特总督的女儿。为了自娱自乐，马德拉斯的英国居民们举办了众46 多晚宴和舞会。毫无疑问，史密斯夫妇也都参加了。史密斯同时代的人威廉·希基"发现居留地的居民非常快乐……几乎每一个晚上都有盛大的娱乐活动，无论是公共的还是私人的，每周都有一场一流的音乐会，许多表演者的演出在欧洲任何一个地方都会令人叹为观止"。[82] 马德拉斯的居民尽其所能地重现他们在英国的生活，像史密斯这样的家庭形成了"马德拉斯社会生活的脊髓"。[83]

为了支持这种生活方式，马德拉斯的史密斯既做商人又当捎客，代表他在印度客户的商业和金融利益。他将客户的资金投资于印度洋和中国南海的商业项目，并将客户的财富汇往英国，以此谋生。在马德拉斯定居后不久，史密斯"就与拉塞尔（Russell）先生等人开始了深入的贸易合作，并在伦敦收取了大量应付款"。[84] 史密斯的客户之一是罗伯特·波尔克，他在1763年至1767年间任马德拉斯管辖区总督，1767年至1787年间担任英国议会的议员。史密斯帮助波尔克将他在印度的部分收入汇往英国。[85]1765年，波尔克还向史密斯预支了2,400英镑。[86] 他还把64,634卢比投入史密斯发往中国的货物中，并由葡萄牙商船"卡莫夫人"（*Nostra Senhora de Carmo*）号运输。[87] 三年后，史密斯依然忙着管理波尔克"在中国的钱"并希望尽快将之汇往英格兰。[88]

中国是史密斯汇款业务的中心。他定期与马德拉斯的圣乔治堡管辖区签订免运费合同，用东印度公司的船将商货，尤其是棉花和锡，运往中国。销售所得则存入东印度公司在中国的财库。在18世纪60年代和70年代，马德拉斯的史密斯用东印度公司的船向广州运送了价值数十万英镑的檀香、锡、棉花和胡椒。1769 年，他将 1,000 包棉花运送到广州，其运费依然被免除。[89] 史密斯还租用了东印度公司的"亨廷顿"（*Huntingdon*）号货船，条件是在 1774 年 10 月底之前将这艘船交付到广州的货监管理会。

史密斯先生经常与爱德华·蒙克顿爵士合作，后者是东印度公司的文职人员，自 1762 年就在马德拉斯工作了。[90] 散商与东印度公司雇员间的商业合作在马德拉斯并不罕见。[91]1769 年，史密斯和蒙克顿关于用公司商船向中国运送棉、胡椒和檀香的提议就被采纳了。[92] 两年后，他们在公司开往广州的船上装载了价值 5 万印度金币的锡和棉花。棉花购自印度西海岸；锡可能取自马来半岛的吉打（Kedah）或是苏门答腊岛的巨港（Palembang，又译"巴邻旁"）。1772 年，史密斯和蒙克顿约定向公司的广州财库支付 15 万银元，"原因是他们同意在公司的船上免费运送 2,500 包棉花"。[93] 史密斯和蒙克顿在广州的代理商将印度棉花出售，然后把白银存入公司在广州的财库。他们的代理人又将 11.25 万银元存入广州财库以购买公司的汇票。[94]

谁是史密斯和蒙克顿的广州代理商呢？他们是两个苏格兰人，约翰·克莱顿和威廉·达尔林普尔。两人同样未经东印度公司许可在广州定居数年，一起打理史密斯和蒙克顿在广州的生意。[95]1769 年，克莱顿试图出售史密斯运给他的 511 包羊毛面料，这却得罪了公司。对东印度公司来说，在中国销售羊毛是一个敏感问题。几十年来，公司一直试图通过从英国出口毛织品来减少在中国的贸易逆差，但没有成功。中国对传统英国出口产品的需求很低，公司经常亏本销售。史密斯和克莱顿对羊毛贸易的干预尤其惹恼了公司在广州的货监们。他们向公司在伦敦的董事们解释："正如之前看到的，[中国]商人抱怨每年从欧洲送来的毛织品太多，并希望降低价格，因此如果允许从任意管辖区出口毛织品，定会极大地影响我们来自欧洲的投资。"[96] 克莱顿向广州的管理会保证，进口史密斯的毛织品不是一个"非法或见不得人的勾当"。他"认为我的委托人乔治·史密斯先生或我本人不应对贵公司声称进口 511 包毛织品所造成的任何损失负责，这些毛织品是降价售出的"。[97] 但公司的

48　广州货监们几乎一致同意，马德拉斯的乔治·史密斯把毛织品运到中国，造成了东印度公司的损失，他必须对此负责。[98]

　　克莱顿在 1774 年回到英国后，马德拉斯的史密斯开始与一位新的广州代理商合作。是的，他正是广州的乔治·史密斯。1775 年，广州的史密斯收到一船锡和棉花，这批货受马德拉斯的史密斯和爱德华·蒙克顿委托，由东印度公司的"莫尔斯"（Morse）号船运来交付给他。[99]

　　马德拉斯的史密斯在中国的贸易规模和范围令人瞩目。他声称到 1770 年他已从印度往伦敦汇了 10 万英镑。然而，由于白银在广州稀缺，汇款业务有时可能难以预测。广州的商业还要依赖西班牙大帆船（galleons），它从南美洲途经马尼拉，将大量的美洲白银运至中国。1771 年，史密斯在广州的代理商无法如期向公司的广州财库支付款项，因为"从马尼拉来的[运银]船到晚了"。通常，中国商人手头没有足够的现银，因此无法立即支付他们从史密斯的代理商处购买商品的款项。这类流动性问题可能会延迟汇款，并导致与客户的重大冲突。据 P. J. 马歇尔说，"最脆弱的关系莫过于归国的英印富豪与他前同事的友谊了，前者希望每艘船都能载着他的

资产，而后者则疲于把事情了结"。[100]史密斯抱怨说，他的一位客户坎贝尔上校对他"无礼"，尽管他"已经告知不可避免的事故会拖延付款"。马德拉斯的史密斯怪罪起当时的贸易状况："尽管我不断努力地履行合同，但仍未能按时在国内付款，一想到这我就很委屈。要是贸易还和你上次来的时候那样的话，我肯定因此发财了。可是现在的条件就是这样，我除了焦虑和烦恼之外，什么也没有了。"[101]

然而，一些更成功的英印富豪表现出了更多的耐心。史密斯的密友兼客户罗伯特·波尔克爵士以"友好的方式"清偿了史密斯的债务。尽管有几次失算，但史密斯仍然夸口，他向广州财库支付大额款项的多项约定"总是准时履行"。[102]"销售放缓[和]航运损失"意味着生意陷入困境，但史密斯还是尽可能地设法将客户的大笔资金转移到全球各地。[103]

马德拉斯的史密斯的客户不限于英属东印度公司的人员，他还与瑞典东印度公司的货监迈克尔·格拉布（Michael Grubb）合作。格拉布于1750年抵达广州，"成为最早一批在广州呆了数年的瑞典人之一"。[104]史密斯是格拉布在马德拉斯的代理商，负责安排从印度到中国的货运，如鼻烟、布匹（织物）、印花布（chintzes）、云纹格布（gingham，部分是紫色的）、长布和优质的蓝色棉布手帕。格拉布还要求史密斯销售440瓶上好的波尔多红酒（claret），这些红酒本是寄给了两人共同的好友雅各布·哈尔（Jacob Hahr），但以防哈尔不在，又寄给了乔治·史密斯。[105]

马德拉斯的史密斯也和印度统治者做生意，包括穆罕默德·阿里·汗·瓦拉贾（Muhammad Ali Khan Wallajah）。作为阿尔果德

（Arcot）的纳瓦布，他需要大量的钱来维系并扩大他在印度东南部的权力基础。由于莫卧儿帝国日益衰弱和分裂，且其在当地的统治既不牢固又不持久，该地区在18世纪中期极为不稳定。在这种动荡的政治环境下，阿尔果德的纳瓦布通过向马德拉斯的东印度公司大量借贷来扩张和保卫他的新领土。他的借款对象还包括东印度公司行政和军事机构的成员以及英国的商会。17世纪60年代，马德拉斯的史密斯是众多向阿尔果德的纳瓦布提供贷款的私人投资者之一。史密斯还向他售卖"计达32,000印度金币[48,000银元]的珍珠，纳瓦布（Nabob，即nawab）以付款单（order）或以坦贾武尔的塔卡硬币（tankah）在六个月内支付，无息"。[106]

但史密斯与纳瓦布的经济关系比大多数人都要紧密。他甚至担任纳瓦布的商业代理人，于1767年乘"贝加姆苏丹"（*Sultanissa Begam*）号航行到马尼拉，代表纳瓦布出售价值"将近10万英镑"的货物。[107]我们知道这事，是因为商船在马尼拉遇到了麻烦。西班牙人扣押了它，把史密斯和他的船员因禁在船上，还向史密斯勒索财物。此事不仅关乎马德拉斯的乔治·史密斯，还牵涉另一位史密斯，即后来马德拉斯的代理总督查尔斯·史密斯。他有"大约1,000英镑的押在她（商船）上面，不是投入股票，而是船货抵押借款和保险"。据查尔斯·史密斯说，这艘"价值近10万英镑的商船被禁止在那儿[马尼拉]做生意，货监乔治·史密斯和船员们都被因禁在船上；这件事如何了结还不清楚，据说可以通过支付一些钱来解决"。[108]当事情最终解决后，马德拉斯的乔治·史密斯向纳瓦布报告说损失高达144,650银元。最终，纳瓦布还收到马尼拉总督的一封信，信中解释说对史密斯所做的一切是"出于对他管理英国资产的怀疑"。[109]

马尼拉是马德拉斯的史密斯经常停靠的港口，也是东印度贸易所需白银的重要来源地。虽然西班牙殖民地禁止与欧洲国家（葡萄牙除外）的贸易，但英国商人避开了这一政策，用印度的制造品换取西班牙大帆船从美洲带来的白银。[110] 然而，1785年皇家菲律宾公司（Royal Philippines Company）的成立，促使马尼拉的商业自由化。根据张荣祥（W. E. Cheong）的研究，在英国商行"格雷厄姆和莫布雷（Graham and Mowbray）"所获得的西班牙合同中，马德拉斯的史密斯占有一定份额。[111] 在马尼拉出售印度商品的散商们将急需的白银带回印度和中国。"如果它 [白银] 不是从马尼拉或欧洲进口，"马德拉斯的史密斯警告说，"这个国家 [印度] 的所有卢比都会流向中国，并且短时间内 [将会] 一无所有，这将导致非常严重的后果。除非他们 [东印度公司] 将白银从广州运往英国，但他们很多年都没这样做了。"[112]

除了马尼拉，史密斯的生意还把他带到今天的印度尼西亚和菲律宾的其他地方。他可能曾是马德拉斯商团（corporation）的成员，该商团在苏门答腊的亚齐进行贸易。[113] 这个马德拉斯商团的活动，被其成员称为"生意"（the concern），在伦敦引起了关注（concern）。所谓的"生意"被控在亚齐建立贸易垄断，并在七八十名印度雇佣兵（Indian sepoys）的助力下对当地居民进行军事干预。1772年，在听取相关指控后，东印度公司董事会命令马德拉斯议事会派遣了一个调查团前往亚齐。[114] 若确有其事，我们也只能推测史密斯在这一切中的作用。除了亚齐，史密斯还在当时被称为荷属巴达维亚（Dutch Batavia）的雅加达做生意。1767年，

51

他在巴达维亚获得了一批价值七万荷兰银币（rix dollars，10 荷兰银币价值 2 英镑 5 先令）的货物，其中包括"几件稀奇的日式陶具和瓷器"。[115]

　　尽管史密斯一家在马德拉斯度过了大部分时光，但他们的目标始终是回到特威德河（Tweed River）以北或以南的英国，该河是苏格兰和英格兰间的历史分界。和其他商人一样，马德拉斯的史密斯认为在印度的时光不过是退休前"暂别家乡的冒险之旅"。[116] 抵达马德拉斯没几年，史密斯就希望攒够钱退休，但 1767 年在马尼拉意外遭受的商业损失意味着"我必须多工作几年……这样我就打消了赶快回到英国的念头；现在我的双手握桨，我必须把船驶进港方能放手"。[117]

　　"握桨"十二年后，史密斯终于做好了回英国享受退休生活的准备。1779 年 10 月 16 日，史密斯一家永久地离开马德拉斯，搭乘"拿骚"（Nassau）号驶往英格兰。这是一艘 723 吨的船，建造于 1771 年，由船长亚瑟·戈尔（Arthur Gore）指挥。[118] 我们对史密斯一家回国航程的了解大部分来自于威廉·希基精彩纷呈的回忆录。希基是名律师，从 1777 年到 1808 年，他几乎一直在印度生活。1779 年，希基暂时回到伦敦，帮助处理一份递交给议会的请愿书。正是在这次搭乘"拿骚"号的旅途中，他的生活与史密斯夫妇产生了短暂的交集。[119]

　　希基从马德拉斯到英国的旅途回忆让我们得以一窥乔治·史密斯、玛格丽塔·奥罗拉以及他们孩子的生活和个性。返航一开始就不顺利。当希基登上"拿骚"号时，他发现船长暴怒不已：

52

后甲板上堆满了东西，过道也塞满了行李箱、储物箱、硬纸盒和各式各样的包裹，都是史密斯太太的。船长发誓说已经把她120个不同的包裹装上船了……我努力安慰他，不过并不成功，因为他继续对史密斯一家不合理的行李数量大加咒骂，指责他们可耻地拖累了整艘船。他宣称如果遇上坏天气——几乎每个小时都会碰上——所有这些都得被扔到海里。

在喧闹中，史密斯先生和他的家人一起来到船上，戈尔船长立刻开始对可怜的史密斯先生进行激烈的批评。我对他深感同情，他妻子和孩子的抱怨已经让这个可怜人饱受折磨了。史密斯太太和戈尔船长一样怒火中烧。她用"禽兽""海怪""野蛮人"这样的绰号来称呼戈尔船长，还发誓说她不会留在"拿骚"号了。"至于你，乔治，"她转向她的丈夫说，"你随你的便，是留是走我都不在乎，至于我自己，我可不想在这个恶心的猪圈待下去了。"

史密斯太太的彪悍让戈尔船长安静下来。这时，拉金斯（Larkins）先生走上前来，努力对她进行安抚，总算成功了。[120]

史密斯夫人真的是希基所描绘的那个固执己见、脾气乖戾的人吗？史密斯先生是沉着冷静的和事佬吗？不愿意放弃自己的财产是可以理解的，而在有近六个月身孕的情况下，准备在印度洋的酷暑中进行一次远洋之行，对任何人的耐心都是极大的考验。也许希基对玛格丽特·奥罗拉·史密斯的描绘并不公允。

史密斯一家一路上遇到了更多麻烦。在锡兰（斯里兰卡）逗留期间，他们住在海岸边一处"让人苦不堪言的住所"。他们"处境

53

窘迫，房子被淹了，雨水从无数的小孔中灌进来，以致屋里没有一块干的地方，连一件能换的衣服也没有，全都浸湿了。整整两个晚上，他们不得不端坐着，无法入睡，孩子们都得了重感冒"。但在锡兰岛的荷属亭可马里（Trincomalee）堡附近，他们的境况倒不全然悲惨。希基和史密斯从各种消遣中取乐，如钓鱼，"我们在各种水湾和小海湾里划来划去，发现了数不清的巨蜥（guanas），一种比蜥蜴大得多的动物"，捕捉"巨蜥"和野猪。他们猎获不少"美味十足的肉"，大快朵颐。[121]

在锡兰的停留是短暂的休息，但许多乘客没能活着看到英格兰的海岸。1779 年 12 月 19 日到 1780 年 2 月 1 日，即"拿骚"号抵达好望角之前，至少有 20 人不幸遇难。坏血病似乎已夺去了船上许多船员的性命。[122]"拿骚"号在锡兰和好望角之间还遇到极端恶劣的天气，在此期间，希基每天都去安抚史密斯夫人：

> 有一天，船颠簸得异常剧烈，我到后甲板室去见史密斯太太。我坐在甲板上，把她的长子乔治抱在膝上。我刚建议她让其余的孩子到我身边来，因为这样更安全。一道巨浪打来，一时间她吓坏了，她向下走去，花容已然失色。震荡迅疾且猛烈，一切都要屈服于它。史密斯太太坐在床上，两边各有一个孩子。婴儿床和所有东西，连同储物柜、行李箱以及船舱里的每一件东西都倾斜起来。乔治和我虽然幸免于难，但能免于致残也真是不可思议。虽然有些时候我真的以为船翻了，但我不禁又对当时的场景笑起来：女仆们四处不知所措，史密斯太太尖叫着让她们捂住她赤身裸体，她自己则忙于收起发卷、假发以及各

54

种盥洗用品。这狼狈的情景她是绝不会想让人看见的。

史密斯太太不是唯一被坏天气弄得心神不宁的人，希基还描述了史密斯先生的境况。

> [他] 刚从甲板上回来，正在安慰他的家人，告诉他们船员们认为狂风已经过去了。就在这时，船陷入了我上面提到的绝境。当时他正站在婴儿床旁边，猛烈的颠簸让他突然间失去了控制。他的身体倾斜下去，又担心摔在孩子身上，便猛地用力抓住一处固定在船梁的床钩，才算稳住了自己。但这样一来，摇摆的猛力让他的肩膀脱臼了。剧烈的疼痛让他昏厥过去。和他同名的 [随船外科医生] 立即对他进行治疗，在史密斯醒来前把他的手臂恢复原位。由于史密斯太太每时每刻都盼着睡觉，这些接二连三的意外使她更加痛苦和烦躁。因此，人们担心这样的后果对她可能是致命的。不过所幸厄运并没有降临。[123]

幸运的是，史密斯夫妇在开普敦登陆的那晚，"史密斯太太诞下一女"，他们给她起名为亨丽埃塔·克里斯蒂安娜·史密斯。在史密斯夫人康复期间，史密斯一家在开普敦停留了一段时间。希基没有继续和史密斯一家在"拿骚"号上同行，而是乘坐一班更早的船回了英国。[124]

回到英格兰后，史密斯一家在伦敦附近米德尔塞克斯（Middlesex）郡的圣马里波恩（St. Marylebone）教区有了新家。这

可超出了史密斯早年的预期，那会儿他以为自己赚的钱只够退休回
55　到他"在特威德北部的家乡"。[125] 尽管远离苏格兰，但上哈利街
（Upper Harley Street）还是让史密斯一家有宾至如归之感，那里似
乎已经成为东印度商人和东印度公司前职员的流散社区。与东印度
公司在广州唯一会说中文的货监托马斯·贝文（Thomas Bevan）做
邻居，史密斯感觉回到了家。[126]

　　史密斯成功的隐退是短暂的。1782 年 2 月，他的名字出现在
周六发行的《伦敦宪报》（London Gazette）上：他破产了。[127] 马
德拉斯的史密斯的破产可能与广州的乔治·史密斯的财务危机有
56　关，后者与之同名，是他在中国的前代理商。

第三章

广州的乔治·史密斯

广州的乔治·史密斯是如何来到中国的，这依然是个谜。东印度公司的董事会得知，在 1770 年"乔治·史密斯先生和其他人通过不同的方式去往印度"，"他在去年 [1769 年] 7 月 30 日抵达巴士拉，并打算前往孟加拉，但仍在巴士拉担任加登（Garden）先生的办事员"。至于"乔治·史密斯先生是否前往公司在东印度的居留地继而从那里前往中国，或者他如何到达那里"，公司的董事们就无法确定了。不过，他们确信他未经他们的允许，"在 1771 年就抵了中国"。[1] 仔细考察广州的史密斯在广州和澳门长达十年的生活，可以发现他和其他散商在推动东印度公司在中国的茶叶贸易中所发挥的重要作用。它还揭示了在英帝国的亚洲海上前哨中女性和家庭的位置。

和他的同名者马德拉斯的乔治·史密斯一样，广州的乔治·史密斯没有留下多少记录。我们对广州的史密斯的妻子夏洛特·佩什（Charlotte née Peche）的了解倒是更多。夏洛特是约翰·佩什和安妮·佩什的孩子，1757 年在英格兰萨里郡（Surrey）吉尔福德（Guildford）的圣玛丽教区受洗。她在六个孩子（约翰、安妮、詹姆斯、贝琪、夏洛特和翁斯洛）中排行第五。[2] 佩什的杂货铺经营一定盈收不错，因为在 1810 年，约翰·佩什（父亲）留给他孩子和孙子们的年金所得超过了 2,500 英镑的现金。他还把"剩下的全部财产"给了他的女儿夏洛特，"用以购买长期股票，这样帕森医院的寡妇每周就可以拿到 6 英镑了"。[3]

夏洛特的三个兄弟都在东印度公司的军队服役。18 世纪 70 年代初，夏洛特可能还太小，不能跟随哥哥约翰和他的"黑仆"（实际上可能是奴隶）蒙戈前往印度。不过，她可能在 1776 年跟随二哥詹姆斯乘坐"莱瑟姆"（*Latham*）号前往孟买，当时她年仅 19 岁。[4]

抵达孟买后不久，她就嫁给了第一任丈夫约瑟夫·史密斯（Joseph Smith Esq.），他是东印度公司的一名军官。夏洛特与约瑟夫的婚姻因后者的早逝中断，但约瑟夫把自己一半的财产留给了她。据东印度公司的记录，她收到了 6,000 英镑。考虑到 2 万英镑被认为足够从东印度贸易中退休并返回英国了，这可不是一笔小数目。约瑟夫还给她留下少量的钻石、珍珠、珠宝以及他的奴隶。这些奴隶通常"在离开这个国家或女主人死亡后"获得自由。[5]

1777 年，约瑟夫·史密斯去世后不久，广州的乔治·史密斯从中国航行到孟买，从苏格兰的著名散商大卫·斯科特那里购买了一艘名为"伊丽莎"（*Eliza*）号的船。在孟买，乔治·史密斯不仅得到了一艘商船，还得到了一个妻子。1778 年，他与刚刚丧夫的夏洛特·史密斯——现在的夏洛特·佩什·史密斯——结婚。这对新婚夫妇在婚礼后不久就搬回了中国。1779 年，夏洛特在澳门生下了他们的第一个女儿，夏洛特·埃莉诺拉（Charlotte Eleanora）。[6]

对于乔治·史密斯去中国前的生活，我们知之甚少。关于史密斯的过去，最重要的线索不是文件或书面记录，而是一块牌匾底部的盾徽（coat of arms），它悬挂于萨里郡吉尔福德的圣约翰斯托克教堂（St. John's Stoke Church）墙上。这块至今仍能看到的纪念牌匾是受乔治·史密斯和夏洛特·史密斯夫妇在世的两个儿子亨利·布朗·史密斯（Henry Browne Smith）和大卫·斯科特·史密斯（David Scott Smith）的委托在 1857 年至 1866 年之间制作的。从牌匾上的文字可以看出，他们的父亲出生在 1746 年前后，所以他第一次来到中国应该是在 25 岁左右。夏洛特比他小 12 岁，嫁给广州的乔治·史密斯时她只有 20 岁。乔治和夏洛特有 11 个孩子，其中 3 个在襁褓中就夭折了。另外两个，乔治·福代斯·史密斯（George Fordyce Smith）和乔治·穆布雷·史密斯（George Moubray Smith），在马德拉斯任东印度公司骑兵中尉时死亡。

58

　　牌匾的文字下面是一个盾徽：徽章顶部是一个直立的金色海豚形纹章；护盾是海蓝色的，一侧是一个戴着王冠的狮子，张牙舞爪，尾巴分叉卷翘，另一侧是一个炽焰的杯子，居于两个国际象棋的车之间。底部的座右铭写着"在风浪中保持平静"（mediis tranquillus in undis）。亨利·布朗·史密斯和大卫·斯科特·史密斯似乎创造性地将两种不同的徽章结合起来以纪念其家族：一个来自父亲的家族，一个来自母亲的家族。皮奇（Peachy）家

英国萨里郡吉尔福德的圣约翰斯托克教堂。作者拍摄。

59

图为史密斯家族纪念牌匾下的盾徽，现铭于英国萨里郡吉尔福德的圣约翰斯托克教堂的内墙。作者拍摄。

族——佩什的另一种写法——的盾形徽章展示的也是一个冕冠双尾狮在海蓝底色中张牙舞爪的情景。[7]至于家族纪念盾徽的其余部分，史密斯的两个儿子似乎是以苏格兰佩思郡（Perthshire）梅斯文堡（Methven Castle）大卫·史密斯（David Smith）的徽章为蓝本的。大卫·史密斯的盾徽包括顶部的海豚纹章，两车一杯的蓝色护盾，以及"在风浪中保持平静"的座右铭。[8]广州的乔治·史密斯是否为苏格兰梅斯文堡的史密斯的直系后裔，这一点很难确认，但这个盾徽将他与苏格兰紧密地联系在一起。史密斯长子乔治·福代斯的名字也暗示了史密斯的苏格兰血统。

从1779年到1782年，乔治·史密斯和夏洛特在澳门安家。由于中国政府不允许外国女性进入广州，澳门是适合在华外国人家庭居住的唯一选择。那些违反规定的人可能会付出沉重的代价。东印度公司的一个船长女伴从马德拉斯来到广州（尽管她打扮成男仆）。

60 在被中国当局发现后，她被送进了澳门的监狱。[9]史密斯一家遵守中国的律法，夏洛特似乎留在了澳门。史密斯夫妇的头两个孩子夏洛特·埃莉诺拉（Charlotte Eleanora）和哈丽雅特·安（Harriet Ann）分别于1779年和1781年在那里出生。正如美国第一任驻广州领事所描述的那样，史密斯一家在澳门"住得很好"，"生活也很愉快"。由于葡萄牙当局"不允许外国人持有任何房产",住房就成了一件麻烦事。不过,史密斯一家还是会喜欢漫步于漂亮的砖石建筑旁,如医院、议院、监狱、法院以及那些"宽大敞亮的私人住宅",它们"被漆上白色或刷上了石灰"。在市场上可以买到新鲜鱼、猪肉、家禽和大量的蔬菜,到了晚上,东印度公司雇员和散商组建的"社团"(society)也还"不错"。居民可以参加各种形式的娱乐活动:台球、游船、社交聚会、晚宴和舞会。[10] 夏洛特和乔治大概享受到了澳门的欧洲侨民社区所能提供的最好的生活。

61

虽然史密斯一家常驻澳门,但他们从家人、朋友到商业伙伴的关系网遍及印度洋和中国南海。这个庞大的关系网可以通过史密斯一家孩子的名字得以体现。他们有三个孩子以大卫·斯科特和他的妻子路易莎(Louisa)的名字命名。第一个大卫·斯科特·史密斯

乔治·钱纳利(George Chinnery, 1774—1852 年)的学生《澳门南湾的东端》(*East End of the Preya Grande, Macao*)。耶鲁大学英国艺术中心惠允使用。

于 1791 年夭折，乔治和夏洛特给他们 1796 年出生的另一个儿子取了相同的名字。1793 年出生的女儿名叫路易莎·斯科特·史密斯。这种明显的同名很可能是因为斯科特夫妇是孩子们的教父母。

18 世纪 70—80 年代，斯科特是孟买最具影响力的商人。他声称，1784 年，东印度公司在孟买的殖民区"欠他个人 191,254 英镑，欠他的委托人 208,870 英镑"。[11] 回到英国后，他在金融方面继续取得成功，并成为一名议会议员和东印度公司董事会的成员。几十年来，斯科特夫妇和史密斯夫妇一直是朋友。大卫·斯科特不仅为夏洛特·史密斯管理了几个信托基金，还帮助史密斯的儿子在东印度公司谋得工作。自史密斯夫妇 1778 年结婚以来，斯科特认为自己是"这个家庭最亲密、也是最有用的朋友"。[12]

史密斯的两个孩子，乔治·穆布雷·史密斯（1792 年出生）和卡洛琳·穆布雷·史密斯（Caroline Moubray Smith，1782 年出生），是以乔治·史密斯的表兄乔治·穆布雷（George Moubray）的名字命名的。乔治·史密斯和乔治·穆布雷年龄相仿，他们似乎是在同时（大约 1769 年）到达东印度的。然而，与表弟不同的是，穆布雷得以在马德拉斯的东印度公司工作，担任公司会计、粮食委员会（the Grain Committee）和圣乔治堡税收委员会（Board of Revenue）的委员。他还拥有马德拉斯帕塔姆的治安官（sheriff）和市长头衔。在今天的金奈（Chennai），依然可以看到以他的名字命名的莫布雷路（Mowbray Road）和莫布雷花园（Moubray's Cupola），后者是他在马德拉斯的故居。[13] 穆布雷在马德拉斯发财之后，于 18 世纪 90 年代回到伦敦。他在 1825 年去世前，留给史密斯家一大笔钱。他遗赠给乔治和夏洛特的一个儿子大卫·斯科

62

特·史密斯 2,000 英镑，留给夏洛特·史密斯 2,000 英镑，给他已
故教子乔治·穆布雷·史密斯的孩子们留下了 1,500 英镑。他给乔
治和夏洛特的四个女儿提供了一笔"50 英镑的年金"，"在她们
各自的有生之年里每半年支付一次"。[14]

　　史密斯夫妇的第四个孩子亨利·布朗·史密斯（生于 1789 年）
是按亨利·布朗的名字取名，后者曾任东印度公司广州货监管理会
的主席。在萨里郡沃金（Woking）的安立甘宗教区登记册上，亨
利·布朗是亨利·布朗·史密斯的教父之一。[15]

　　史密斯一家在澳门居住时，乔治·史密斯在广州做生意。从澳
门到广州沿珠江乘船而上，路程约为 83 英里，要花上几天时间才
能到达，这还要看水流和天气的情况。[16] 史密斯可能乘坐各种欧洲
商船航行，或雇用中国的私人舢板（sampans）往返于澳门和广州
之间。[17] 珠江上的风物许多都饶有兴味。史密斯一定遇到过一年到
头住在那里的船民，或者"落落溪"（Lob Lob Creek，可能是"love
love"的"洋泾浜英语"）中花艇（flower boats）上的船妓，她们
很多卖身为奴，为经过黄埔的中外水手提供服务。[18] 一到广州，
史密斯一定还会被"水上的景象"震撼，"那里和伦敦桥下的泰
晤士河一样繁忙，所不同的是我们用尺寸不一的四角帆船（square
rigged vessels），而这里用的是舢板"。[19] 另一位与史密斯同时代
的人认为，他对这个地方作的任何描述都言不尽意："广州一二英
里长的河流上布满了大大小小的船只，从 100 吨的大船到渡船，百
舸齐动，鳞次栉比，几乎难以逾越。"[20] 史密斯可能还会看到欧洲
各国——丹麦、瑞典、荷兰、法国和英国的公司——东印度公司的
商馆（factory house），它们排列在广州城外的滨水区，各国国旗

63   在"高耸的旗杆"上飘扬。[21]

外国人不允许进入广州城内。不过，据一名英国商人报告称，如果他们胆敢闯入城门，"十有八九"也会"全身而退，或者不过小有损伤"。[22] 史密斯在广州的生活局限在城墙外一处狭窄的滨水区。他很可能从一个中国商人那里租了房子，住在一片房区中的一栋，另一个英国商人曾描述道，"是好房子，但局促了些，一栋挨着一栋，前前后后有七八栋之多"。[23] 在广州时，他确实遇到过不少时人在日记中所描述的令人着迷和敬畏之事：中国社会的"贫富悬殊"；"铁鞋"和"跛足而几乎不能行走的"裹脚妇女；中式按摩的独特体验，"用专门的器械打通不同关节，摩擦周身各处，

托马斯·阿罗姆（Thomas Allom，1804—1872 年）《广州附近中国商人的宅第》（*The House of a Chinese Merchant near Canton*）。耶鲁大学英国艺术中心惠允使用。

虽然奇怪但还算舒服"；佛教信众在家里或船中的壁龛前诵经和
焚香，在外国人看来"非常不可思议"；以及行商的奢华住宅和
聚会。[24] 约翰·阿道弗斯·波普（John Adolphus Pope）是 18 世纪
70 年代在私人港脚船"皇家公主"（*Princess Royal*）号上工作的一
名船副，他对行商的庄园感到震惊。据他估计，其占地面积"是
欧洲同等地位的人的十倍"。行商用以展示财富和地位的园林令
他叹为观止。[25] 据波普讲，当时最富有且成功的行商之一是潘振承
（Puankequa）①，他的一个兄弟"收购了 1 万株小向日葵（Koofas），
价值计达 3,000 银元。"[26]

威廉·希基，还是那位在 1779 年与马德拉斯的乔治·史密斯
一起航行回英格兰的律师，生动地描绘了潘振承的一次宴会。这位
在政治上举足轻重的行商接连举办了两场聚会，创造性地将参与者
的多元文化发挥到了极致。[27]

第一场聚会是晚宴，从着装到招待都是英式的。中国人不
自然地使用着刀叉，尽可能在各方面都符合欧洲的风尚。宴会
备有各种上好的葡萄酒。晚上还有一场戏，主题是战争，上演
最为精彩的打斗场面，舞蹈和音乐比我想象的还要好。其中一
个场景是一个英国海军军官出场，他穿着一袭制服，戴着精致
的三角帽，昂首阔步地走过舞台喊道，"别管了（Maskee）！②

①　清代档案中亦称"潘文严"，外国人习惯称他"潘启官"，即"Puankequa"，
亦写作"Puankhequa"。他是广州十三行之一"同文行"的创始人，也是广州十三
行的商总（即行商首领）。
②　此为洋泾浜英语的"never mind"，即别在意、不要紧的意思。词源可能
是葡萄牙语的"masque"。

这该死的！"于是大家都哈哈大笑起来，中国人更是欣喜若狂地叫道："真像英国佬，那么多'ee'！"第二日，一切都反过来，全都是中国的。所有的欧洲宾客都在吃，桌上没有刀叉，他们只用筷子大快朵颐。娱乐活动精彩万分，美味佳肴供应不断，中国人喜欢珍馐美馔，还有最好的厨子。到了晚上，一个装点着各色彩灯的花园里燃放起缤纷的烟火（他们在这方面也出色的很）。我们从一个临时搭建的台子上观赏，那里还有灵巧的手技、张弛有度的绳舞，还有我见过最精彩的哑剧。这一切一直持续到深夜。

希基对"我们的中国主人所展现出来的慷慨和品味大为赞赏"。[28]很有可能，广州的史密斯也有机会参加这些行商家里精心准备的庆祝活动。

闲暇时，广州的史密斯可能会去洋行商馆区附近的两条购物街——猪巷（Hog Lane）①和中国街（China Street）②。他在那里可以来回逛逛，为家人和朋友买礼物。[29]莫家咏（Maria Mok）的研究指出，"面对设计巧妙、制作精湛的商品，犹如置身于宝库一般，这种令人惊叹的体验正是在广州购物的一大亮点"。在广州众多的商店里，史密斯有机会看到不同的中国艺术家和工匠，他们专门制作面向欧洲市场的出口工艺品。例如，塞勒姆（Salem）的本杰明·施里夫（Benjamin Shreve）的购物清单上，除了银器、玳瑁

---

① 即今广州豆栏街。
② 即今广州靖远路，又译"瓷器街"。

托马斯·阿罗姆〔Thomas Allom，1804—1872 年〕《一位中国官员宅邸的晚宴》（*Dinner Party at a Mandarin's House*）。耶鲁大学英国艺术中心惠允使用。

梳子、漆器、丝绸、瓷器和南京布（nankeen）外，还有"一把女士用的遮阳伞、六把珍珠母汤匙"和"两个带盖的牙刷盒"。这张清单勾勒了欧洲商人所需各种工艺品的轮廓。和许多同时代的人一样，广州的史密斯可能委托当地的中国艺术家制作纪念品——比如，一幅描绘广州沿岸商馆的绘画。这些画是"一种历史记录"，代表了洋商在中国生活的经历。史密斯可能把其中一幅画挂在家里，作为家族"曾在中国沿海漂泊不定但又勇敢无畏"的铭记。[30]

在广州消遣度日的方式很多，但史密斯到中国是为了做生意，而不是寻欢作乐。在广州，他是印度客户的代理商和掮客。他收到客户委托给他的货物和白银。在卖掉这些货物后，他把白银存入东

67

印度公司的广州财库，以换取东印度公司的汇票，后者可以在伦敦兑现。公司在广州的货监在日志中记录了1772年至1779年间的19次交易——其中10次发生在1777年——其间，史密斯和几个商业伙伴约翰·克莱顿、休·麦基（Hugh Mackay）、亚伯拉罕·莱斯利（Abraham Leslie）代表二十多个客户将白银存入公司的财库。最小的存款是408银元，最大的是28,000银元。在1772年至1779年间，史密斯和他的伙伴向公司的广州财库存入了超过167,736银元或41,934英镑的存款。[31]

68

广州的史密斯还有一些更显赫的客户，包括埃尔·库特爵士（Sir Eyre Coote，东印度公司在印度的军队总司令）、罗伯特·波

中国折扇，约1795年。骨质扇骨、水粉画纸质扇面，上绘广州商馆图景。尺寸10.5英寸×18.25英寸×0.75英寸（26.67厘米×46.355厘米×1.905厘米）。皮博迪·埃塞克斯博物馆藏，约翰·罗杰森夫妇于1977年惠赠。马萨诸塞州塞勒姆皮博迪·埃塞克斯博物馆惠允使用。图片由杰弗里·戴克斯拍摄。

尔克爵士（马德拉斯总督）、大卫·斯科特和约翰·亨特（John Hunter，两人都是著名的散商）以及加尔各答商会——大卫·基里肯、约翰·鲁宾逊、查尔斯·克罗夫特斯、查尔斯·格兰特和约翰·弗格森——正是年轻的弗雷德里克·戴维曾打工的地方。埃尔·库特、罗伯特·波尔克、大卫·斯科特和约翰·亨特后来都成了英国议会议员；大卫·斯科特、查尔斯·格兰特和约翰·亨特还担任东印度公司的董事会成员。

广州的史密斯为他的客户提供各种商业服务。他在印度的客户

关联昌（Tingqua，活跃于 1840—1870 年间的清代著名外销画画家，署名"庭呱"）《画家庭呱的画室》（*Shop of Tingqua, The Painter*），约 1830 年。中国水粉画。尺寸 18 厘米 ×26 厘米。皮博迪·埃塞克斯博物馆藏，利奥和桃瑞丝·郝罗夫于 1998 年惠赠。藏品编号 AE85592。马萨诸塞州塞勒姆皮博迪·埃塞克斯博物馆惠允使用。图片由马克·塞克斯顿拍摄。

和代理商将棉花、锡和红木运给他，并委托他进行管理。红木可能是从菲律宾、马来西亚或今天印度尼西亚的一些岛屿进口的。史密斯还为他的客户采购中国产品，其中包括东印度公司。1779 年，他告诉公司的货监，他可以供应"170 担到 250 担南京丝（nankeen silk），每担价格 270 两银"。作为交换，史密斯要求丝绸运抵后立付现银 2 万两，尾款以汇票结算。[32]

和马德拉斯的史密斯一样，广州的史密斯利用东印度公司在印度殖民区、东南亚、中国和伦敦的财库网络，在全球范围内为客户转移资金。然而，作为广州茶叶贸易的命脉，白银时常短缺，这会导致散商与公司货监之间关系的紧张。1774 年，公司在广州的货监拒绝立即兑现史密斯出示的两张汇票。这些汇票是由公司在苏门答腊西海岸的明古连（Bencoolen，今称"明古鲁"）和马尔巴罗堡（Fort Marlborough）的议事会开出的，目的是从公司的广州财库提取 3,651.38 银元现金。史密斯向广州的货监递交这些汇票后，他们"当天下午便以拒绝接受为由将汇票退还"。史密斯试图博取货监们的同情，让他们相信自己迫切需要白银："很抱歉，我碰到的事情让人糟心得很，要不是如此也没必要麻烦你们了。"[33]

其中一件糟心事很可能就是公司商船"亨廷顿"号的沉没。这艘船在 1774 年租给了史密斯在印度的客户，即马德拉斯的乔治·史密斯，"条件是在 1774 年的 9 月底或之前将她运抵"广州，交付官府。"亨廷顿"号在海上沉没后，广州的史密斯别无选择，只能替马德拉斯的史密斯向广州财库代付 19,849.50 银元的运输成本。[34]

史密斯要求如果东印度公司的货监拒绝向他立即支付所欠的

3,651.38 银元，就要给出 18% 的年利率，根据他的说法，"这是欧洲人和中国人在广州的通行利率（accustomary rate of interest）"。公司的货监只愿给出每月 1% 的利率。史密斯威胁说，如果他们不合作，他就把生意转到别处去。为客户汇款时，他可以不再通过他们财库，而是使用其他方式（可能是荷兰或瑞典东印度公司的财库），这样会使东印度公司茶叶投资所急需的白银更加短缺。[35]

广州的史密斯在 1775 年收到了东印度公司的付款，但是这场胜利得不偿失。当年晚些时候，形势逆转，史密斯的现银不足以购买他所需要的汇票时，货监们也几乎不再示以任何同情。史密斯向公司申请的汇票价值总计高达 48 万银元，但他没有向广州财库支付白银，而是向货监管理会提议以"标的"（chop，即与几个中国商人的合同）作为担保。他还会安排几个中国商人以他的名义直接向公司提供货物，以三角债的方式实现债权和债务平衡。在广州，这种在中国商人、散商和东印度公司间的惯常操作被称为流转支付（transference）。然而，公司的货监们坚持使用白银。史密斯抱怨道："你们对商人的流转支付中，没有我参与的份儿，哪怕是合理的或最小的份都没给我，而在广州这样的地方，出于各种切实且不言而喻的原因，这本应该有我的份的。"绝望之下，他恳请公司的货监推迟载有汇票的公司商船驶往英格兰，直到他有足够的时间搞到白银。史密斯答应支付船舶的滞期费，以补偿公司延迟起航的成本。这是史密斯的最后一招："如果您拒绝我的两个提议，那么我所剩下只有徒作安慰的信念，即我所希望永远坚持的，竭尽所能维护我的委托人的利益，捍卫我自己的信用。"公司的货监们重申，他们"在没有实际拥有资金的情况下，任何金额的票据都无

70

法提供"。[36]

到 1775 年底，广州的史密斯"喜欢斤斤计较"的事已经声名在外了。公司的货监们记录道，其他的持票人已经接受了他们的提议，"视我们的方便"而兑现马尔巴罗堡的汇票，相反，只有乔治·史密斯"坚持每月 1.5% 的利率"。他还威胁说，"一旦我们不遵他的条款而是拒付汇票……这就会影响到他是否继续向公司的财库支付资金"。结果，"我们不得不从一个中国商人那里预支一笔款项来承兑这些汇票"。史密斯在这件事上让东印度公司颇为难堪，他们担心将来"会有更糟的后果"。公司在伦敦的董事们也表达了他们对史密斯行为的不满："你们呈递的 1775 年 8 月 24 日对乔治·史密斯先生争执行为的协商，我们已经适时且充分地进行了考虑，他拒绝接受你们就清偿其账款给出的条件进而陷我们的业务于困境，我们对此已经无法掩饰我们的震惊了。我们并不质疑他要求的权利，但是他在明知你们的现金状况之后，依然坚持兑现汇票，这显然于我们的利益有损。考虑到他在中国的诸多好处是在直接有违公司规定的情况下获得的，我们不得不谴责他的这种忘恩负义的不耻行径。"[37]

广州的乔治·史密斯和其他像他一样的人越来越不受欢迎了。公司的货监"不禁注意到这一变化，那些人违反公司董事会的明令继续留在这个国家，这位先生不过是其中之一，我们对此已在多个季度向董事会表达抗议"。早在 1771 年，史密斯抵达不久，公司的货监就让乔治·史密斯先生、小威廉·达尔林普尔和沃尔特·戈迪（Walter Goadie）对关于非法定居中国的"相关指令"有所了解。史密斯似乎一开始是遵从的："我已收到您上月 22 日关于公司指令的最后通牒，请允许我通知您，我打算搭乘'范西塔特'号，经由孟加拉前往马德拉斯。"史密斯很可能从未离开过广州，或者他只是短暂地离开过，因为1772年11月11日，货监管理会再次对他进行警告。这一次，史密斯抱怨说，他"发现中国人给他的付款太过拖延，他担心这个季度恐怕不能离开中国了"。1773年，他再次解释说，"我在中国的业务状况不允许我这个季度离开中国"。[38]

史密斯确实在1778年短暂地离开过广州去寻找新的商业机会。他乘船去了孟买，并在那里从他的朋友兼代理商大卫·斯科特的手中买下"伊丽莎"号商船。同年，"伊丽莎"号往返于孟买和广州之间。这艘船的船员众多，且种族等级分明。英国指挥官罗伯特·史密斯（可能是广州的乔治·史密斯的亲戚），每月的工资是80卢比。几个英国船员每月能拿到30—50卢比。十二名欧亚"水手长"（serang），即印度水手的头头们，每个月能拿到12卢比，他们有着葡萄牙名字，如祖坤（Joquin）、拉撒路（Lazarus）、多明戈（Domingo）、若兹·安东尼奥（Joze Antonio）、安东尼奥·迪亚斯（Antonio Dias）和佩德罗·德·席尔瓦（Pedro de Silva）。而最底层的是印度水手（lascar）——至少有六十人——他们每月只能挣5卢比的微薄工资。"伊丽莎"号很可能是把孟买的棉花运往中国。荷兰方面的消息称，在返航印度的途中，"乔治·史密斯的英国私人船'伊丽莎'号……搭载这里[广州]的美国商人"。这艘满载货物的商船在孟买和广州之间的多个港口停靠，包括果阿、科钦（Cochin）、代利杰里（Tellicherry）和马六甲，最后带着"苏木"（sapon wood）[①]、蜡烛和其他杂货回到孟买。[39]

广州的史密斯带头进行了这次商业冒险，但"伊丽莎"号的航行还得到至少二十个不同放贷人的注资，其中有约翰·弗格森、约翰·亨特和帕特里克·克劳弗德·布鲁斯（Patrick Crawfurd Bruce），他们共同投资了 4 万卢比。[40] 这是那些没有自己船只的散商的典型操作。据安·布利（Ann Bulley）的研究，和广州的史密斯一样，"大多数船主都是把握机会，在市场看起来最好的地方投机"。在孟买，他们通常"只有一艘船，而且只在一个季度这样操作"。他们的风险投资经常以船货抵押借贷的形式融资，这种贷款用于货物的支付和投保。不幸的是，对广州的史密斯来说，"伊丽莎"号的冒险以彻底失败告终。1779 年，他被迫卖掉"伊丽莎"号和船上的一切，以抵付船员的报酬，并赔偿资助这次航行的众多投资人。"伊丽莎"号最终被孟买的大卫·斯科特收回，在接下来的三十年里几经易手。[41]

在孟买短暂又受挫的停留后，他和新婚妻子夏洛特在 1779 年搬回了广州。不幸的是，这对新婚夫妇的回迁与东印度公司的一项更大胆的举措不期而遇，后者要将无证的英国散商从广州驱离。到 1783 年，只有钟表商约翰·亨利·考克斯（John Henry Cox）还留在那儿。

然而，广州的乔治·史密斯却固执得出奇。当公司在广州的货监们迫使他离开时，他写了一封措辞严厉的回信，驳斥了公司在中

---

① 译者注：档案中记录的"sapon wood"应为"sappan wood"的误写，即指苏木。

国的垄断权和对他的管控权："我已收到你们昨日的来信，常言道，哪里有保护，哪里就有权力，你们对于后者的无尽追求，每年都会成为令人难堪的新案例，当然前者却不是你们所能给予的，因为你们无力执行，董事会给你们的指令只披着权力的表象却没有保护的实质，我从未承认公司或在中国的董事会对我一个英国臣民有任何形式的威权，我只信任有能力给予保护的权力，这种权力的义务就是保护，它不会允许其子民受到压迫。"广州的史密斯警告说："中国人对你我的处境了解得一清二楚，他们最会玩政治，绝不会离弦走板而撤销对我这个老居民的保护，他们政府任命的行商对我倚赖颇深。"[42] 广州的史密斯所言不虚。尽管东印度公司试图巩固其垄断并阻止无证的英国商人在中国做生意，但无论商人们隶属何所，中国政府的自由贸易政策对他们来到广州港都表示欢迎。

73

公司在伦敦的董事们听说了广州的史密斯这封出言不逊的信后，下定决心要将他驱逐出中国，哪怕这意味着要用武力将他引渡回英国。1780 年，他们向副检察长詹姆斯·华莱士（James Wallace）和公司的法律顾问乔治·劳斯（George Rous）咨询了将史密斯强行逐出东印度的合法性问题。两人一致认为，"如果在公司的特许经营范围内发现史密斯先生"，公司的员工可以依法"将其逮捕并遣返"。[43] 于是，1781 年 2 月 3 日，指令从伦敦发出，公司的货监们通知史密斯，除非他立即离开中国，否则他们会动用公司旗下的一个特别委员会将他逮捕，然后把他送上下一班回欧洲的东印度公司的船。[44]

史密斯在澳门找到了救命稻草。在澳门总督贾士都（Don Francisco Xavier De Castro）的协助下，他成功将在中国的居留时间延长了一年。东印度公司的货监们要求总督撤销对广州的乔治·史密斯的保护，但他拒绝了。[45]贾士都总督"此前已给予这位先生保护，因此，由于货监管理会在澳门没有任何管辖权，不应让他们再对他进行骚扰。"[46]

公司的货监们裁定这"已经超出了他们执行法庭命令的权限"，于是广州的史密斯为自己留在中国又成功地换取了一年时间。但是，如果他胆敢离开澳门，踏上广州的土地，公司的货监们就会按照他们对伦敦的董事们发誓的那样，用武力拘捕他，将他送回欧洲。[47]不过这并没有发生。1781年11月，史密斯告知他们，他将在短期出差时在广州逗留，并恳请告知，要是他愿意"以名誉担保"，承诺在当季回到欧洲，他是否可以"去到那里并安然地返回"家里。[48]史密斯的名誉担保让公司的货监们满意，他们向他保证，"只要你的生意需要你留在这"，就可以不受干扰地留在广州。[49]然而，他们确实密切注视着他，在会议记录簿（consultation）中记下他的一举一动：1781年11月26日，他们记录道，"乔治·史密斯先生从澳门来"；1782年1月2日，"史密斯先生去了澳门"。[50]

广州的史密斯和他的家人最终回到了英国。不过，在澳门多待的这段时间对史密斯一家很重要。1781年初，史密斯的妻子夏洛特就要生孩子了。她显然不适宜"身怀六甲再带上一个不到20个月大的婴儿去长途航行"。[51]在澳门多待的一年使夏洛特有时间在陆上生产；女儿哈丽雅特·安于1781年2月18日在澳门平安降生。[52]

一年后，乔治、夏洛特和他们的两个女儿——两岁半的夏洛特·埃莉诺拉和一岁的哈丽雅特·安——开始了为期9个月的返英之旅。他们搭乘东印度公司的"合约"（Contractor）号，这艘长

137.5 英尺、777 吨位的商船由詹姆斯·鲍德温（James Baldwin）船长指挥。[53] 他们的旅程基本上平安无事，不过在从圣赫勒拿到朴次茅斯的途中，"合约"号还是遭遇了狂风暴雨，巨浪把前桅帆"从船头"劈开，使船进了"大量的水"。[54] 三个星期后，当史密斯一家在通往朴次茅斯的入口处发现"陆地的端点"时，他们无疑松了一口气。[55]

乔治·钱纳里（1774—1852）《在澳门的英国家庭》（*An English Family in Macao*），1835 年。耶鲁大学英国艺术中心惠允使用。

但在英格兰，等待他们的依然是汹涌波涛。广州的史密斯继续在伦敦经商，但生意的性质尚不清楚。一家人定居在夏洛特家乡的斯托克—吉尔福德（Stoke-next-Guildford）教区，她的父亲约翰·佩什仍住在那。史密斯声称，他回到英国"要以一个诚实人的身份来见他的债权人，[并]在他的能力范围内待之以公允之道"。[56] 在 18 世纪，不能履行义务的债权人将面临破产。一种解释是，"破产是因为它对所有债权人一视同仁，并给予充分利用债务人财产的权利"。[57] 史密斯的债权人众多且分散，但几乎所有人都倾向于在法庭外就史密斯的债务问题达成和解。也许是出于对广州的史密斯的同情或信任，毕竟史密斯习惯和他的很多债权人保持密切联

75　系，他的债权人"对他很友好，有些甚至非常亲密"。[58] 史密斯与他们会面，并提供了一份他在离开中国时其经营业务的声明和资产负债表，根据这些材料，他欠英国投资者 128,514 英镑，自己亏损 73,224 英镑，这是他"多年经营的实在成果"。[59] 债权人共同决定将史密斯的财产转让，并同意只要他的账目开列公允并交付全部财产，就可以免除他的债务。[60] 不知出于什么原因，史密斯最大且最"亲近"的债权人约翰·亨特对此并不满意。亨特是议会议员兼东印度公司的董事，他立即支付了所需的 200 英镑保证金，向大法官（lord chancellor）申请委任一个处理史密斯破产清算的委员会。[61]

　　几年前，史密斯的前生意伙伴约翰·克莱顿曾向钦定的粤海关监督（Hoppo）① 解释英国的破产程序："当一个人无法偿付时，他从负责破产清算的法官那里获得破产条例，将他在世上的一切交付债权人，与他们委托的律师们会面，与其业务相关的书档都交由他们进行检查——他们不时地检查书档正是处于他们的要求，所裁定的决议不仅关乎他们自身，而是要遵照他对资产清偿的要求，确保每个债权人都要公平、平等地获得分配。"[62] 克莱顿对英国破产清算过程的描述或许有些过于宽厚了。他没有提及破产人在接受调查时无权为自己辩护的可能性。他也没有提到"当调查专员宣布破产时，他们会通知破产人……在《伦敦宪报》刊登公告，命令其交出

①　"粤海关监督"在英国东印度公司的档案中写作"Hoppo"。有推测认为"Hoppo"即是"户部"的音译，因其与闽南语"户部"发音接近，且海关监督是户部派出衙门。又有研究据美国汉学家马士《东印度公司对华贸易编年史》认为，"Hoppo"又称"Kwan-pu"，即粤语的"关部"。海关监督通常自称"本部"，故通事或行商将"粤海关部"简称"关部"或"海部"，故而"Hoppo"很有可能是粤语"海部"（Hoi-bou）的音译。

财产，他的房子会被搜查，财物也将被没收"。[63] 要宣布广州的史密斯破产，首先要确定他"有破产行为，即不合理地逃避债权人关于债务偿付的正当要求"。[64] 根据克莱顿的说法，"如果在债权人看来，该商人行事谨慎诚实，且实际上是由于遭遇不幸才停止偿付，那么他不仅会被解除债务，甚至还会得到债权人和朋友们的资金援助"。[65]

77

广州的史密斯声称，他的"不幸"不是由于他的"轻率、不端或奢侈"。相反，按照他的说法，他之所以无法清偿债务，"完全是因为中国政府的广州官员与行商的不公正"。[66] 向他发起破产清算诉讼的约翰·亨特对史密斯的不幸不为所动。广州的史密斯觉得自己被出卖了，他的处境"完全违背了法律的意图和精神"。[67]

18 世纪 80 年代，广州的史密斯破产的消息出现在伦敦多家报纸上。1782 年，《伦敦纪事报》（London Chronicle）刊登道："商人乔治·史密斯，之前在中国广州，现在在伦敦（约翰·克莱顿的合伙人，后来在广州，现在是伦敦的商人），他于 12 月 31 日、1 月 11 日和 2 月 1 日在市政厅（Guildhall）宣布破产。"[68] 不久之后，《大众广告人》（Public Advertiser）、《伦敦纪事报》、《纪事晨报》（Morning Chronicle）和《伦敦广告人》（London Advertiser）都宣布史密斯的债权人在市政厅开会讨论他的债务问题。[69]1783 年，广州的史密斯的破产尘埃落定。据《伦敦宪报》报道，"针对史密斯的"破产清算委员会"已被授权进行裁定"。[70] 史密斯的债权人从其地产和财务中分割了价值 2,600 英镑的股息。这一操作（ritual）在 1785 年再次执行，1786 年执行了两次，1787 年至 1791 年间每年各执行一次。[71] 在这些艰难的时刻，史密斯一家或许只能从他们的那句家训中汲取力量了："在风浪中保持平静。"

为什么广州的乔治·史密斯，和他的同名生意伙伴马德拉斯的乔治·史密斯一样，几乎在同一时间破产了呢？被逐出中国无疑加剧了他的财务危机。那么，是什么促使东印度公司如此突然地将英国散商赶出中国呢？答案在于广州的金融危机。

78

第四章

金融危机

通过东印度公司在广州的财库，广州的乔治·史密斯帮助他的客户将私人资产从印度汇往英国。在此过程中，他还帮助维持了公司在中国的茶叶贸易，确保该公司在广州有足够的白银来应付季节性的茶叶采购。然而，如果广州的史密斯做的只有这些，那么作为闯入公司贸易领地的自由商人，他就不会如此频繁地出现在东印度公司的档案中了。

广州的史密斯的金融交易远不止于直接的汇寄业务。18世纪六七十年代，史密斯和其他几个私人经纪以极高的利率向中国商人贷款。手头拮据的中国商人急于求得外国贷款，它们年利率在18%—22%，远低于中国法定36%的年利率。尽管如此，他们中的许多人仍最终毁于高利贷。当资不抵债的中国商人无法偿还所欠的4,296,650银元时，英国的投资人贿赂了一位英国海军上将和一位少将，让他们把军舰从印度派往中国，进而在广州引发了一场重大的金融和政治危机。

这场商欠危机揭示了一个新的商业体系的发展，这个体系越发依赖于面向中国借贷人的高风险高息贷款。通过连接印度和中国的资本市场，该体系还远远超出了不列颠帝国在亚洲的地理边界。大多数卷入广州金融危机的英国投资者都在印度工作和生活。

通过追寻资金轨迹和英国私人资本在印度和中国的运作，我们   79

中国画家《广州之景》（*View of Canton*），约 1800 年。纸上水彩、水粉画。中国。尺寸 24.5 英寸 × 47 英寸（62.23 厘米 × 119.38 厘米）。皮博迪·埃塞克斯博物馆藏，该馆于 1975 年以匿名捐赠资金购买。藏品编号 E79708。马萨诸塞州塞勒姆皮博迪·埃塞克斯博物馆惠允使用。图片由杰弗里·戴克斯拍摄。

将看到英国对华贸易内在的金融脆弱性和不稳定性。我们还将看到大英帝国在其地理边缘的主动介入是如何被那些看似边缘的参与者扩大和强化的。当实地的经济试验失败、危机来袭时，金融上相互80 依赖的复杂性和散商们的大胆无畏，意味着帝国的风险陡然增加。面对自身破产，散商和其委托人制定了更为激进的策略来执行债务合同，捍卫他们在中国的投资利益。

　　如果说广州茶叶贸易的融资对东印度公司来说是一种挑战，那么对中国的行商来说就更是如此，他们需要大量的白银支付给茶商、内地的种植者、供应商和制造商。[1] 根据研究中国的经济史学81 家的说法，"在中国早期现代的经济中，大部分信贷需求可以在社会制度和社会网络中得到满足，它们无需专门记录信贷交易的专业化机构"。[2] 然而，正如在广州的行商和洋商之间纷乱如麻的纠葛所揭示的那样，国内信贷市场和社会制度本身并不能满足18世纪茶叶贸易的资本需求。事实上，当时的英国商人为他们高风险的金融交易辩解说，"银行的数量全然不足，中国商人之间亦缺乏信任"，这使得他们的放贷成为一种必然。[3] 如果没有国外白银的注入，行商一方要想维持茶叶贸易，将会遇到极大的困难。

雪上加霜的是，多数行商难以在中国获得贷款，因为他们往往缺乏用以贷款的抵押品，所以典当行和其他资本雄厚的行商不愿意借钱给他们。对中国人的债务裁定系统似乎也阻碍了他们之间相互提供信贷；它过于繁复和不可靠，以至于它"阻碍了以一般信贷扩展为形式的风险承担"。其结果是，地方机构、货币市场和放贷方都不能为日益增长的茶叶贸易向广州商人提供充足的资金。"缺乏价格合理的国内信贷是一个严峻的问题。"[4]

由于缺乏国内信贷，中国的商行转向外国信贷，并"高度关注对外国资本的获取"。欧洲和亚美尼亚的放贷人似乎是在广州的短期贷款和"流动信贷（银币）"的最佳来源。两广总督和粤海关监督发现，"行商的愚蠢和狡黠在于他们现在只想着借钱"。他们担心，行商意在"与来投本行之夷人亲密，每有心存诡谲，为夷人卖货则较别行之价加增，为夷人买货则较别行之价从减，祇图夷人多交货物"。[5]

几个世纪以来，中国东南沿海的海盗和政治动荡使得居于北京的中国统治者对当地人和洋人之间长期的金融纠纷十分警惕。自18世纪初以来，所有应计外债都应在每个交易季度结束前结清。1760年，乾隆皇帝再次强调了这一要求，宣布在贸易季结束时，

82

欧洲和中国商人之间未结算的债务是非法的。根据广州官员的说法，"欧洲的船只每年到来时，这一政令就张贴在多数公共区域"。然而，当债务危机在 19 年后爆发时，东印度公司和散商们宣称他们是无辜的；"他们似乎不知道这份"诏令。东印度公司商船的船长声称他们并不知道中国的最高合法利率（即每月 3%），他还坚称洋商与中国人的信贷交易是合法的："通过向粤海关监督申请，以前许多先生们都收到过此类债券的偿付款，这是绝对的事实，依我拙见，它更是其合法性无可争议的证据。"[6]

　　尽管这些长期的信贷关系是非法的，但在半个多世纪的时间里，广州的中国官员默许其存在，有时还会给予支持。大家都认识到欧洲信贷对广州贸易的重要性。当地官员明白，信贷促进了贸易，增加了国家收入，他们只有在中国商人破产时才进行干预。英国的放贷人愿意向中国商人提供长期贷款，因为他们知道这些贷款最终会得到偿还。[7] 按照东印度公司货监的说法，英国投资者认为他们可以"在中国政府的批准下享有更多的贸易保障"。[8] 东印度公司一艘商船的船长称，"借钱给公行（Cohong）的人都把中国政府当作是最终担保"。[9] 实际上，洋人在中国执行合同比中国的债权人更容易。相比于在清朝公堂上寻求法律补救的中国苦主，欧洲人不会受到杖刑和县官的"审讯"（拷打），亦不必在堂下听审和听判时下跪，如果他们伪造供词，亦不会受到惩罚。中国官员通常假定洋人的证词是真实的，他们只对未偿债务的数额提出异议。[10] 因此，"外国债权人总能从中国人那里收回些什么"。[11]

　　事实证明，英国投资者可能过于相信中国政府会强制执行他们的合同。东印度公司的货监表示，这一观点"毫无事实依据"。[12]

在广州的英国商人发现他们很难接触到巡抚和粤海关监督。到 18
世纪下半叶，拜会只有在特殊的情况下才被允许。[13] 广州的官员更
喜欢让行商和中国"通事"（linguist）充当他们与洋人之间的翻译
和中间人，这种做法迫使英国商人不得不依赖这群他们颇有微词的
人。[14] 在广州的洋人处于语言上的劣势，因为中国政府严禁当地人
向他们教授汉语。（尽管明令禁止，但在 1755 年，有两个东印度
公司的雇员偷偷地向一个当地教师学习。）[15] 广州的官员在向皇帝
报告问题时也相当谨慎。范岱克认为，"繁琐的债务清算过程"是
广东贸易体系崩溃的一个原因。[16] 对英国的放贷人而言，中国仲裁
的限制或许更明显一些。出于贪婪和对现有债务裁决体系的过度自
信，散商们代表其委托人向中国商人提供了大量的长期信贷。

到 18 世纪 70 年代末，"几乎所有长期居留在中国的欧洲人都
发放了大额贷款"。[17] 东印度公司的董事、总督、行政雇员和船长
都牵涉其中。他们向中国商人发放的贷款被年复一年地续期，然后
在中国快速增长的债券二级市场上被转卖。公司在广州的货监们费
尽努力去追查这些债务的来源和流转关系。他们追踪了几张债券
的轨迹，其中一张从广州的乔治·史密斯手中发出，历经多手，
包括亚美尼亚商人，最终为公司的一个货监持有。在另一个案例
中，货监报告说，"戈登（Gordon）医生最初有一笔附带利息的
小额债券，然后它由戈登和赫顿（Hutton）先生共同持有，去年
它……被 [以]20% 的利息转手给希利（Sealy）先生，今年年底
到期结算"。[18] 两个负债累累的商人颜时瑛（Yngshaw）和张天球
（Kewshaw）向广东巡抚和粤海关监督证实了他们从英国放贷人那
的借款："因一时不能付还，伊亦不甚催逼，遂将利银一并作本换票，

84

收执内有'本夷不来，将票辗转兑付'，他夷亦照此将利作本加增换票，叠滚加息二十余年，是以积至如许之多。" [19]

颜时瑛和张天球的证词说明，一个中国的债券市场业已在广州形成。[20] 在颜时瑛和张天球向东印度公司货监报告的 89 只债券中，被重组（refinance）的多达 62 只，这使得它们难以分析："出借的货币债券经常续期，本金和利息合并，同样的，一人名下的大额债券被分成两三个人名下的小额债券，要想搞明白是不可能。" [21] 到 1781 年，至少有 248 只债券，总计 4,296,650 银元（略低于弗吉尼亚人美国独立战争后欠英国人的金额）。1792 年，东印度公司的董事会根据他们所能获得的最佳信息估计，"中国人所借未还的钱物顶多 1,078,976 银元"。[22] 其余所欠的都是累积的利息。

在广州的经纪向中国商人贷款的"年利率在16%到24%不等"，不过大多数贷款的利率在 18% 到 20% 之间。[23] 如此高的溢价降低了借款人偿还贷款的可能性。根据张荣祥的研究，1740 年以后，行商负债已成积习，到了 1760 年，"金融危机的所有因素都已经具备"。[24] 据说，东印度公司在广州的最高级货监曾向广东巡抚李质颖和粤海关监督图明阿就英国商人的放贷行为承认："我们感到非常惭愧，我们国家的商人不可理喻。" [25] 相反，在广州的经纪约翰·克莱顿则指责中国政府将法定利率定得太高。他建议将中国的年利率上限从 36% 降到 12%。事实上，克莱顿相当肯定行商"永远无法清偿债务，如此高的利息让他们不堪重负"。[26]

像广州的乔治·史密斯和约翰·克莱顿这样的经纪是否充分披露了其委托人真实的投资情况？抑或他们在广州的代理业务发展成了庞氏骗局？他们用新投资者的钱来支付老客户的红利吗？如果是

的话，这样操作了多少年？遗憾的是，广州经纪的账簿文书已不复存在。不过，与在印度的两个放贷人乔治·范西塔特和乔治·格雷厄姆（George Graham）有关的信函，使我们得以了解印度投资人与其广州经纪的关系。乔治·范西塔特是东印度公司雇员，后来担任英国议会议员和东印度公司董事，他声称自己从未打算将自己的钱投资给中国商人。1774 年，当他和另一名公司雇员尤安·劳（Ewan Law）通过肖（Shaw）船长的港脚船装运一批货物时，公司在广州的财库停业，当年不再发出汇票。结果，他曾想将用于兑换成一张东印度公司汇票的 106,000 银元贷给了广州的史密斯，后者又将这笔钱借给了中国商人。[27] 这使得范西塔特通过一张债券将资金"汇往"英国，但实际上这一操作只是把他拉进了广州混乱的债务金融网络之中。档案并没有显示，从 1774 年到五年后危机爆发之间，范西塔特、劳以及广州的史密斯是否有过沟通。[28]

与范西塔特相反，孟加拉的散商乔治·格雷厄姆指示广州的经纪查尔斯·克罗姆林（Charles Crommelin）把自己的钱贷给中国商人。虽然贷款的初始金额还不清楚，但很可能数额很大，因为克罗姆林最终汇给格雷厄姆总计 12,000 英镑。[29] 在赚了一笔快钱后，格雷厄姆回到英国，交由孟加拉的经纪大卫·基利肯（David Killican）继续打理他在亚洲的金融事务。[30] 格雷厄姆、基利肯和英印孟加拉贸易部（Board of Trade）部长菲利普·米尔纳·戴克斯（Philip Milner Dacres，他碰巧还是克罗姆林的近亲和生意伙伴）之间至少在 1776 年到 1784 年间就中国的商欠问题进行过沟通。[31] 1777 年 9 月，基利肯发现了不幸的事实："由于克罗姆林先生无法从中国人那里拿回他的钱，他也就无法兑现他与孟加拉诸位先生的

86

契约，除了接受他发出债券的利息，已别无选择。"1779年，更坏的消息传来："中国人的账目一塌糊涂，没有一个中国商人可以信赖，他们欠英国人的数额巨大；居留在那里的英国人过去几年从事金融交易，他们现在已经再无信用可言，这再合理不过了。"克罗姆林和戴克斯定期通信，后者将消息传给基利肯以及其他关切克罗姆林中国生意的人。基利肯试图减轻格雷厄姆对进一步损失的担忧："我想你可以放心，在那儿不会有更多的糟心事了，对此我很高兴，毕竟现在不知道该相信谁。"据戴克斯说，克罗姆林"在中国留有一个铁箱子，里面存放着债券，而且无人有权打开并收取中国人已支付的红利"。[32] 所有克罗姆林的委托人唯一能做的就是等待这些事情在广州了结。

到1774年，商欠危机已经隐约可见。据一位消息人士称，1773年，行商蔡昭复（Seunqua）[①] 资不抵债时，英国投资者大为恐慌，他们"拒绝放贷或延长现有贷款期限，并试图收回到期的贷款"。[33]1775年，一位与时任（孟加拉）威廉堡（Fort William）管辖区总督沃伦·黑斯廷斯（Warren Hastings）通信的匿名人士称，"英国绅士们向中国商人提出大量债务要求，绅士们想要收回他们的钱，并发出指令，要求把已经清偿的部分转入东印度公司的广州财库，以换取公司董事会开出的汇票"。[34] 广州的乔治·史密斯证

---

① 清代广州行商一般以"某官"为商名，在西文中则通常被称作"某Qua""某Quan"，中英之间常难以对应。且上一代行商去世后，其继任者通常又沿用其商名，仍称"某官"，西人却又以"某Qua I""某Qua II""某Qua III"作区分，极易造成混乱。范岱克《广州和澳门的商人》第321、534页谓"Seunqua"即"Cai Anqua"或"Cai Tsjonqua"的简写，西人谓之"蔡相官"，即义丰行的所有者蔡昭复。

实，要求中国商人在 1775 年偿还的总额"远大于之前任何一年"，这一状况"使得他们无法在一年内对巨额债务进行偿付"。[35] 东印度公司的货监马修·雷珀（Matthew Raper）指出，问题的起因在于中国商人在 18 世纪 60 年代以很高的利率从印度借款。他们通过继续借钱来偿还之前的债务，"直到白银流入在很大程度上停止"，他们再也无法以贷还贷了。"港脚商人的诉求变得非常迫切，这使他们在很大程度上失去了信心。"[36] 在广州的经纪约翰·克莱顿给出了另一种解释，他认为一些行商破产，是因为粤海关监督突然要求他们缴纳大量的逾期税款。克莱顿将行商的困厄归咎于粤海关监督："阁下不可能不知道，世界上任何一个地方的商人，如果他的现钱因为长期拖欠款项而被立即收缴国库，他一定会破产的。"[37]

散商约翰·麦金太尔（John McIntyre）曾在 1771 年至 1773 年间担任东印度公司在加顿（Gatton）的会计。1779 年，他向在苏格兰的妻子抱怨广州恶劣的营商境况："去年戈登先生离开这里回到欧洲的时候，我发现我当时和莫尼（Money）船长投资的那个商馆已经亏损了近 50 万英镑，我可是投入了我的一半家当，本金和利息相当于 994 西班牙银元——这可是巨大的损失，因为什么也拿不回来了，全部的合伙人现在正因为他们欠欧洲人的债务蹲监狱呢。"[38] 无论是什么原因造成了恐慌，毫无疑问，在 18 世纪 70 年代末，获准与洋人贸易的中国商人有一半都深陷困境。

三位乔治·史密斯都以高利率向中国商人放贷。[39]18 世纪 50 年代末，马德拉斯的史密斯一边管理安德鲁·芒罗在中国的资产，一边把他叔叔的钱投资给中国人生息。[40] 大约十年后，他报告说："感谢上帝，我仍然有一笔可以称之为自己的钱，总共 2 万英镑，在中

国良好的管理下还在累积增长。"[41] 东印度公司的档案还显示，在
1779 年，颜时瑛以 15% 的年利率欠马德拉斯的史密斯 9,665 银元，
而蔡昭复则欠他 3,412 银元。蔡昭复资不抵债后，"各方同意，总
计 266,672 银元的债务即日起在十年内无息偿付"。马德拉斯的史
密斯从蔡昭复那里收回了一些钱，但他向颜时瑛讨要的那笔钱，就
只能拿回一小部分。[42]

马德拉斯的史密斯虽然被商欠危机牵连，但广州的乔治·史密
斯才是真正的罪魁祸首。1780 年，英国放贷人要求偿还的 4,296,650
银元债务中，有 763,111 银元属于广州的史密斯，约占总额的
18%。[43] 他和其他五个广州经纪——亚伯拉罕·莱斯利（Abraham
Leslie）、查尔斯·戈登、托马斯·赫顿、查尔斯·克罗姆林和约翰·克
莱顿——所持有的"商业债券几乎占全部债务的四分之三"。[44]
除了克罗姆林，其他人都是苏格兰人。苏格兰的私人经纪（其中几
位是退休的医生）在广州新兴的金融市场中参与度颇高。

亚伯拉罕·莱斯利最初来到印度时，在马德拉斯担任东印度公
司的医生，但在 1773 年，私人生意把他带到了中国。当公司的货
监要求他离开广州时，他回答说："我自己关系圈子里的生意让我
今年头一次来到中国。"他承诺一旦在中国的事务结束，他就乘葡
萄牙的船返回马德拉斯。莱斯利肯定是信守了承诺没有制造额外的
麻烦，因为四年后他提出担任一个广州货监的临时医生，"直到在
欧洲任命的那位绅士的到来，我保证我会尽最大的努力在这一情况
下履行托付于我的职责"。公司的货监对他的"知识和经验评价很
高"，于是欣然接受了他的请求。莱斯利应该是一名称职的医生，
他为公司的雇员提供了良好的服务。一年后他退休时，大家对"他

在公司任职时对绅士们的关心和照顾"表示感谢。[45]

和莱斯利一样，查尔斯·戈登的弟弟罗伯特也在广州担任东印度公司的医生。在为公司的在华员工提供医疗服务的同时，他还广泛地参与私人贸易。[46] 他曾对遗产执行人解释道："我的书信、现金账、日记账和分类账将显示我按息总共借了多少钱以及我总共用了多少其他人的钱按息出借给中国人。"更具体地讲，他还提到了借给蔡世文和潘振承的未偿贷款，并在临死前估计自己的净资产总额为 1.6 万英镑。罗伯特·戈登在 1771 年去世后，查尔斯·戈登来到中国，并在托马斯·赫顿的帮助下继续经营他兄弟的生意。他们的公司名叫"赫顿和戈登"。[47]

托马斯·赫顿在东印度公司开启了他的职业生涯，他是一名随船医生，先是在 1765 年至 1766 年间在"德文郡"（*Devonshire*）号上工作，后来从 1768 年到 1769 年去了"金斯顿公爵"（*Duke of Kingston*）号。1771 年，罗伯特·戈登去世后，他被任命为驻广州的医生，直到 1776 年，他每况愈下的健康状况迫使他从岗位辞职，回到好望角定居。第二年，他回到了广州，"从那时起直到 1782 年，他又在没有报酬的情况下开始履行他原来的职责，因为他的继任者杜瓦先生由于身体不适不能继续胜任了"。[48]

查理斯·克罗姆林是这群人中唯一的非苏格兰人（他是胡格诺派后裔），1717 年生于孟买。作为一名东印度公司雇员的儿子，他在公司的职位稳步上升，并从 1760 年到 1769 年成为孟买的总督。他随后移居英国，但穷困的财务状况迫使他回到印度，并在 1772 年成为一个有执照的散商。后来他又搬到了广州，在那里为乔治·格雷厄姆和约翰·亨特做经纪。[49]

89

1755 年，年仅 16 岁的约翰·克莱顿冒险来到印度。他从东印度公司的文员（writer）①做起，后来转为全职的散商。1765 年和 1767 年，他分别为两艘港脚船"切斯特菲尔德"（Chesterfield）号和"波考克"（Pocock）号担任货监。最终在 1768 年，他搬到广州，并决定永久居住在那里。作为散商和经纪在中国长期居住期间，克莱顿与许多英国和中国商人建立了商业关系和友谊。他与广州的乔治·史密斯合作了几年；在马德拉斯为包括爱德华·蒙克顿和马德拉斯的史密斯在内的委托人担任经纪；并成为罗伯特·戈登的遗嘱执行人。戈登遗赠给克莱顿一枚戒指，"作为一颗铭感友谊温情之心的感谢"。戈登还把他的马、一条狗（名为"王子"）和一个名叫洛伦佐（Lorenzo）的男孩留给克莱顿照料。克莱顿与许多中国商人建立了商业关系，包括颜时瑛、陈瞪官（Tinqua）、蔡官（Teyqua）、蔡世文、陈文扩（Chowqua）②、张天球、叶朝官（Teoqua）、梁官（Keyqua）等，并与他"非常尊敬的朋友"石梦鲸（Shy Kinqua）③"在货物和金钱方面有广泛的生意往来"。他与成功的行商潘振承建立了联系，并把他描述为"一个非常好的朋友"。1774 年，在亚洲长期居留后，克莱顿决定退休，回到英国与家人和朋友们一起度过余生，其中包括他离家多年未能陪伴的 75 岁的母亲。但由于只能从中国借贷人那里收回三分之二的资产，失望之余，他只得在 18 世纪 70 年代末回到东印度解决这些问题。[50]

---

① 又译作"书记"、"行政见习生"，是东印度公司常见的入门级岗位。
② 又名"陈祖官"，源泉行的所有者。
③ 又称"鲸官"，广州十三行之一而益行的创办人，其次子石中和也是著名行商。

史密斯、莱斯利、赫顿、戈登、克罗姆林和克莱顿首先向广州的官员寻求帮助。亚伯拉罕·莱斯利称，他已"千方百计地向陛下的官员呈示他的要求，但如水投石"。他决定去找粤海关监督的下属，询问有关"商人责任以及他索要行商（Honnist）欠款"的事宜。莱斯利称，海关监督从未回应过他，在等了"将近12个月"之后，他试图进入广州城（那里禁止洋人进入），直接向中国官员呈递他的要求。在城门被士兵殴打后，他终于放弃了。[51]

约翰·克莱顿和广州的乔治·史密斯都认为，充当中间人的通事和行商欺骗并贿赂官员，以阻挠仲裁。1780年，广东巡抚李质颖声称对这些债务毫不知情。[52] 由于害怕遭到严惩（包括监禁、酷刑和流放），中国商人和通事有强烈的动机阻挠政府的干预。也许他们暂时性地成功了，也许没有，但即使广州的官员知道这些债务，他们也可能顾惜自己的名声。一场严重的信贷危机的信息如果呈递给北京的皇帝，无疑会反映出他们治理广州不力。也许广州的官员对是否采取行动犹豫不决，他们更希望债务能够在没有政府干预的情况下得到解决。[53]

广州的史密斯和其他五位经纪最终决定绕过地方和省级政府，直接与乾隆皇帝联系。他们认为，皇帝如果知道在广州的严重不公，他会主持正义。他们晓得最好不要像货监洪任辉（James Flint）在1759年那样去北京当面表达他们的不满。作为对这一胆大妄为之举的惩罚，洪任辉在中国的监狱里待了几年。[54] 不过，写一封请愿书倒没有什么害处。我们并不清楚这些经纪们打算如何将请愿书交到皇帝手中。他们向皇帝抱怨，他们已经"千方百计地向陛下的官员们请愿，但是没有一个方法或方式得以成功，因为商人总有办法

91

阻挠我们，使我们的诉求无法被官员们知晓"。经纪们试图博得乾隆皇帝对他们异乡异客之处境的同情："我们从很远的地方来到这里，在海上历经千难万险，险些丢掉性命，只是为了建立贸易，维系我们之间的联系和友谊。"他们请求皇帝派自己的人到广州，这样他们可以坦言不满，呈示"这些商人所拖欠的所有标的和债务"。经纪们的请愿书恐怕从未传到皇帝那里，它今天只是保存在英国第一位赴华使节乔治·马戛尔尼（George Macartney）勋爵的文书之中。[55]

英国的债权人和他们的代理人显然要找寻到其他方法来追回他们的钱。在美洲的战争给了他们绝佳的机会。当美国的独立战争（1776—1783）蔓延到印度时，海军少将爱德华·弗农（Edward Vernon）被派往马德拉斯保护英国在亚洲的利益。当他到达马德拉斯时，弗农成了债主们等待已久的救星。考虑到"我有责任向他致以敬意"，约翰·克莱顿去见了弗农，并"问及他是否听到过任何有关英国人对中国商人巨额债务索求的消息"。当弗农给出肯定的回答时，克莱顿急切地请求允许将自己写就的关于此事的文章寄给他。在考虑了"一两天"克莱顿的事宜后，弗农回复说"他最终应该担起他的公开身份"。他只要求克莱顿"在给他写信时是以他的公开身份即国王殿下的代表为对象"。[56]

海军少将弗农和克莱顿之间的协议在马德拉斯引起了人们的注意。他们见面后不久，广州行商的债权人及其律师们也要求面见这位海军少将。他们希望弗农能向巡抚李质颖和海关监督图明阿反映他们的艰辛。他们还请弗农把约翰·克莱顿的陈情书（memorial）转交给海关监督，内含"一份在今后一段时间内偿还债务的计划，其条件对中国商人有利"。作为对爱德华·弗农调停的回报，马德拉斯的债权人"答应给爱德华爵士追回款项的十分之一"。[57]

英国的债权人将广州的危机描述为一个国家层面的问题。克莱顿如此对弗农解释道："先生，这是一件国家大事，因为它不仅可以挽救东印度公司的关键业务，还可以使许多家庭免于破产荡业和困苦惨淡。"[58] 对债权人来说幸运的是，弗农同意了。弗农没有等待马德拉斯政府的许可，也没有与广州的货监商讨，他"决定向中国派遣国王陛下的护卫舰'海马'（Sea Horse）号"，并命令舰船的指挥官亚历山大·潘顿（Alexander Panton）船长将英国债权人的陈词面交粤海关监督。弗农在写给广东巡抚的信中解释道，他是"最仁慈的大不列颠王国君主的代表，蒙受君命，我很荣幸在这个国家担任武装舰队的海军上将和总司令并协助英属东印度公司"，这一角色使得"我无法在始终如一地履行我对我的君主和国家的职责时看到其臣民遭受压迫和痛苦"。[59]

这并不是潘顿船长唯一一次因英国的债权人而航行到广州。大约一年后，也就是 1780 年，他们决定向另一位海军上将寻求帮助，这次是海军上将爱德华·休斯（Edward Hughes）。居留广州的绅士们的反馈令他们颇受鼓舞："中国的官员和商人们在听到潘顿船长被授命的任务后都很害怕；这充分证明，只要采取适当且积极的措施，中国债务的回收应该不难实现。"债权人们认为，"为了推动国家目标的成功"，有必要"进行超乎寻常的干预"，因此决定"以债权人的名义，再次向英国海军舰队总司令提出继续调停的请求"。1780 年 6 月 2 日，马德拉斯的一伙债权人（包括乔治·史密斯的表兄乔治·穆布雷）要求休斯上将"进一步指示潘顿船长，

93

尽快就可偿还的债务找到最好、最快和最安全的支付方案"。因此，休斯上将再次派遣潘顿船长前往广州。这样做时，他声称"自己归心于每一个对国家怀有美好愿望的人的民族气节，随时准备着减轻他同胞的痛苦"。尽管措辞温和，但他还是警告中国官员："大不列颠王国国王的正义与宽宏众所周知，他很高兴把我和强大的战舰舰队送到东印度，以保护其领土和臣民。"[60]

约翰·克莱顿、乔治·史密斯和托马斯·赫顿就海军上将休斯在广州的调停表示感谢，但他们曾希望英国能更大程度地在中国展示自己的实力。潘顿抵达广州后，在中国的几艘英国商船上的人议论说，"应该做出适当的抗议"。如果海军上将休斯愿意派"一支合适的武装"到广州，克莱顿、史密斯和赫顿认为它"肯定会达到预期的效果"。

结果，广州的乔治·史密斯报告说，"在这个时期，陛下在印度的公务，不允许其舰队总司令采取更进一步的措施来救助在中国的不幸的英国臣民"。广州的史密斯和他的同事们感到失望，"因为乌木海岸的事务不允许这位海军上将采取必要的措施，使中国人相信他一直在认真地为英国臣民伸张正义"。[61]

尽管未能如他们所愿，但潘顿船长在1779年9月及1780年的到访，还是在广州商界掀起轩然大波。这严重违反了广州贸易的规则，广州不欢迎没有货物和白银的船只，尤其是战舰。除了英国的债权人和他们的经纪们，没有人乐意看到英国军舰出现在广州。让北京方面对金融危机毫不知情符合所有人（债权人除外）的利益。东印度公司的货监担心公司的贸易将被征税以偿付债务；中国商人担心会被监禁和流放；而地方官员则担心朝廷对他们治理广州不善和无能的斥责。公司的货监们一再指出，"[中国]商人非常苦恼"，而蔡昭复"似乎感到害怕和困惑"。他们还听说，广东巡抚李质颖似乎非常焦虑，还声明他"不会为这些商人冒险"。[62]

起初，在广州的每个人都争相阻止潘顿把爱德华·弗农的信转交给巡抚和海关监督。东印度公司的货监们给潘顿写了一封信，抗议他在广州多管闲事，但潘顿回复说，"他没有被授权与我们保持通信"。行商们向潘顿船长开出 4 万银元作为贿赂，"条件是他不执行任务就回去，并说不要对拜会痴心妄想"。令中国商人担心的是政府的介入"必会招致北京的敕令；他们中的一些人很可能因此被判流放"。然而，潘顿不为所动，最终在 1779 年 10 月见到了巡抚李质颖和海关总督图明阿。[63]

东印度公司的货监们、行商和中国的地方政府已经无法再对这场危机视而不见了，但他们希望迅速且谨慎地处理此事，如果可能的话，最好能不通知在北京的朝廷。他们的动机不同，但目标却是一致的：在皇帝不知情的情况下解决债务问题。巡抚李质颖和海关监督图明阿鼓励债务人和债权人私下解决他们的财务纠纷。这两名官员频繁与行商会面，并不断向他们施压，要求他们提出债务清算的方案。巡抚李质颖在宽仁与严苛之间摇摆不定，他曾一度宣布，"如果他们债务的账目不能迅速交付，他就会严厉处置"，但在其他时候，他又表现出"尽可能给他们留有余地的倾向"。[64]李质颖和图明阿还与公司的货监们合作，私下调查和解决债务问题。根据中国方面的消息，包括托马斯·贝文（在公司雇员中，贝文用中文交流的能力是独一无二的）在内的两位公司高级货监告知中国官员，东印度公司并没有牵涉这场危机，"奉本国国王盼咐，不许放债，

95

有违天朝禁令。"。但据说，他们确实承认了一种可能性，"或我国港脚不肖鬼子携带番银搭船来广，偷放私债"。[65] 荷兰人、丹麦人、瑞典人和匈牙利人"都宣称中国商人没有对他们各国的个人欠有任何私人债务"。然而，据英国东印度公司的货监说，他们的声明并不可信："荷兰、丹麦和瑞典东印度公司的雇员很多都参与其中。" 法国和荷兰也被欠了钱，尽管数额远低于英国人的。[66] 巡抚李质颖大惑不解："为什么英国商人不能像其他国家的商人那样清算账目呢？为什么只有英国人总是不满意呢？" 广州的货监们自愿"差人驾小番艇，前去查明人名、银数"。巡抚和海关监督吩咐这艘船要"速去毋迟"。[67]

1780 年 3 月，公司的货监们收到了巡抚李质颖和海关监督图明阿的指令，要求"英国总裁"（English President）和英国经纪们检视被欠钱款的细节，并与中国商人就偿还方式达成协议。李质颖和图明阿还提出，"计算利息时应适度和人道"。然后，公司的货监们应把他们的协议交给巡抚。一旦"中英双方"的所有事项都清算完毕，巡抚李质颖自会"尽力伸张正义"。[68] 海关监督的一位名叫"Wooyuern"的武弁① 率所有行商来到英国商馆，告知公司的货监，巡抚和海关监督"发现处理中国人欠英国人的债务非常困难"，因为一旦按照律法严格执行，欧洲人和中国人都会受到惩罚。话虽如此，但他强调，两位大人愿意不计较严禁中国人与洋人之间借贷的律例。他还向公司的货监们保证，巡抚李质颖和海关监督

---

① 英文档案中记载此官员的名字是"Wooyuern Pan Pu"，但中文档案中并未查到相关记录，故暂保留其在英文档案中的姓名。

图明阿"非常希望调解此事，并令他告知希望我们考虑此事的解决之道"。[69]

广州的官员没等多久就提出了解决方案，但经纪们并不满意。方案的金额只占索求债务的 10%，还不包括拟议的 10 年分期偿还期间的利息。广州的史密斯、赫顿和戈登都表示失望："鉴于爱德华·弗农爵士向诸位大人提出的请求，我们希望能从诸位大人那里得到比行商能给我们的更好的条款——而我们得到的恰恰相反，这让我们极为惊讶和失望。"[70] 与中国官员的提议相反，广州的史密斯、赫顿和克莱顿希望"中国商人的全部债务以及利息……应在不超过十年内分期偿付，并按本金的 5% 折算利息，直到全部付清为止"。依照广州的史密斯的如意算盘，全体行商每年单从与英国人的贸易中可获利 70 万银元，行商们可以用这笔钱来偿还中国商人欠下的私人债务。[71]

如此多元化的投资人群体能否达成各方都能接受的协议，公司的货监们对此从未抱有乐观态度。正如其中两位货监所指的那样，"生意上的观点不同，利益也多有分歧"。他们说，投资人其实是乌合之众，由形形色色的人构成，首先是那些"以赚取差额利润为业的人，他们出让给别人一些利益，再从别的商人那里

威廉·亚历山大（1767—1816）《穿朝服的清代官员》（*A Mandarin in His Court Dress*）。耶鲁大学英国艺术中心惠允使用。

97

98 获得更大的利益；其次是那些为不认识的人代理业务的人；再次是那些为朋友或熟人代理的人"。[72] 公司的货监们相信，"债券的持有人本不是一个集体，但又要统一行事，可想而知，他们会被引导着为几个成员的利益而行动"，而不是以整体利益为念。即便"中国的官员对外国人公正且宽容，而不是腐败得令我们厌恶"，他们提出的条件仍然会被最重要的债权人拒绝。[73]

当广州的史密斯、赫顿和克莱顿拒绝中国官员的提议时，海关监督图明阿向英国人进一步施压。"由于同属一个国家"，图明阿希望东印度公司在广州的货监管理会"注意节制他们 [英国的散商]"。如果他们不这样做，并继续"容许散商从事违法活动，我们将轻而易举地诉诸理性和皇帝的法令，如果有钱借出，这些钱会被没收，东印度公司（Company of Merchants）同样会麻烦缠身"。海关监督图明阿直接对经纪们说："你们必须服从，因为这都是你们的错。"他提醒他们，中国人与洋人之间的未偿债务（有利息或无利息）是非法的，因此，依据中国的法律，他们的钱应该被没收，他们也会受到惩罚。如果广州的史密斯、赫顿和克莱顿不接受中国的这一方案，他们"无需再抱怨，今后我们不以任何方式处理或裁决贵方的申诉，而贵方也不会收回所借款项的任何部分"。[74]

为了劝说英国经纪们接受政府的解决方案，广州知府和南海知县亲自来到史密斯和赫顿所在的东印度公司商馆做最后的努力。广州知府在与货监们的会面中表示，债权人坚持"将债务偿付的利息累计到第 44 年底①"是不合理的。他声称"广东省不会满足这样

––––––––––––––––––

① 即乾隆四十四年（1779）。

的要求"。广州知府接着把话题转到中国和英国法律之间的比较，"谈到了累计利息的不公平，并说这在中国是不允许的"，还询问这在货监们的国家是否合法。公司的货监们回答说，"每个国家都有自己的习俗"，如果中国不允许这样做，"商人们就是弄虚作假，用利润诱惑英国人，当他们向英国人报价时，他们知道这是违反他们本国法律的"。广州知府对这一推理不以为然，而是把责任推到英国人身上："你们的人……用大笔金钱引诱商人。"[75] 根据广州的史密斯对此次会面的叙述，广州知府试图"恐吓债权人，让他们放弃其正当要求"，但他们坚持己见。公司的货监还记录道，广州知府"行为粗鲁，态度傲慢，他肯定很不高兴，因为他不辞而别，为了显示他的权威，他在商馆中央对通事们大喊，让那些人（指债券持有人）立即去澳门"。谈判失败了。几天后，广州的史密斯和赫顿回到了他们在澳门的家。[76]

当人们试验炮舰外交的时候，亚伯拉罕·莱斯利尝试了另一种方式，他雇佣了一支私人印度武装，从中国人手中将资金抢走。从海关监督图明阿那里听闻此事，公司的货监们大为震惊。莱斯利"暴力闯入本属于陈科官（Coqua）的仓库并封锁了它，里面有各式杂货以及其他人的财物，他一并据为己有——他还挂起写着中文的灯笼（Lanthorn），说这个仓库是英国人的商馆……而且他仍然保留武装力量"。他挂在门上的灯笼用中英文写着："英国商人莱斯利占领了这家商行，直到他拿到钱为止。"莱斯利不顾中国官员和公司货监们的警告，坚持认为"任何程度的困难和威胁都不会影响或阻止我目前为了达到目的所采取的一切正当措施"。对于在与中国人谈判中同广州的乔治·史密斯以及其他经纪们合作一事，他也不再感兴趣了，他高呼："别的债权人怎么做，可管不了我。"[77]

除了陈科官的商行，莱斯利还"占据了颜时瑛的仓库，并带了些他的黑人进去"。据称，莱斯利"破门而入"，并派了"两三名印度水手，带着手枪和弯刀，以捍卫他所谓的对房屋的所有权"。与此同时，他利用自己在广州的新地产，以可接受的价格将颜时瑛仓库的房间出租；"租金所得将用于抵偿颜时瑛 [原文写作 Ingsia] 的债务，一个港脚船的英国船长很快租了其中一间"。莱斯利暗示他可能进一步使用暴力来收回其委托人的资产："我还未动用武力，所使用的不过是捍卫我正当权利的温和手段罢了。如果对我动武，那就走着瞧，我落在这些行商手中的资产，就算被政府否认或者拒绝，于我而言它们就和我现在的生命一样。"令人惊讶的是，广州的官员愿意与莱斯利谈判，但他的顽固不化最终让他进了澳门的监狱，他在那被关押了几个月。[78]

广州危机的伦敦观察家们无法忽视债权人行动所带来的不安的政治影响。东印度公司的董事们警告说，"债权人先是诱导爱德华·弗农爵士，然后是爱德华·休斯爵士，他们发现利用国王陛下的权威"可以收回他们的私人债务。他们警告在中国的雇员："在不同时间派遣军队到中国，无论船长处事如何谨慎，虽然无意冒犯中国政府，但在这个当口派遣军队，就是带有敌意的暗示，这已经是一种明显的威胁，已经无可转圜。"[79] 国王乔治三世（George III）在给内阁大臣的一封信中表达了对海军少将爱德华·休斯的不满，并下令"不得再派遣船只前往 [广州]"。[80]

英国军舰抵达广州也让巡抚李质颖坐立不安，他觉得有必要就此事对皇帝撒谎。在给乾隆皇帝的奏疏中，他称来到广州的潘顿船长是一个港脚船上为东印度公司运送白银的散商，而非前来威胁天朝的英国海军舰长。他顺带着也就省略了亚伯拉罕·莱斯利的大逆不道。[81] 为了免受责难并维持商业的运作，李质颖确保广州危机的真相永远不会被皇帝知晓。

101

广州的茶叶贸易实在是获利不菲，但其金融基础不堪一击的真相无法得到揭露。在大多数情况下，只要贸易还在和平地持续，伦敦、北京和广州就没人深思这个问题。但在大英帝国，跨文化的信贷会迅速演变为殖民债务（colonial debt），从根本上改变了借贷双方的权力关系。这正是发生在马德拉斯的事情，阿尔果德的纳瓦布对英国私人债权人负债累累，这最终导致东印度公司在 1801 年将其国家吞并。[82] 与亚洲海上的其他英国殖民地和贸易据点相比，18 世纪晚期的广州没有政变、吞并，大英帝国的版图上也没有将广州涂成红色。① 但是，散商及其委托人至少做出了一次尝试，或者说是相当大的努力，设计出越发咄咄逼人的策略，并要求英国政府采取更强硬的斡旋，以便将经济交换的条件强加给他们的中国贸易伙伴。

102

---

① 英国地图将英国领土设定为红色。

第五章

孟买的乔治·史密斯和"休斯夫人"号事件

1768 年，本书的第三位乔治·史密斯来到孟买，以散商的身份在那工作和生活。在三位乔治·史密斯之中，孟买的史密斯在商业上最为成功。与马德拉斯的史密斯和广州的史密斯不同，孟买的史密斯去世时没有债务，所以他单独留有一份遗嘱，把财产留给了家人和朋友。尽管商业地位显赫，但孟买的史密斯似乎并没有像他的两位同名者一样与亨利·邓达斯或埃德蒙·伯克建立联系。伯克是爱尔兰裔的政治家和作家，也许他最出名的是写就关于 1789 年法国大革命的预言式批判《法国革命论》（*Reflections on the Revolution in France*）。此外，他还主张并领导了对沃伦·黑斯廷斯的弹劾，后者在 1772 年至 1785 年之间担任孟加拉和英属印度总督。尽管与英国政要没有关系，但孟买的史密斯还是在英国的帝国政策上留下了自己的印记。1784 年，他在广州卷入一场与中国政府的激烈冲突，即"休斯夫人"号事件，它使英国政府深刻地意识到英国对华贸易的脆弱性和不稳定性。这一事件还使得对中国充满敌意和优越感的言论甚嚣尘上，它强调中国法律体系的野蛮，更广义地讲，是其文明的落后。孟买的乔治·史密斯在广州的遭遇揭示了中国的无名小卒和偶然事件如何能在整个大英帝国产生连锁反应，并在伦敦催生出新的帝国政策，继而促成了一种新的"东方主义"方式以理解（conceptualize）和描绘

103　（represent）中国。

　　孟买的乔治·史密斯于 1737 年出生在苏格兰北部海岸班夫郡
（Banffshire）的福代斯（Fordyce），他的父母是詹姆斯·史密斯和
伊丽莎白·弗格森（Elspet Fergusson）。他们有八个孩子，六女两
男：玛格丽特（Margaret）、塞西莉亚（Cecilia）、詹姆斯（James）、
梅（May）、玛丽（Mary）、伊丽莎白（Elspet）、琼（Jean）和
乔治（George），乔治是八个孩子中最小的。1740 年，当乔治只有
三岁时，史密斯家的孩子们失去了他们的母亲伊丽莎白。她的早逝
可能与那年在苏格兰发生的严重饥荒有关。17 年后，也就是 1757 年，
史密斯家族成员们都各立门户。[1]

　　和当时的其他许多苏格兰家族一样，福代斯的史密斯一家分
散在不列颠帝国的内外。乔治的哥哥詹姆斯冒险去了牙买加，他
可能在那里的一个糖料种植园做过商人或管事（steward）。大姐
玛格丽特动身去伦敦，给格拉索的詹姆斯·阿伯克龙比（James
Abercromby of Glassaugh）一家当仆人，后者是一位议会议员。另
一个姐姐琼前往瑞典的哥德堡（Gothenburg），那里自 17 世纪中
期以来就有苏格兰社区存在。[2]许多苏格兰商人和流亡在外的詹姆
斯二世党人在这个港口安家落户。[3]在哥德堡，琼担任"南艾思克
（Southesk）家族次子（cadet）乔治·卡内基（George Carnegie）"
的女管家，在 1745 年第二次詹姆斯党叛乱中，卡内基曾任查理王
子禁卫骑兵团的少尉。[4]查理是斯图亚特王朝詹姆斯二世的孙子，
后者在 1688 年的光荣革命中被废黜。或许史密斯家族与詹姆斯党
人有联系，至少他们对"美王子查理（Bonny Prince Charlie）"的
复辟大业抱有同情。1757 年，福代斯的史密斯决定加入"四五年

叛乱"后离开苏格兰高地的苏格兰人行列，在不断扩张的大英帝国中寻找机会并开始新的生活。

和他的姐姐琼一样，乔治·史密斯也去了欧洲，定居在荷兰，并在那里当了一名文员。他选择荷兰并非个例。在 16 世纪晚期和 17 世纪，苏格兰和低地国家（Low Countries）形成了一种"特殊关系"。[5] 苏格兰的学生和商人涌向荷兰，在迪耶普（Dieppe）、米德尔堡（Middleburg）、贝亨奥普佐姆（Bergen op Zoom）、泽兰（Zeeland）和鹿特丹（Zeeland）建立社区。[6] 荷兰"承接了最初服务于北海（North Sea）贸易体系的苏格兰商业网络"，并为苏格兰人在奥斯坦德公司、荷兰亚细亚公司（Dutch Asiatic）和瑞典东印度公司的深度参与提供了跳板。孟买的史密斯可能是一家苏格兰—荷兰公司的文员，这种双重国籍的合伙关系被用来"否定荷兰的重商主义"，同时又"超越了国家界限"。[7] 他可能还参与了向英国的茶叶走私，这通常与荷兰共和国"难脱干系"。[8]

在欧洲担任职员和簿记员（可能与亚洲商业有联系）的十年，为孟买的史密斯的下一个职业——东印度的货监——做好了准备。在巴黎待了一段时间后，他去了叙利亚的阿勒颇（Aleppo），"走陆路经幼发拉底河河谷再过波斯湾，于 1768 年抵达孟买"。[9] 孟买的史密斯似乎和其他人一样，在没有东印度公司许可的情况下冒险前往印度，并通过海上贸易谋生。[10]

为什么孟买的史密斯或者其他 18 世纪 60 年代的英国商人会选择孟买作为基地，这有点令人不解。孟买长期以来被认为是"英国在印度的居留区中最不健康、最贫穷、最受鄙视的地方"。[11] 历史学家帕梅拉·南丁格尔（Pamela Nightingale）指出，对东印度公司

104

而言，西印度"没有前途，只有失败和忧郁"。[12] 这个"穷乡僻壤之地"通过葡萄牙公主布拉干萨的凯瑟琳（Catherine of Braganza）与查理二世 1662 年的联姻交到英国人手中，而事实证明这份礼物带来很多麻烦。[13] 在孟买，欧洲人的死亡（估计有 1,000 人）"比其他任何一个居留点都要快"。促成高死亡率的原因包括岛上疟疾横行的沼泽和"用腐烂的鱼给椰子树施肥"的习俗，这会污染井水，产生"一股难闻的恶臭"。[14] 在最初的几十年里，孟买作为公司的城镇，"几乎没有迹象表明它会成为一个重要的转运口岸"。那里的商业"萧条"了很多年。[15]

孟买及其位于马拉巴尔（Malabar）沿岸的附属商馆也极易受到周围两个强大王国——北部的马拉塔（Marathas）和南部的迈索尔（Mysore）——的威胁。[16] 在 18 世纪后半叶，它的前途黯淡："裹挟在两大军事强国中间，所拥有的财产更是让总督区的头衔徒有虚名，孟买的未来没什么希望。公司在 1784 年是否会继续在西印度保留一席之地尚且不定。"[17] 在被号称"迈索尔之虎"的蒂普苏丹（Tipu Sultan）领导的迈索尔军击败后，孟买被限制在"马拉巴尔沿岸几个毫无防备力量的小贸易站"。[18]

马德拉斯的乔治·史密斯，和孟买的史密斯一样，在马拉巴尔海岸做过很多生意。他讲述了在蒂普苏丹的影响下英国商人所遇到的困难："我到了蒂普苏丹的一处海港卡利卡特（Calicut），在等待那位以东方之礼接待我的地方长官之后，我被告知，我可以自由处置自己的任何货物，但不能带走胡椒、檀香木、豆蔻（或植物）和木材，君主对所有这些物品实行禁运，这几乎等同于禁止与他贸易。"[19] 孟买的乔治·史密斯在 1785 年也遇到了类似的麻烦。在从孟买到加尔各答的航程中，他在印度西海岸的代利杰里或科钦，一船货物也买不到。[20]1785 年至 1789 年间，英国商人"实际上被排除在香料贸易之外"。[21]

尽管有这些难以克服的障碍，但东印度公司在孟买的居留区还是得以保留。18 世纪 70—80 年代，孟买棉成为为数不多的在中国颇有市场的商品。东印度公司终于找到了一种出口产品，可以为进口茶叶支付货款，平衡与中国的贸易逆差。在这一迅速扩大的贸易中，散商们主动出击。1787 年，从印度出口的 68,000 包棉花中，估计"只有 4,500 包记在东印度公司账上"。[22]十多年前，年轻的散商弗雷德里克·戴维就自豪地向父亲报告说，他将在一艘把孟买棉运往中国的港脚船上担任出纳。[23]

散商们很快意识到孟买的价值。马德拉斯的乔治·史密斯、大卫·斯科特和大卫·卡明（David Cuming）都敦促在伦敦的印度事务管制委员会（Board of Control for Indian Affairs）的实际负责人亨利·邓达斯维持并支持公司在孟买的居留地。他们向邓达斯展示了孟买棉如何能够为英国的茶叶贸易提供资金。[24]最终，正是因为

乔治·莫兰（1763—1804）《印度女孩》（*Indian Girl*），1793 年。耶鲁大学英国艺术中心惠允使用。

这个原因，以及孟买的军事价值，邓达斯决定动用公司的资源来保留孟买管辖区。出于同样的考虑，马拉巴尔沿岸的其他领地也被收购。[25]1792 年，孟买在大英帝国的前景似乎比几十年前稳固得多。

我们对这一时期的孟买散商知之甚少，但孟买的乔治·史密斯的故事让我们得以对他们的商业和社会环境一探究竟。[26]史密斯似乎没有在孟买结婚，但如果他结过婚，他的妻子一定是先于他去世的。后来，孟买的史密斯与果阿邦的一个女人交往，她名叫埃斯佩兰萨·加斯帕尔·达尔米纳（Esperanza Gaspar D'Almina），可能是欧亚混血。在 18 世纪，英国男人和当地女人之间的恋爱关系很常见，这种结合所生的孩子经常被他们父亲的遗嘱提及。孟买的史密斯和达尔米纳育有一女，名叫费利西娅（Felicia）。1789 年，当费利西娅还在襁褓时，史密斯决定不带她们母女，独自回到苏格兰。[27]

史密斯和达尔米纳的关系是否系以"感情深厚、忠贞不渝的纽带"？他们的同居是否带来了文化共享（cultural sharing）？史密斯从达尔米纳那里学过沐浴或"洗头"（shampoo，按摩推拿的印地语）吗？他最后离开孟买时还会想起她吗？这些我们只能加以推测。[28]

孟买的史密斯还成为孟买的大卫·斯科特的密友，后者正是广州的乔治·史密斯儿子的教父。这种友谊至关重要，因为斯科特当时已是孟买最有影响力的商人。[29]孟买的史密斯选择斯科特做他的遗嘱执行人。他还给斯科特留下一块秒表，并遗赠给斯科特的妻子一条披肩和一块白布，以示对他们的"敬重"。[30]

虽然常驻孟买，但史密斯在中国有很多商业和金融业务。和其他两个乔治·史密斯一样，他在代理商和律师休·帕金（Hugh Parkin）和小乔治·史密斯（George Smith Junior，这第四位乔治·史密斯与本书的三位乔治·史密斯没有明显关系！）的帮助下在广州进行了大笔投资。他们本是东印度公司的货监，私下兼做经纪，代孟买的史密斯管理两笔大额债券。一笔是给行商伍乔官（Geowqua）价值 12,423 英镑的贷款，另一笔价值 1 万英镑，贷给了行商杨丙官（Pinqua）。两笔贷款都在 1787 年 12 月 1 日发放，年利率为 18%。即使在 1779 年广州发生灾难性的金融危机之后，像孟买的史密斯这样的英国商人仍以高利率放贷给中国商人。第一次鸦片战争前夕，中国商人欠英国投资者的债务为 300 万银元。[31]

1784 年，47 岁的乔治·史密斯担任孟买一艘港脚船"休斯夫人"号的货监。这趟去往中国的例行航程变成了一场噩梦。

我们怎么知道 1784 年随"休斯夫人"号到中国的是孟买的史密斯，而不是广州或马德拉斯的史密斯（抑或任何其他关于此事的乔治·史密斯）？尽管许多历史学家讨论过或提到过"休斯夫人"号事件，但没有人在这些再普通不过的名字中加以区分或对这个倒霉货监的身份加以确定。[32] 诸如东印度公司档案、私人日记、中国官方档案和报纸等一手材料都无法准确地确定"休斯夫人"号的货监是谁。

广州的乔治·史密斯的可能性先被排除，因为他当时已经不在亚洲了。这就剩下了马德拉斯的史密斯，他在 1779 年与威廉·希基乘坐同一艘船从马德拉斯返回英国，1783 年又回到印度，这次是到加尔各答，试图再次积累些财富以偿还他的债权人。但马德拉斯的史密斯不可能是"休斯夫人"号的货监，原因有几个。第一，这艘船是从孟买起航的，而不是马德拉斯的史密斯当时所住的加尔各答。第二，马德拉斯的史密斯在写给亨利·邓达斯的数百页信中对此事只字未提。第三，马德拉斯的史密斯写给东印度公司驻孟加拉理事会（council）的一封信显示，1784 年 12 月 20 日，马德拉斯的史密斯在加尔各答，而"休斯夫人"号直到 1784 年 12 月 9 日才离开中国前往孟买。这样一来，马德拉斯的史密斯只有 11 天的时间从广州回到加尔各答。根据威廉·希基的记录，在印度和中国之间"东印度船有史以来最短的航程"是 33 天，因此孟买的史密斯极不可能是"休斯夫人"号的货监。[33] 第四，公司驻孟加拉理事会在 1784 年和 1785 年收到来自两个不同乔治·史密斯的信。一封来自马德拉斯的乔治·史密斯，仅有署名"乔治·史密斯"。[34] 另一个来信的乔治·史密斯是一位散商，曾从孟买航行到加尔各答，在返航时主动提出带公司的硝石回孟买。他在信上署名："乔治·史密斯，'休斯夫人'号货监"。[35]

那么，我们可以合理地确定，孟买的乔治·史密斯就是"休斯夫人"号的货监。然而，他的私人记录都没有保存下来。相反，我们必须依赖清政府、东印度公司以及一些当事人的记录。不出所料，它们有时各执一词。公司驻广州的货监详细记录了 1784 年 11 月最后一周在广州发生的戏剧性事件。据他们说，1784 年 11 月 24 日，"休斯夫人"号的炮手向一艘路过的欧洲船只鸣炮致敬，但意外地击中了停靠在一旁的一艘中国海关船。[36] 根据英方档案，这次海上致敬导致一人死亡，而中方档案则记录两名中国水手身亡，分别是吴亚科和王运发。[37] 英方档案从未指出对致命礼炮负责的炮手的名字。

相反，中方档案却给这名炮手起了名字，叫"啲些哗"；他们还让他在这个故事中留下了只言片语。[38] 他的供词被记录在广东巡抚孙士毅的奏疏之中：

> 我系英咭唎国人，今年三十五岁。向在唅廉（威廉斯）船上充当炮手。唅廉船在本国装载货物来广贸易，湾泊黄埔河面。本年十月十二日申刻（下午3—5时），有嗹国（丹麦）洋船出口，我在舱眼放炮送他。那时有本船雇募的扁艇船水手们运货到船边，我因在舱内不曾看见，没有叫他躲避，以致炮火轰伤扁艇船上水手二人，先后身死。当日放炮伤人实系是我，岂肯代人顶替受罪呢？求开恩。[39]

然而，其他目击者对啲些哗的描述却不一样。有人声称他是一个矮小的老人，皮肤黝黑，是典型的印度果阿的欧亚混血，而另有人认为他是菲律宾人。[40] 但在上述供词中，他自称是英国人，只有 35 岁。是广州的官员在误导皇帝吗？如果他们报告称啲些哗是欧亚混血或者菲律宾人，皇帝或许会怀疑这个因犯其实是为真正的"英国"炮手顶包。事实上，皇帝对啲些哗是否是真凶抱有怀疑，并在给巡抚孙士毅的诏书中表达了他的担忧。[41] 这些怀疑可能不是空穴来风，因为"当时在印度的一家主流英文报纸上刊发的两篇报道……声称这个因犯是英国炮手的替罪羊"。[42]

在中国官员逮捕啲些哗之前，他已经躲藏了起来。[43] 起初，巡抚孙士毅建议把这件事交给英国政府处理。他们可以按照他们认为合适的方式惩罚那个炮手。很明显，他试图避免与英国人公开发生

110

冲突。作为一省巡抚，他对北京的朝廷负有在广东维护法律和秩序的责任，但为了维持广东贸易的稳定，他也需要给外国商人留有余地。[44]

巡抚孙士毅的绥靖态度激怒了乾隆皇帝。他对在广东的英国人太仁慈了。在一份圣旨中，皇帝训斥并警告了巡抚孙士毅。孙士毅怎么能肯定英国人会妥善处理这件事呢？在皇帝看来，这件事太严重了，不能这样随便处理。皇帝最近还收到报告说，至少有 11 名天主教传教士通过广州秘密进入中国，并非法居住在内地。他把广东的混乱无治归咎于孙士毅。[45]适逢孙士毅正在去北京参加千叟宴的路上，皇帝下诏令其立即返回广州逮捕那名炮手，并在所有欧洲头面商人的见证下将其处决。巡抚孙士毅有了整顿广州的第二次机会，但如果他失败了，他将被加倍治罪。皇帝想让广州的每一个人都清楚，天朝将以最严格的方式执行其法律。[46]

忧心于自己的仕途（也许还有生命），巡抚孙士毅在回应圣谕的奏报中满怀悔恨："何得因无心毙命，请旨发还该国？臣办理种种舛误，实属罪无可逭。"孙士毅别无选择，只好逮捕罪犯，将其就地正法。[47]

东印度公司的货监们最初拒绝配合广州官府。当几名官员和商人来到英国商馆时，公司的货监们建议他们去见"休斯夫人"号的货监，即孟买的乔治·史密斯。他更有资格提供该事件的相关信息。双方同意史密斯将在东印度公司的商馆接受一名中国官员的问询，后者只带随从，不带士兵。[48]但据孙士毅向乾隆皇帝的奏报记载，他派了中军参将王林、右营游击张朝龙，会同署广州府知府张道源前去缉捕史密斯，并将他押送进城。[49]孙士毅的奏报中用"锁拿"

这个词来描述逮捕过程，表明孟买的史密斯很可能被捆绑或者上了枷锁。[50] 但为了给皇帝留下他严肃处置此事的印象，孙士毅也可能夸大其词。

皇帝对孙士毅奏报的真实性有所怀疑："该国大班士蔑未必果系委员锁拿进城，唧些哗亦未必果系应抵正凶。"[51] 英属东印度公司的档案证实，孟买的史密斯是从他的商馆被"潘振承 [中国行商] 的假消息诱骗出来的；他被抓后……由一队佩刀的士兵押送进城"。[52] 孟买的史密斯被囚禁起来。

东印度公司的货监们对一名英国商人被诱绑表示愤慨，他们认为这一行径"违背了理性和正义"。他们也担心所有涉事人的安全："对一名未被定罪、甚至未被指控犯有任何罪行的欧洲人采取的暴力行为，与理性和正义的任何理念都背道而驰，这种行为看上去着实令人担忧，以至于我们确信无疑，他们打算采取一些非同寻常的严酷手段……史密斯先生被扣押后的情况清楚地表明，我们的人身安全并非完全无虞。"[53] 他们与欧洲其他国家的东印度公司的长官共同签署了一份反对中国政府诱绑孟买的史密斯的集体请愿书。据巡抚孙士毅说，他们还跑到他的衙门抗议。[54]

112

当史密斯在广州蹲监狱时，冲突加剧了。中国官兵集结在通往码头的大道上，并设置了路障，中国的商人和通事们抛下商馆逃离。与此同时，英国的货监和其他国家的东印度公司（包括荷兰、法国、丹麦和美国）联合起来进行反击。他们"达成了一项决议，命令几艘配备了人员和武器的船只来保卫我们的人，以防发生任何暴力行为，并以最强硬的态度表明我们对其先前行动的震惊和担忧"。[55] 由于"目前不是拘泥小节的时候"，他们并没有向中国官员请求许可（通常需要请示），便派出两艘船和一些船员去到黄埔，要求所有英国、欧洲和美国公司的船只直接航行到广州，大舢板（pinnace）上都"配备人和武器"。[56] 大舢板和其他外国的驳船只要载有船长或货监并悬挂国旗，通常可以不受限制地驶往广州。[57] 然而，在这种特殊情况下，配备有英国和欧洲武装士兵的船只会引发严重关切。尽管船上指挥官被勒令避免公开与中国官员冲突，但在这种情况下，暴力几乎是不可避免的：

> 由于潮水不利，他们还没到达城市[广州]天就黑了。直到靠近第一座粤海关官署时，一艘武装的船只招呼领头的船，这才有人通知，命令他们返回黄埔。但没人在意这个撤退的命令，船队继续向商馆行进——但接下来，先到的船遭到了来自粤海关官署附近堡垒和江上武装船连续的鸟铳射击，随着船队到达，这一直从晚上8点持续到11点。除了下面提到的船以外，所有抵达的船只一枪也未还击。除了"沙利文"（Sulivan）号上胸前受了轻伤的一名舵手和"加尔各答"（Calcutta）号的舰载艇船尾的一人外，其他人都没有受伤。那艘舢板停在了船队的后方，几乎被中国的舰艇包围了。其中一艘舰艇的官兵登上了那艘舢板，当军官意识到他的人很可能处在不得不使用武器的境况时，他令人可敬地让他们都下船去，中国人在短暂的打斗后离开了那艘船。[58]

中国人还向一艘荷兰船射击，因此它决定在原地抛锚过夜。英国东印度公司的货监们猜测他们的船只受到袭击是因为广州官府怀

113

疑"我们的准备工作比单纯的自卫更加危险"。[59]

巡抚孙士毅警告英国人，如果他们继续抵抗，他将派出配备鸟铳和火炮的军队切断他们的退路。他说："尔等试想有何力何能，敢于违抗干犯我朝法令，尔等应再三思之。勿贻后悔莫及。"第二天早上，巡抚孙士毅兑现了威胁，派出水师战船封锁了商馆区。舢板停泊在河对岸，官兵殿后。据一位美国观察者描述，"战舰有四十艘之多，正对着商馆区"。[60]官府已经采取了一切手段"切断了他们与船只的联系，迫使他们就范"。[61]

经过水师数来来咄咄逼人的故作姿态，巡抚孙士毅要求会见除英国外所有涉事欧洲国家的代表。他们在广州郊外的一座庙里会面，孙士毅再次警告说，他可以"轻而易举地荡除"他们所有人，"但他不愿伤害这么多的好人"。如果东印度公司的货监不配合，就会停止贸易，断水断粮，东印度公司的船只将被禁止返回英国。孙士毅说服了欧洲商人们"抛弃"他们的英国盟友。他答应只要交出肇事炮手，就不计较他们的挑衅，并释放孟买的乔治·史密斯。在欧洲的目击者看来，孙士毅似乎"非常焦虑，很明显，我们采取的举措让他困惑不解"。他们相信，"他会乐意漂亮地平息此事"。[62]

法国人、荷兰人和丹麦人都接受了孙士毅的提议，抛弃了他们的英国同事。11月29日，在经历了近一周的威胁和短暂的海上冲突后，孟买的乔治·史密斯仍被关押在广州城，东印度公司的货监们决定做出让步，同意向中国官府交出"休斯夫人"号的肇事炮手。起初，当公司的货监们暗示那个炮手可能已经逃跑时，广州的官员"回答说，倘若果真如此，史密斯先生就在他们的掌控中；但他们建议我们，既然我们看起来对这位先生如此重视，那就用一个仆人

114

或别的不那么重要的人来顶替他"。⁶³孟买的乔治·史密斯的命运危在旦夕。公司的货监们决定保住孟买的史密斯，并要求"休斯夫人"号的指挥官威廉斯（Williams）船长立即将肇事炮手交给中国官府。如果不配合，危及的不仅是孟买的史密斯，还有驻广州其他英国商人的性命。

也许，帮助说服公司的货监们把炮手交给中国人的是孟买的史密斯写给威廉斯船长的那封急信："我昨天写信告诉你，我已经被强行押入城里了。我还在监禁之中，而且必须待在这儿，直到那个炮手或者别的什么冒充他的人被送过来。如果找不到炮手，我希望你们就送个这样的人来。此信将由皮古（Pigou）先生转交给你，他对这件祸事也颇为烦恼。我现在必须要求你把炮手送来，或者是一个比我更熟悉业务情况的人，这样他能回答驻英国商馆的官员们的问询。我还必须要求你在这个不幸的事故没有得到彻底解决之前，不要冒险和船一起离开。我可以想见'休斯夫人'号上一定还有严重的不当行为。"⁶⁴

据巡抚孙士毅讲，孟买的乔治·史密斯愿意由炮手来替换他。⁶⁵囚犯交换时，中国人羁押了炮手，或者可能是他的顶替者。"休斯夫人"号的指挥官威廉斯船长意识到啲些哗的不幸处境，便给孟买的史密斯写了封信，如果炮手被扣留，请他给炮手备一份生活津贴，交给行商蔡世文。威廉斯船长担心炮手的安全："我希望中国人不要伤害这个可怜的老人，因为这只是一个不幸。"⁶⁶中国官员在羁押啲些哗的时候在他身上搜出了这封信，并立即将其译成中文。中文的版本是这样的："啲些哗系穷苦夷人，放炮毙命实出无心，现已交出，恳酌助啲些哗盘费，俾得使用。"⁶⁷

　　获释后一小时，孟买的史密斯向公司的货监们报告说，他受到的待遇令人满意，在他被监禁期间，许多中国官员来探望过他，还给他送了礼物。史密斯是幸运的。[68] 即使是在监狱里短暂的监禁也可能是致命的。作为一名洋人，史密斯至少免受肉体折磨的"刑讯"，包括拶刑和夹棍之刑，这些酷刑经常导致感染或永久残疾，有时甚至会致死。[69] 事实上，由于他是一个有名的且杰出的散商，他似乎受到了不同寻常的良好待遇。

　　孟买的史密斯很快就恢复了生意。东印度公司的货监们在账簿上记道，"'休斯夫人'号港脚船的货监史密斯先生向我们提出购买 14,000 银元（Head Dollar）① 的债券，每年偿付 10%，我们决定接受它"。[70]1784 年 12 月 9 日，在这场导致两个中国人死亡的礼炮事故发生后的第 15 天，孟买的乔治·史密斯、威廉斯船长和"休斯夫人"号的全体船员离开了广州。我们只能想象当"休斯夫人"号驶离时他们内心的五味杂陈。

　　"休斯夫人"号的炮手啲些哗不会加入他们，他被留在广州为两个死去的中国人偿命。他在被拘留时一定显得很沮丧，因为中国官员担心他会在监狱里自杀。经过审问，他被认定为"真凶"。巡抚孙士毅向驻广州的外国商人下发布告，解释关于处决啲些哗的决定："大皇帝恩待尔等，每年获利甚多，遇该商偶有拖欠，即为尔等勒限返逼，种种恩施有加无已。今唅廉（威廉斯）船放炮道行，并不小心知会邻船，以致轰毙二命，情罪较重。按照天朝法律，不

116

————————

　　① 外文档案中的"Head Dollar"即指西班牙银元，因其正面有西班牙国王戴假发之像，故有此称。因该头像类似佛头发髻，所以清代俗称"佛头""佛面银""佛首银""佛头银""佛洋"或"佛银"。

独将凶身正法，并应将该船约束不严之头目从重处理。姑念尔等僻处外洋，未谙条律。今止将炮手唭些哗一人正法，实属大皇帝额外恩施，尔等从此当益知感激。"[71]

1785 年 1 月 8 日，按照皇帝的要求，唭些哗被处以绞刑。[72] 巡抚孙士毅报告说，遵照圣谕，他在执行处决的时候要让"夷众环观"。[73] 但是他意识到这样的场景只会助长广州的暴力和动乱，于是就把唭些哗秘密处死。[74] 当发现"中国人抓了人并当场将他绞死"时，公司的货监们被激怒了，"他们没有经过任何审判，也没有其他程序，这种伸张正义的行为与马来人或者其他蛮族草率地处决行为无异"。[75] 然而，据皇帝所知，英国人接受这个结果，并幡然悔悟。根据巡抚孙士毅的奏疏，各国的头面人物都承诺会更加小心。他们不敢再制造麻烦，触犯中国的律法。[76] 从中国官府的角度来看，"休斯夫人"号的一连串事件已经结束了。

然而，从英国的角度来看，这一事件可以被视为英国在摆脱中国法律管辖并获得治外法权过程中的一个重要转折点。英国人和其他外国商人在中国已经享有某种程度上的"司法独立"。当案件涉及中国人和欧洲人时，中国的官府坚持对其违规行为进行裁决，但对于仅涉及欧洲人的纠纷，他们让欧洲的货监们来进行仲裁。例如，1754 年，在一名法国军官枪杀了一名英国水手后，两广总督试图说服法国和英国的货监们"通过友好的仲裁"解决纠纷。18 世纪 50—60 年代，涉及荷兰水手的一些案件进一步表明，在不牵涉中国人或利益的情况下，欧洲人的治外法权确实存在。[77] 但这并没有满足他们要求"司法独立"的愿望；他们往往想要的更多。

"休斯夫人"号事件还使得一种贬低中国的"东方主义"论调

甚嚣尘上。这种论调在 18 世纪末的英国形成，它用野蛮和劣等来描绘中国的法律和社会。[78] 这种语言和思维的一个例证可以在公司货监们的信件中找到，他们痛诉中国法律制度中的暴虐和不公，以及欧洲人在广州口岸"任人宰割"的境况。遵守中国的法律"在我们看来与欧洲人认为的人道或正义背道而驰，如果我们自愿服从于它，那么在所有人看来，我们就是为了自己的利益抛弃了一切道德和男子气概（manly principle）"。其他的例子出现在《印度公报》（India Gazette），作家们在上面抱怨说，最近在广州发生的事件不仅对于英国人是种羞辱，"于人性更是惊世骇俗"。[79]

在英国广为人知的"广州战争"（Canton War）以及炮手"啷些哗"遭处决，震惊了整个帝国的英国社区。[80] 加尔各答的报纸和杂志都报道了"在中国的骚乱"，半年后，伦敦也传遍了这个消息。[81] "加尔各答距离广州大约一个月的航程，它首先收到了事件的风声。1785 年 1 月 15 日，《印度公报》的作家们仍然抱有希望："当中国人冷静一点，搞清楚自己的同胞死于意外时，这件事可能会得到友好的解决。"[82] "休斯夫人"号事件的消息传到英国后，它就成了人们热议的主要话题。1785 年 8 月版的《绅士杂志》（Gentleman's Magazine）专门用两页篇幅来报道此事。伦敦的《泰晤士报》报道，其首篇关于"在中国的骚乱"的文章"引起了人们的好奇和警觉"。因此，编辑们"认为我们有责任去调查这些细节"，然后跟进第二次叙述，"以便我们的读者相信其真实性"。[83] 在《大众广告人》中提到的是中国官员绑架乔治·史密斯先生的动机。[84]

"广州战争"不仅引起了广大读者的关注，也使亨利·邓达斯忧心忡忡。他收到了东印度船船长威廉·麦金托什（William

118

Mackintosh）的来信，麦金托什对"休斯夫人"号的事情很了解，因为他当时就在广州，并协助把啷些哗移交给了中国官府。麦金托什船长警告说，如果当时"休斯夫人"号事件没有按照当时的方式得到解决，公司的商船"就会失去茶叶……要过很长一段时间才能与中国人达成适当的谅解，而这事碰巧发生在《折抵法案》的这一年 [1784]，当时除了公司进口的 [茶叶] 外，从欧洲搜购的茶叶都不足以满足日益增长的 [茶叶] 需求，更无法平息这一举措引发的窃窃私议，其后果难道不会波及白厅（White Hall）[①] 吗？"麦金托什船长指出了一个不幸的且潜在的灾难性巧合：就在英国政府决定降低茶税的同一年（这将使东印度公司进口到英国的茶叶增加两倍），广州的一起杀人案使贸易中道而止。"休斯夫人"号事件揭示了英国茶叶贸易的飘摇不定。在地球另一端的偶发事故，哪怕牵涉无名小卒，也可能会完全破坏英国对中国的商业政策。这不仅关系到英国利润丰厚的茶叶贸易，也关系到茶叶制造商未来的市场。英国的散商和政治家们不会坐视不管。他们共同决定，英国必须在中国建立一个完全不受中国官府干涉和法律管辖的居留区。他们希望英国第一次派往中国的使团能够说服乾隆皇帝将治外法权赋予在中国土地上的英国子民。

119

---

① 即英国政府的中枢所在。

第六章

出使中国

在中国官员将孟买的乔治·史密斯投入监狱的两年半前，东印度公司将广州的乔治·史密斯驱逐出中国。1782 年，广州的史密斯和妻子夏洛特以及他们的两个小女儿别无选择，只好收拾行囊，搭乘东印度公司的"合约"号去往英格兰。在萨里郡重新安家后不久，广州的史密斯就开始与亨利·邓达斯通信。邓达斯是英国首相小威廉·皮特的左膀右臂，也是印度事务管制委员会的实际负责人。他们主要讨论的一个议题是赴华英国使团。包括马德拉斯的乔治·史密斯在内的几位散商也与邓达斯通了信，帮助说服他有必要向中国派遣使团，尽管东印度公司对此强烈反对。这一使团的既定目标——在 1784 年《折抵法案》的巨大成功后维护英国的茶叶贸易，在中国为英国的出口打开新市场，并更多地了解中国的制成品、技术、军事和海军实力以及植物资源——已为历史学家们所熟知。但英国第一个赴华使团的背后还有其他的动机和利益。

在 18 世纪 70—80 年代，亨利·邓达斯把自己塑造成处理东印度问题的关键人物。根据邓达斯的传记作者霍尔登·弗伯（Holden Furber）的说法，除了埃德蒙·伯克和理查德·谢里丹（Richard Sheridan）之外，邓达斯的政治同侪中没有人对不列颠迅速发展的亚洲帝国产生浓厚的兴趣。相比之下，邓达斯不仅喜欢"费力地翻阅大量的印度文献"，而且"在他漫长的公务生涯中，花费在印度事务上的时间可能比花在其他任何事情上的时间都要多，甚至苏格兰或对拿破仑的战争事务也没有占用他更多的工作时间"。[1] 邓达斯的出人头地是在 1781 年，当时他主管一个委员会，负责调查印度东南部一场战争的起因和马德拉斯管辖区几个东印度公司员工的可疑行为。[2] 他在这个职位上的成功使得有传言称首相诺斯勋爵（Lord North）不久后将任命他为首任印度事务大臣（secretary of state for India），而且他也会表示欢迎。[3] 然而，与美洲殖民地的战争在 18 世纪 80 年代初引发了严重的政治动荡。1780 年至 1783 年间，四届政府更迭。一直等到 1783 年底小威廉·皮特掌权后，邓达斯这颗政治之星才得以崛起。仅仅几个月后，议会通过了《皮特印度法案》（Pitt's India Act），其内容很大程度上归功于邓达斯前一年的一项提案。[4] 该法案设立了一个管控委员会（Board of Control），由国王任命的六名枢密院委员（privy councilors）组成。管控委员会将监督东印度公司在印度政治方面的参与，力求防止公司员工卷入不计后果、代价高昂的战争，并设法安排忠诚可靠的人管理东印度公司的印度管辖区。尽管邓达斯直到 1793 年才正式成为管理会的主席，但"实际上，一直到 1801 年"，弗伯写道，"印度事务管控委员会指的就是邓达斯，或者顶多是邓达斯和皮特"。[5] 作为委员会的一员，邓达斯负责监督东印度公司的事务，并担任公司与议会之间的联络人。例如，1787 年，他"提出每年向下议院的委员会提交一份印度各省事务情况的说明"。[6]

　　1785 年的某个时候，邓达斯开始计划向中国派遣使团。为了确保成功，他竭尽全力地收集有关中国政府、经济和商业状况的准确信息。直到 19 世纪，关于中国的信息主要来自天主教传教士和欧洲的外交官。据曾担任东印度公司秘书的剧作家詹姆斯·科布（James Cobb）所述，中世纪以来"有关中国的所有信息要么来自欧洲派往中国的使团，要么来自传教士的记述，其中大部分都是杜赫德（Jean-Baptiste Du Halde）神父收集的"。欧洲人了解中国主要是通过耶稣会传教士的学术成果。早期的英国汉学家，如托马斯·珀西（Thomas Percy）和威廉·琼斯（William Jones），都依赖于"耶稣会这种较早的儒家汉学研究传统"，包括杜赫德《中华帝国的地理、历史、编年纪、政治及博物（1935）》（*Description Geographique, Historique, Chronologique, Politique, et Physique de L'Empire de la Chine*）① 等名著。[7]

121

然而，我们有理由怀疑耶稣会报告的真实性。自 16 世纪以来，耶稣会士们一直在中国传教。他们的策略是让中国的皇帝和统治精英们皈依基督教，然后让这些人将中国的其他地方基督教化。[8] 耶稣会士们对中国的描述部分地反映了他们的特殊兴趣、经历和皈依策略。詹姆斯·科布对此的怀疑言之有理："无论杜赫德神父在世俗事务上的信誉如何，只要教会的利益处于危险之中，他就会寻求神迹的帮助。"[9]

到 18 世纪末，外交官和欧洲各国（荷兰、葡萄牙和俄国）使团的参与者也出版了他们自己对中国的记述。诸多在华传教使团的成员如汤若望（Johann Adam Schall von Bell）、雅布兰（Everard Isbrand Ides）、柏尔（John Bell）、嘉乐（Carlo Ambrogio Mezzabarba）等的著作，成为首相皮特和亨利·邓达斯计划英国第一个访华使团的

———————
① 简称《中华帝国全志》。

指引。[10]但詹姆斯·科布提醒说不要只从表面上理解这些世俗的记述："我们能想象在那些自称为天下君主、声称与日月星辰为盟的小诸侯中，他们有人会相信这些话吗？我们何尝不是把自己的君主冠以一个他未曾踏足领地的国王之名，并视其为一种信仰的捍卫者？这种认识会让教授在国家中失去担当任何职务的资质。这些头衔不过是浮华的小玩意，它们只是徒增宫廷仪规之表，而无重要之实。"科布论证道，"因此，我们对中国宫廷的看法，绝不能从使团信件的夸夸其谈中形成"。尽管之前派遣使团困难重重，且中国的官方辞令态度傲慢，但科布还是强烈建议向中国派遣一个英国使团。[11]

在 18 世纪渴望了解中国的英国人可以从耶稣会传教士和欧洲外交官的著作中得到满足，但邓达斯却非如此。作为管控委员会的实际负责人，他有另一个消息来源：东印度公司。邓达斯研究了东印度公司驻华商馆档案（China Factory Records），并汇编了中国贸易的详细数量信息。[12]管控委员会的档案中处处可见有关中国贸易信件、问询和报告的摘录。[13]1791 年，亨利·布朗、托马斯·菲茨休、大卫·兰斯、亨利·莱恩、威廉·菲茨休、威廉·亨利·皮古（William Henry Pigou），所有这些退休的公司货监，都被董事会要求——很可能是在邓达斯的坚持下——对一长串问题进行回答。例如，"在您的记忆中，在中国进行贸易的方式发生了哪些实质性的变化？"以及"您认为，相较于瑞典、丹麦和荷兰的公司，或者例如法国、葡萄牙或美国等个人，公司是否因为贸易规模上的优势而获得了好处？"如果他们的回答不够充分，邓达斯还可以亲自与退休的驻广州货监交谈，以获得他们对中国和广州贸易的专业意见。两位乔治·史密斯都建议邓达斯这样做。广州的史密斯建议从他们那里获得"真实的信息"。[14] 马德拉斯的史密斯建议邓达斯与几位现居伦敦的前货监联系，包括住在卡文迪什广场（Cavendish Square）莫蒂默街（Mortimer Street）的托马斯·洛克伍德（Thomas Lockwood）、波特兰坊（Portland Place）的托马斯·菲茨休、肯特郡（Kent）的洪任辉。他们都在中国居住了几十年，可以向邓达斯提供他们关于中国的专业知识。[15] 邓达斯还从两个受雇于东印度公司的家族成员那里获得信息：他的侄子、东印度船的船长、在孟买人称"探子"（Spy）的菲利普·邓达斯（Philip Dundas）以及他的表弟、曾任驻广州货监的多林文（James Drummond）。[16]

　　然而，邓达斯对中国知识的渴求并未充分得到满足。以苏格兰人为主的散商们为他提供了关于东印度的更多信息和不同看法。邓达斯为苏格兰散商所吸引，因为他们和他一样对垄断嗤之以鼻，力求建立一个自由贸易的帝国。这种共同的帝国愿景（imperial vision）奠定了邓达斯与他们之间最亲密的友谊。

　　大卫·斯科特来自苏格兰福弗尔郡（Forfarshire，即今天的安格斯），在家里十三个孩子中排行第五。他于 18 世纪 60 年代初移居印度，并在那里做了 20 多年的散商。在孟买，他作为散商中公认的领袖和一家颇负盛名的代理行负责人而发家致富，他对东方的贸易环境，特别是印度西部，有着无可比拟的了解。1786 年，斯科特回到英国，开始担任东印度公司的董事（1788）和福弗尔郡议会议员（1790）。不出所料，他的见识、进取、低调和热心吸引了邓达斯。他有许多与邓达斯一样的优秀品质，但更重要的是，他们志同道合，有着相同的帝国愿景。据斯科特书信集的编辑 C. H. 菲

123

利普（C. H. Philips）的研究，"他们关系密切，在印度问题上看法一致"。他们都试图抑制东印度公司的航运利益，并逐渐削弱其对亚洲贸易的垄断。他们经常在邓达斯的家里一起工作，斯科特在那里还频繁应邀"与皮特会面，商讨印度事务"。随着邓达斯对英法战争越发关切，斯科特在伦敦承担起更多印度事务的责任。斯科特从印度到伦敦的私人陆路快讯服务以及他与印度线人的私交都会提供信息并与邓达斯分享。[17] 亚历山大·亚当森（Alexander Adamson）是斯科特的前商业伙伴，也是孟买的一个私人棉花商。他也与邓达斯通信，就印度事务进行过广泛讨论。[18]

邓达斯与反垄断的苏格兰散商及其朋友的亲近应该不足为奇。虽然一些历史学家认为，邓达斯"并非相信东印度公司垄断的终结将对国家有利"，但最近的研究表明，邓达斯对东印度公司垄断的态度反而很明确。[19] 邓达斯（和首相皮特）希望尽快结束东印度公司对亚洲贸易的垄断。根据邓达斯传记的作者迈克尔·弗赖伊（Michael Fry）的说法，邓达斯意图颠覆公司的垄断。"到目前为止，只是政治环境迫使他容忍一个比他理想中所希望的更强大的公司"。[20] 不过，通过零打碎敲的解决方案，邓达斯已经开启了让公司最终"自我崩溃"的进程。[21] 他会乐见此事发生。[22]

邓达斯的帝国愿景无疑是受到了另一位举足轻重的苏格兰人的影响，他就是亚当·斯密。邓达斯不仅读过《国富论》（*The Wealth of Nations*，出版于 1776 年），而且这本书的作者也是邓达斯家的座上宾。1787 年，邓达斯向亚当·斯密保证："你会有一间舒适的房间，由于事务轻松多了，我们每天晚上都会有时间和你探讨你所有的书。"首相皮特甚至要求所有邓达斯家里的宾客都要等到斯密就座后方可落座，"因为他们都是斯密的学生"。[23] 这是一个相当令人震撼的画面：英国最有权势的政客们充当着亚当·斯密热切而恭顺的学生。历史学家艾伦·弗罗斯特（Alan Frost）认为，在皮特掌权后的 1784 年，其政府的主要成员"开始本着自由贸易的意识形态来处理商业问题"。事实上，"按照亚当·斯密的主张来推行英国贸易的自由化，令邓达斯痴迷不已"。[24] 邓达斯是一个精明且务实的政治家——他知道跟东印度公司打交道要小心谨慎——他对大英帝国有着清晰的构想（vision），至少从长远看，这一构想中不会有垄断公司的一席之地。

和亚当·斯密一样，广州的乔治·史密斯既是苏格兰人，也是自由贸易的拥趸。他同样为邓达斯对大英帝国未来的思考建言献策，特别是在中国贸易方面。和比他更有名的亚当·斯密一样，他也在邓达斯在温布尔登（Wimbledon）的坎尼扎罗庄园（Cannizaro House）多次受到款待。[25] 由于他在中国的"当地经验"丰富，广州的史密斯热心地充当了邓达斯的顾问。[26] 他提醒邓达斯，"唯一能够提供真实消息的人是那些货监……以及一些有见识的东印度船船长"。[27] 在邓达斯会见东印度公司领导的前一天，广州的史密斯提出了合理的怀疑，"只有一两个董事对公司在中国的情况完全了解"。[28]

比广州的乔治·史密斯开始担任邓达斯的顾问早几年，马德拉斯的乔治·史密斯就已进入伦敦的政治舞台。马德拉斯的史密斯可能是通过埃德蒙·伯克引起邓达斯注意的。伯克是杰出的辉格党议员，从 1765 年至 1794 年，其漫长的职业生涯都在议会度过。与邓达斯一样，伯克在印度事务上花费的时间和精力比他任何其他的公

125

共事务都要多。[29] 到 1785 年，"几乎可以肯定，伯克比任何没有实际去过印度的公众人物都更了解印度"。[30] 伯克对印度的兴趣早于邓达斯。在 18 世纪 60 年代末和 70 年代初，他警告国家不要干涉东印度公司。[31] 作为辉格党罗金汉派（Rockinghamite Whig）的成员，伯克致力于限制君主权力；这包括维护东印度公司在印度的统治权（sovereignty）。1773 年，伯克甚至为罗伯特·克莱夫勋爵辩护，后者是臭名昭著的"英印富豪"，当时正因在印度的贪污和管理不善而受到攻讦。但不久之后，伯克却领导了长达十年的对孟加拉总督沃伦·黑斯廷斯类似罪名的弹劾。

然而，改变伯克对印度和东印度公司的看法的不是孟加拉的贪腐，而是在马德拉斯的腐败。1777 年，伯克得知公司的马德拉斯理事会的一些成员将不听命于他们的理事会成员停职，然后委派公司的军官，在马德拉斯总督皮戈特勋爵乘马车返回公司园亭（Garden House）的路上对他进行伏击。几个月里，皮戈特被软禁在马修·霍恩（Matthew Horne）上校的家中。他于 1777 年 5 月神秘去世。马德拉斯发生的事件戳中了伯克的痛处，因为他与皮戈特总督都效忠于同一个政治派系，即辉格党罗金汉派。当皮戈特的兄弟、海军上将休·皮戈特（Hugh Pigot）组织了一场竞选活动谋求继任马德拉斯总督时，伯克发挥了积极作用。[32]

埃德蒙·伯克的远亲、他在英格兰最亲密的老朋友威廉·伯克（William Burke），也深陷马德拉斯的丑闻。皮戈特在伦敦的支持者将威廉·伯克派往马德拉斯作为被罢黜总督的信使，但是他到得太晚了。威廉·伯克到达马德拉斯时，皮戈特勋爵已经去世了。威廉·伯克很快回到伦敦代表坦贾武尔王公（raja of Tanjore）的利益，后者的宿敌是阿尔果德的纳瓦布，他欠了东印度公司和马德拉斯商界的许多成员（马德拉斯的乔治·史密斯是他的债权人之一）大笔债务。[33] 在 1776 年政变之前，总督皮戈特曾试图让阿尔果德的纳瓦布归还从坦贾武尔王公手中夺走的土地。但马德拉斯社区中的许多成员极不欢迎这一政策。18 世纪六七十年代，和广州的行商一样，纳瓦布向马德拉斯的英国居民以高利息借了大笔钱。纳瓦布的债权人会竭尽全力地确保他持有坦贾武尔王公的土地，那里被认为是最肥沃的地区。毕竟，坦贾武尔土地的未来税收，估计有 200 万印度金币，已经被纳瓦布抵押给了保罗·本菲尔德（Paul Benfield）和其他在马德拉斯的英国私人债权人。[34]

126

马德拉斯的腐败问题让埃德蒙·伯克深感不安，以至于他"看起来几乎成了坦贾武尔的第三个代理人"。通过撰写小册子和在议会发表演讲，他和威廉·伯克设法保护坦贾武尔王公的利益。1779 年，伯克尝试了另一种策略。他获得了东印度公司 1,000 英镑的股票，确保了自己在公司的股东大会（Court of Proprietors）的投票权。股东大会是公司的最高机构，可以驳回董事会的决定。[35] 他现在"在股东大会对保罗·本菲尔德案的审议中有了发言权"。[36]

1780 年 12 月，东印度公司对保罗·本菲尔德行为和品格的可疑之处进行调查，他是东印度公司雇员、银行家、阿尔果德的纳瓦布的主要债权人。股东大会就恢复本菲尔德在马德拉斯的公司职位进行审议。为了准备审议，埃德蒙·伯克传唤马德拉斯的乔治·史密斯作证指控本菲尔德。伯克可能是通过威廉·伯克和他的新副手克劳德·拉塞尔（Claud Russell）了解到马德拉斯的史密斯的。威廉·伯克在马德拉斯的短暂停留期间结识了克劳德·拉塞尔，他碰

巧是总督皮戈特的女婿，也是马德拉斯的乔治·史密斯的前商业
伙伴。威廉·伯克被拉塞尔选为坦贾武尔王公的代理人，几年后，
当拉塞尔竞争马德拉斯总督之位时，他得到了埃德蒙·伯克的支
持。[37] 克劳德·拉塞尔可能是伯克家族和马德拉斯的乔治·史密斯
之间的牵线人。

在 1780 年回到英国之前，马德拉斯的史密斯已经深陷马德拉
127 斯政变；他掌握了有关本菲尔德和马德拉斯腐败问题的敏感信息。
在公司开始调查本菲尔德的四年前，史密斯是总督皮戈特神秘死亡
案验尸调查的陪审团主席。陪审团是在史密斯的家中碰面，认定是
有人密谋杀害了总督皮戈特。但孟加拉最高法院很快驳回了这些调
查结果，称没有足够的证据提出谋杀或过失杀人的指控。我们永远
无法知道，皮戈特这个园艺爱好者，是否因照料植物时过度曝露于
太阳下而死，是否是在周日用餐时"吃了丰盛的海龟"（显然是个
危险的菜肴）而导致死亡，或者是否有更邪恶的罪魁祸首，他可
能被纳瓦布派来的杀手下毒杀害。东印度公司的外科医生吉尔伯
特·帕斯利（Gilbert Pasley）作证，"他死于缓慢的内脏发热，肝
脏组织部分化脓，胆汁腐臭"则由曝露引起。[38]

政变发生那年，史密斯提醒驻孟加拉和伦敦的公司当局注意马
德拉斯的"麻烦"。[39]1776 年 10 月 10 日，他警告董事会：

> 我在公司的庇护下生活多年，出于对公司的责任和忠诚，
> 我向诸公致信，并希望能得到贵方善意的接纳、关注和谅解。
> 去年 8 月 24 日，一支军队控制了皮戈特勋爵本人及其政府。
> 对于在这片海岸的居留地上发生过的这场革命（如果不是叛乱

的话），我深感关切……至于皮戈特勋爵被捕的方式，我谨在此随函附上勋爵的人身保护请愿书请阁下参看。新政府的第一个行动就是将公司的拉塞尔、达尔林普尔、斯通（Stone）、莱瑟姆（Lathom）诸位先生停职……以方便或必要的名义颠覆既定的法律和政府，这充斥着对社会的不便和危险，我担心这样做更会对公司的利益造成损害，正因为此，我冒昧地将这个对它们有严重实质影响的状况通知贵方。虽然你们会被告知这项决议得到了你们居留地的普遍同意，但这种说法不是真的……一个人不能同时侍奉上帝，又侍奉财神，这是一句古老的箴言。一个人能否既服务于东印度公司，又服务于穆罕默德（Mahomet），值得你们仔细考虑。不幸的是，近来你们的许多员工都没有怀疑过这种行为是否得当。[40]

马德拉斯的史密斯所指的"穆罕默德"是阿尔果德的纳瓦布。史密斯批评的是像本菲尔德这样的公司的员工，他们不可否认地将纳瓦布及其自身的利益置于东印度公司和马德拉斯社区的利益之上。[41]

伯克一定很高兴能有马德拉斯的史密斯这样一个知识渊博且受人尊敬的盟友。他把史密斯描述为在东印度的"一个从事贸易的聪明人"。[42] 根据一份报纸对股东大会的记录，伯克提议"原马德拉斯市长乔治·史密斯先生应被要求出席大会"，"他还以君子之名担保，史密斯先生是一个对此事非常熟悉的人，他可以就此事和问询中其他必要的部分提供实质性信息；没有他的证据，案件就不可能像他所希望的那样被圆满地裁定下来"。[43] 但是本菲尔德在股东大会的朋友反对听取史密斯的证词，并以 109 票对 90 票禁止他发言。[44]

尽管马德拉斯的史密斯在股东大会的调查中一言未发，但他最终找到了一个更强大的听众：英国议会。1782 年，由埃德蒙·伯克领导的下议院印度事务特别委员会（Commons Select Committee on India）针对他们将在1783年出版的印度事务《第九报告》（Ninth Report）向史密斯问询。[45] 史密斯就马德拉斯的贸易状况和阿尔果德纳瓦布的债务问题作证。[46] 史密斯在议会质询中的参与无疑引起了亨利·邓达斯的注意。有确凿证据表明，马德拉斯的史密斯和邓达斯在18世纪80年代初在伦敦有过沟通。[47] 在史密斯1783年再次起航前往印度之前，马德拉斯的史密斯和邓达斯之间的联系已经建立起来了。

1781 年至 1791 年间，马德拉斯的史密斯从英格兰、加尔各答、孟买和广州给邓达斯写了数百页的信。[48] 他的信件多数都与印度有关。在使邓达斯相信孟买对大英帝国的重要性一事上，马德拉斯的史密斯发挥了关键作用。在某种程度上，正是由于史密斯的努力，英国政府才没有放弃在孟买的殖民地。[49]

马德拉斯的史密斯给邓达斯的大量通信不仅关乎印度，也关乎中国："这一贸易对大不列颠的国家重要性不会逃过您的法眼，也不会被尊敬的管控委员会忽视，他们毫无疑问会小心翼翼地维护英国在这一商业分支上现有的优势。现在这个贸易规模大且利润高，但在我看来，它对国家和东印度公司还有更多利处。"和广州的史密斯一样，马德拉斯的史密斯也表达了对英国对华贸易逆差的担忧。他认为东印度公司将不得不向中国定期派遣载满白银的船只

"以在现有基础上保持对中国的贸易"，因为东印度公司的印度管辖区无法独自向中国输出铸币，而且中国商人不能长期进行赊账买卖。史密斯解释说："有一件事是绝对必要的，那就是尽可能少地赊欠中国人钱，而且欠的时间越短越好。"这不是因为中国商人靠不住——恰恰相反，东印度公司经常赊欠行商——而是因为"与我们做生意的那些我们称之为商人的中间商（broker），鲜有自己的资本，而是从乡下的农民或商人那里购买我们所需要的商品，这些农民或商人把茶叶带到市场上出售"。由于行商缺乏资金，他们从农民和中间商那里赊购茶叶，"约定在一年内全部付清"。这些内地的茶农相信"英国东印度公司的自由、正直和名誉"，所以他们会等待行商偿付赊账，但等待不超过一年。在史密斯看来，茶叶贸易的活力有赖于白银源源不断地流入广州。[50]

130

马德拉斯的史密斯认为，长期以来，印度的散商在向广州输送白银和资助公司茶叶贸易方面发挥了关键作用。他们把"棉花、鸦片、锡和檀香木"运到中国，并把白银注入公司的广州财库。因此，私人贸易"值得公司大力鼓励"。在史密斯看来，公司汇票更优惠的汇率将确保英国的私人财富流入英国东印度公司的广州财库，而不是流入它通常汇往的其他欧洲国家的东印度公司。[51]

史密斯建议，通过一连串东南亚的海上基地，英国在印度和中国间的商业范围可以多种方式得到扩张。[52]在这一点上，他和同时期的苏格兰人亚历山大·达尔林普尔（Alexander Dalrymple）所见略同。达尔林普尔曾在1753年定居在马德拉斯，与史密斯大致同时，十多年来一直是东印度公司的雇员。和马德拉斯的史密斯一样，达尔林普尔与马德拉斯的总督皮戈特勋爵成了朋友，并支持总督对抗他的敌人。反过来，皮戈特总督也支持达尔林普尔在东南亚的探险和外交活动。[53] 像史密斯一样，达尔林普尔鼓励英国政府在东南亚建立海军和商业基地，以促进英国的对华贸易；他也频繁与亨利·邓达斯通信。[54] 考虑到他们所处的环境、利益和政治关系相似，很难想象马德拉斯的史密斯和达尔林普尔从未见过面。如果他们见过面，他们肯定有很多要讨论的。

达尔林普尔对婆罗洲（Borneo）和马尼拉之间的地区特别感兴趣。他在 18 世纪 60 年代亲自率领一个使团，在菲律宾巴拉望（Palawan）以南、婆罗洲最北端的巴兰万安岛（Balambangan）① 上建立了英国殖民地。相反，马德拉斯的史密斯则把注意力集中在马来半岛西岸——更具体地说，是槟榔屿（Penang Island）。1786年，另一位英国散商弗朗西斯·莱特（Francis Light）代表东印度公司宣称对该岛拥有主权，但史密斯自豪地称新殖民地也有他的功劳。他不仅在莱特宣示主权时在场（至少他是这么说的），还吹嘘在这个地方建立殖民地的想法也源于他："我拥有同时也是这个岛屿的一部分，因为我很大程度上把它看作我自己的一个孩子，因为约翰·麦克弗森（John Macpherson）爵士会为我说句公道话，承认我曾敦促他在克达（Queda）或附近以及特朗格尼（Trangany）组建殖民地，并推荐莱特先生作为最合适不过的人选来建设殖民地。"[55] 这个新的英国殖民地距离马德拉斯只有十天到十二天的路程，史密斯看到它发展的许多可能性。槟榔屿有一个良港，空间足够供整个皇家海军使用。除了它对海军的战略价值，槟榔屿还可以

---

① 又译"巴拉邦岸岛"或"巴兰邦岸岛"。

支持英国的对华贸易。该岛产锡，"可能会供应中国"。史密斯把槟榔屿的锡样品通过"瓦伦丁"（*Valentine*）号的沃尔（Wall）船长寄给邓达斯。[56] 槟榔屿对"我们在东方和中国贸易"的效用为英国对这个新殖民地的政治和军事支持提供了依据。[57]

在离马来半岛不远的地方，另一个王国引起了马德拉斯的史密斯的注意，它就是位于今天缅甸的勃固（Pegu，今写作"Bago"）。史密斯认为，征服勃固王朝是"一个非常重要的目标，因为它是通向勃固背后的中华帝国的关键，它将为英格兰的主要商品开拓一个最有利的贸易分支"。史密斯承认，"领土兼并"并非他"喜欢的目标"，但如果这是扩大中英贸易和为英国工业品打开中国市场的问题，他会支持英国在亚洲的领土扩张。[58]

然而，新殖民地必须得到适当的管理。马德拉斯的史密斯对英国在印度的新领地特别关切。他在中国和印度的丰富经验使他能够做一些比较分析，并观察到清王朝和大英帝国之间的相似之处。为此，马德拉斯的史密斯借鉴了可以追溯到马可·波罗的悠久欧洲文学传统。几个世纪以来，无数欧洲作家以不同的方式研究、想象和构建中国。在18世纪，中国和"东方"（Orient）一样，越来越多地成为一种概念工具（conceptual device），既作为一种模式，也作为可以用来比较、批判和构建英国制度和社会的陪衬。[59] 思考中国是件好事。英国的作家和哲学家，尽管不时进行批判，但在认识中国时往往带着真正的好奇和尊重。

132

然而，英国和欧洲对中国的看法在18世纪末开始转变。中国曾被视为富庶、文明、有教养和治理良好的国度，现在却越来越被认为是僵化、停滞、压迫和野蛮的。到18世纪90年代初，英国首位赴华使节马戛尔尼勋爵傲慢地将中华帝国比作"一个老迈且昏聩的一流战舰（man of war），过去的150年里，她有幸依靠着能干且警觉的官僚们的代代相承，设法漂浮不沉，仅仅凭借她的运气和表象就能震慑他们的邻居；但是，只要甲板上碰巧有一个不称职的人来发号施令，这艘船就要向纪律和安全告别了，她可能不会完全沉没，可能会像残骸一样漂流一段时间，然后在岸上摔得粉身碎骨，但她永远无法在旧船基上重建了"。[60]第一次鸦片战争后，卡尔·马克思（Karl Marx）将中国描述为一个"小心保存在密闭棺木里的木乃伊"，等待着从"与文明世界相隔绝的封闭与野蛮"中解脱出来，这样的描述应该引起了《纽约每日论坛报》（New York Daily Tribune）许多读者的共鸣。[61]

与马戛尔尼不同，马德拉斯的史密斯的态度反映出早期欧洲亲华人士的想法。史密斯建议邓达斯，英国应该以中国的帝国统治为例加以学习。他从17世纪中叶清王朝建立统治秩序的过程中吸取教训。马德拉斯的史密斯认为，英国应该允许孟加拉的土著居民保留印度教和伊斯兰教的法律和制度，而不是将英国的制度强加给他们。他的这一主张正是以清王朝中的满族人为例，史密斯将后者称为"鞑靼人"（Tartars）。他向邓达斯提供了关于鞑靼人的信息：

鞑靼人在上个世纪入主中原，在征服后不久，想方设法在被征服的地区推行他们的法律和礼仪。他们一开始要求中原人剃头，模仿鞑靼人只保留一缕头发，但这样做并不能让他们归顺，结果整个城市都被斩首削籍。但鞑靼人很快意识到，如果继续强制执行他们的命令，他们就会失去已经征服的这个国

133

家。于是，他们明智地放弃了，而是采用被征服者的法律，如今，这个庞大的帝国依然被鞑靼人统治着，他们已经平安地占据王位大约140年了。中原人这时候遵照统治者的礼仪，自愿地留起那绺他们祖先曾为此掉了脑袋的头发，顺服于他们祖先视为侮辱和奴役的象征。[62]

马德拉斯的史密斯对明清易代的描述有部分是正确的。事实上，清朝摄政王多尔衮已经撤销了他的第一道削发令，即所有中国男子必须照满人式样留头发，剃光前额，在脑后编起辫子。然而，在其幕僚的压力下，多尔衮在1645年重新颁布了这道不得人心的法令。当许多中国人——也就是汉人——选择留发不留头时，多尔衮丝毫没有让步。[63]在孔飞力看来，这项法令一直是清朝统治者政治焦虑的根源："它成了清朝皇帝用来测试臣民的一块试金石。"然而，满族人也有"能力针对居住在帝国之内亚边疆的主要非汉民族采取富有弹性的不同文化政策"。[64]清朝统治者同样尊重和维护汉人的政治和思想制度，包括有数百年历史的科举制度。[65]马德拉斯的史密斯可能夸大了清朝统治者对被征服者的宽大和仁慈，但对其统治一个庞大且文化多元的陆上帝国的能力赞誉有加。也许亨利·邓达斯是受到了启发才做了笔记。

在清代中国，马德拉斯的史密斯看到了一种英属印度应该效仿的帝国治理模式。在沃伦·黑斯廷斯于1785年辞去孟加拉总督一职后（他已在任12年），史密斯警告邓达斯允许一个总督掌权太久会有潜在危险："我认为他从政府自愿辞职不亚于放弃一个王国，甚至是一个帝国，如果他不诚实和忠诚，他可能会成功地将这个国

134

家从大英帝国分裂出来。"为了防止下一任总督拒绝放弃权力，史密斯大力主张缩短任期，并再次以中国政府为例。在中国，"皇帝总是每三年把他的总督从一个省调任到另一个省，或者把他们召回朝廷授以荣誉官衔，以防止他们在各省形成过从不当的关系"。[66] 史密斯对中国官僚政治的描述是准确的。清朝的官员不仅在帝国内频繁轮换，而且他们也被禁止在其本籍省份任职。面对英帝国最近在美洲的挫败，马德拉斯的史密斯的回应是为英国寻求成功的帝国统治模式。也许最令人惊讶的是，他并没有在罗马经典中找寻例子。相反，史密斯把目光投向了中国。

在 1783 年第二次前往印度之前，马德拉斯的史密斯向邓达斯寄送了大概是他最重要的提案，名为"谨呈检察总长（Lord Advocate）勋鉴，为在可靠且有利的基础上，建立东印度公司对华贸易，实际拥有这一最盈利的商业分支之专有权事"。[67] 马德拉斯的史密斯建议英国政府向中国派遣一个使团。这将是英国与中国的第一次正式的外交接触。

但马德拉斯的史密斯并不是第一个提出英国赴华使团的人。更准确地说，广州行商的英国债权人比他早了六年。事实上，首先就赴华使团进行游说的并不是马德拉斯的史密斯，而是广州的史密斯。英国的债权人对从广州"向北京朝廷陈情的能否真实可信"表示怀疑，于是他们想出了派遣使团的主意。他们对中国贸易的"动荡不定"深感不安，并深信"让关于中国的公共和私人事务都有一个更好且更持久的立足点是必要的权宜之计"。[68] 据广州的史密斯说，英国的债权人于 1777 年 12 月在中国碰面，讨论"立即向中国朝廷申请纾困"的可能性。广州的史密斯解释说："大家认为让代

135

表大不列颠臣民的皇冠出现就足够了；应该让国王的护卫舰从印度驻地调出，载上任何被委以此任的人；经北京五十英里内的天津港可以方便快捷地到达朝廷，平淡的故事在那里也能让人有乐观的期待"。[69] 广州的史密斯和他的同事向伦敦寄出报告，并派遣了一名代表，"以协助提供可能从地方知识中获得的信息"。[70] 十多年后的1792年，东印度船的船长约翰·罗杰斯（John Rogers）证实，"债权人们曾考虑过向北京方面提出交涉"。[71]

1778年10月，那些"在中国有金融生意"的人在商人们经常光顾的伦敦酒馆（London Tavern）举行了一次会议，启事还在《伦敦纪事报》刊登。与会者选出一个债权人委员会，包括马修·普林（Matthew Purling）、约翰·亨特、乔治·佩特森（George Paterson）、约翰·克莱门茨（John Clements）以及托马斯·雷克斯（Thomas Raikes）。除了亨特外，普林、佩特森、克莱门茨和雷克斯都在中国进行投资，并在东印度公司工作过。普林曾是东印度公司驻位于南大西洋的圣赫勒拿（St. Helena）理事会的成员，他还为理事会的同事马修·巴泽特（Matthew Bazett）以及圣赫勒拿的副督（lieutenant governor）丹尼尔·科尔内耶（Daniel Corneille）代理金融事务。[72] 托马斯·雷克斯是伦敦的兰伯尔德、查尔顿和雷克斯会计事务所的合伙人。在向中国商人追讨资金时，他还担任过四个英国债权人的法律代理人。

债权人委员会首先向东印度公司的董事们寻求帮助。据广州的史密斯说，广州的经纪们"意识到通过公司以外的任何申请都是不当的"，所以他们"谦卑地将纾困的方式和方法提交董事会高层"。然而，董事会在帮助债权人方面行动迟缓，并强烈反对向中国派遣

136

马戛尔尼大使来到中国，受到一位官员的欢迎。左侧的女性形象代表商业，她与官员之间站着的是三个帝国官兵，背景是有运河而过的城市景观。乔治·斯当东《英使谒见乾隆纪实》（*An Historical Account of the Embassy to the Emperor of China*，伦敦：约翰·斯托克代尔出版社，1797 年），卷首插图。

英国使团。[73] 债权人对公司阻挠感到沮丧，他们克服了先前的"不当"感，决定直接向英国政府寻求帮助。广州的两个消息来源确认，英国政府"被请求就这个问题向北京派遣使团，但是政府部门除了通过东印度公司什么也没做"。[74] 向中国派遣使团的想法源自广州的金融危机。

起初，债权人们的提议在伦敦并没有得到多少支持。不过，随着时间的推移，英国政府开始表现出与中国建立外交关系的兴趣。1782 年，首相谢尔本（Shelburne，

137 即威廉·佩蒂）考虑向中国派遣使团。皇家海军上尉布兰克特（Blankett）敦促他："美洲战争结束后的和平可能是尝试与日本进行贸易的合适时机，这可以纳入到阁下正在考虑的扩大中国贸易的计划中来"[75] 谢尔本担任首相期间政治动荡，这使他没有多少时间来出台他的计划。1783 年，执政 9 个月后，他下台了。现在轮到首相皮特和亨利·邓达斯向中国招手了。

邓达斯收到了马德拉斯和广州的史密斯的提案。马德拉斯的史

密斯描绘广州贸易的暗淡图景。他警告邓达斯说："我离开广州已经21年了，自那以后我们贸易的阻碍增加了21倍，大小官员的不公以及对和我们商人的勒索，已经忍无可忍。"中国的商品（甚至粮食）价格不断上涨，中外商人都不断遭到腐败官员的剥削，中国贸易"严重阻塞"。派遣使团是唯一的解决之道。他毫不含糊地敦促邓达斯采取行动："先生，在我看来，没有什么能比派遣使团更能够消除我所秉公抱怨的邪恶，我很清楚，使团将消除它们。"[76]

马德拉斯的史密斯给邓达斯提出了不少建议：赴华大使应该把英国的毛纺、军火等制成品引进中国；他应该为英国人在厦门（Amoy）、宁波以及广州的贸易争取到许可；他应该获得中国政府的担保，以支持英国和中国商人之间的所有合约协议。马德拉斯的史密斯还强烈建议大使商议英国和中国之间的"友好协约"，据此，英国将享有特惠优先待遇。如果乾隆皇帝意识到英国在南亚海上强大的军事存在，也许他会接受这一协约。如果中国的皇帝"在其海岸受到任何欧洲势力的攻击……在印度收到他的通知后，我们可以在两个月内派出足够的武装击退侵袭者"。马德拉斯的史密斯还建议英国和中国结成"攻守联盟"，以保护中国免受日益强大的俄罗斯的威胁。大使应该向皇帝解释，"英国是唯一能够挫败俄国这种意图的政权"。作为对英国支援的回报，皇帝可以出让中国岛屿中一个安全便利的港口。[77]

和马德拉斯的史密斯一样，广州的史密斯也建议邓达斯派遣使团。他提出了关于翻译的问题，并夸口他的一个俄国联络人认识一个称职的翻译。这位翻译愿意以年薪"1,200卢布工作，这样可以自己找食宿"，而史密斯本人也很乐意"亲自去俄罗斯完成与那位

138

翻译的协商，[并]把他一起带回这个国家"。广州的史密斯只要求政府支付他的几笔开支作为回报，"考虑到我将因此与我的妻儿分开这么长一段时间，想来这也不是不合理的"。[78] 广州的史密斯称他提建议不求回报。[79] 但他很清楚，英国赴华使团是他"向中国政府要求商行（hong）偿还其所欠英国债权人债务"的最好机会。[80] 广州的史密斯极力要求派遣使团。

亨利·邓达斯还从几位东印度公司的船长那里获取建议，他们中的大多数人都为了赚取私利而干劲十足地参与贸易。[81] 公司船长在东印度的私人贸易是"创新的、活跃的、广泛的和复杂的"。[82] 东印度船的船长威廉·麦金托什被选派指挥马戛尔尼访华使团一行的"印度斯坦"（Hindostam）号，他曾与邓达斯通信，并转寄了几封来自中国的翻译信件。这些信件的匿名欧洲作者极力主张政治干预："当我想到欧洲人在广州所受到的粗暴和不公正的待遇时，我感到非常不安，我相信，如果皇帝知道那些官员的欺诈和恶行的百分之一，他会把他们全都绞死，中国人所欠的400万（银元），肯定会立即清偿，如果找不到其他办法，就从国库里出，这位皇帝是如此的公正和严格，尤其是在涉及外国人的时候。"据这些匿名作者说，唯有赴华使团方能解决"居住在广州或每年来广州做生意的欧洲人所遭受的压迫和暴行，皇帝是一个正直的人，并渴望公正能照顾到每一个人，特别是对异乡人，他会立即采取适当的补救措施、严惩罪犯，除了找到方法把他们送到御前，没有别的补救方法了"。[83] 另一个东印度船船长约翰·罗杰斯表示认同："许多先生们都相信，在涉及许多人的问题上，向北京派遣使团是获得赔偿的可靠途径。"[84] 作为中国行商的债权人，罗杰斯船长在派遣使团之事上能获取个人利益。

东印度公司在伦敦的领导人则持不同看法。公司的主席认为，英国的赴华使团可能会损害他们的贸易。根据广州一位货监托马斯·菲茨休的说法，之前葡萄牙、俄罗斯和荷兰的赴华使团都失败了。英国的使团也不会例外。1787年，菲茨休警告公司的主席："中国政府自负且傲慢，蔑视所有的外国民族，对他们力量的无知使得它对自身力量充满信心。根据经验，它的力量比经常在鞑靼边境上与之交战的游牧民族更强大。我也不认为它会以任何其他的方式看待使团，除了承认其劣等。"[85]

东印度公司的领导层并没有直接反对英国拟向中国派遣使团，但却使用小伎俩加以掣肘拖延。公司的主席多次与大使查尔斯·卡思卡特（Charles Cathcart）和乔治·马戛尔尼就薪酬和使团费用问题发生口角；毕竟，是公司在买单。[86]他们还强调向中国派遣使团的危险和失败的可能性，从而让马戛尔尼感到泄气。据主席说，"使团取得成功的唯一机会乃是事先对中国人的法律、风俗和习惯有充分的了解"。[87]随着时间的推移，邓达斯意识到"董事会对这次派遣相当敌视，并宣称这可能会严重损害他们的利益"。公司的领导层极不愿承担风险。他们担心，使团可能"会让广州的官员和其他中国人猜忌"，公司可能会被中国驱逐。[88]对公司的领导层来说，在不完善的情况下维持一笔极其有利可图的生意，似乎比使情况恶化或者更糟地完全丧失这笔生意要好。生意蒸蒸日上，为什么还要冒险呢？

东印度公司的领导层还反对使团的两个重要目标，即任命英国常驻中国领事和以大不列颠王国国王的名义建立独立的商业居留地

140

（settlement）。这两个目标都潜在地威胁到了东印度公司的垄断地位，因为它们在中国创造了英国权威的另一个来源，并将广州贸易开放给更广泛的参与者。正如马德拉斯的乔治·史密斯所建议的那样，英国领事将成为英国驻中国的代表。马德拉斯的史密斯向邓达斯建议，领事应该受理公司货监和所有在中国的英国臣民的申诉；他还应享有"在任何适当的时候自由接洽两广总督的权利，并提出任何由下级官员所引发的不满，并由总督立即予以纠正"。[89]

广州的乔治·史密斯和大卫·斯科特也建议英国在中国建立永久且独立的商业居留区（establishment）。1786年，广州的史密斯建议"在中国建立一个常驻居留区"，可能是在丹麦岛（Danes Island）①，在离广州14英里的黄埔，或者在澳门。广州的史密斯认为，英国的在华居留区会带来很多优势：英国的货监将有更多的时间来处理合同，他们不用每个季度来回穿梭于广州和澳门了，他们还可以有一个仓库，用来存放"这个国家的矿石、商品、制成品，以便尽可能地扩展他们的贸易，例如锡、木材、铜和其他尚未从这个国家出口的产品"。[90]

大卫·斯科特把目光投向了澳门。在一封写给东印度公司董事们的信中（后来以小册子的形式出版），斯科特认为"葡萄牙人在澳门一无所获；如果我们公司能买下它，这将是最重要的收购"。[91]

我们故事中的第三个乔治·史密斯，即孟买的乔治·史密斯，无意间也使得亨利·邓达斯相信英国在中国急需一个独立领地。虽然他似乎从未与邓达斯有过通信往来，但有关"休斯夫人"号事件

---

① 即今天广州的长洲岛。

令人不安的报道在 1785 年传到了伦敦，这导致英国政府重新考虑"如何与清政府在国际外交层面上打交道"。[92] "休斯夫人"号事件的消息经过长途跋涉，终于让邓达斯相信，"我们的货监被剥夺了进入该国法庭以及享有其法律平等执行的权利，并且被完全置于一种破罐子破摔的沮丧状态，这与委托给他们的事务的重要性不相匹配，也几乎与文明社会不相容"。他确信避免另一场"广州战争"的最好办法是"获得一小块土地或者独立岛屿，但是要比广州更便利的地方，我们目前在广州的仓库距离我们的船只很远，这使我们无法约束公司船员或者散商们偶尔犯下的违法行为"。[93] 邓达斯指示马戛尔尼大使，新的在华居留区应以大不列颠王国的名义成立。在那里，英国人将"有权管束警察，并对我们自己的家属行使管辖权，为此，我们将赋予其权力以有效防止或惩罚我们人民的骚乱"。如果中国政府反对英国对中国人的管辖权，邓达斯也可以接受这一点，但"前提是英国臣民犯罪可以免于中国的司法审判，且如果在中英官员联合进行搜查后，任何罪犯逃脱了法律的制裁，则英国首领及其下属不应承担责任"。[94] 邓达斯清楚地认识到，对华贸易要想兴旺，英国就需要一个安全之所，让东印度公司能够在那控制和管理自己的员工以及散商。英国臣民还要求自主，并豁免于他们越发视为野蛮的中国律法。

东印度公司的主席约翰·史密斯·伯吉斯（John Smith Burges）和弗朗西斯·巴林（Francis Baring）极不愿支持使团的这些目标。与散商们不同，他们把广州的形势描绘成一幅美好图景。虽然有人已经指出"公司的员工和中国的官吏与地方长官之间存在争执"，但弗朗西斯·巴林则认为相反："他们不但没有争执，且公司认为

142

其员工同中国的地方长官、官吏和其他本地中国人的关系比以前更好了；这从贸易各方面的改善中可以明显看出来。"[95] 巴林和伯吉斯坚持认为，如果中国皇帝把领土出让给英国大使，那么"东印度公司就应在其垄断贸易的持续中获得唯一的关照和利益"。[96] 他们担心，在中国拥有一块欢迎"所有国家船只"的英国领土会破坏公司的垄断。[97] 巴林对这个问题反应强烈，以至于直到邓达斯就这个问题与公司董事会商量后，他才同意派遣使团。[98]

这样的拖延激怒了邓达斯："当你这样胡扯的时候（请恕我无法给出更好的说法），我很确信的是，其他国家在破坏使团的效果上可没浪费时间。"[99] 邓达斯、皮特和外交大臣、首相皮特的表弟威廉·温德姆·格伦维尔（William Wyndham Grenville）都清楚，他们必须小心地对待东印度公司的垄断权，因为公司的特许状（charter）到 1793 年就要续签了。他们一致认为，如果给了他们 [公司的领导层] 把柄，让他们说政府建议或推动的任何举措已证明对他们不利，这就太轻率鲁莽了。[100] 但在这件事上，邓达斯不肯让步。他指示马戛尔尼，"如果新的居留区被给予，你将以大不列颠国王的名义接受它"，而不是东印度公司。[101]

散商用信息换取优待。他们将亨利·邓达斯视为极好的盟友，因为他从多种渠道接收消息："我习惯和每一个提供印度事务消息的人进行口头和书面的交流，也因此获得一些不错，或者非常好的 [？] 东西。"[102]1786 年，邓达斯通过他在管制委员会的机要秘书威廉·卡贝尔（William Cabell）向马德拉斯的史密斯的建议表示感谢。卡贝尔给马德拉斯的史密斯写信，确认"已收到了您的几封信，并感谢您提供的有用信息"。据卡贝尔说，邓达斯曾请求史密斯继

续提供"每一项重要情报",并保证他会"优先且认真阅读"他的
来信。[103] 后来,在 1790 年 5 月,史密斯收到邓达斯的亲笔信,他
喜不自胜。[104]

在邓达斯的帮助下,散商们不仅把赴华使团提上了英国的政治
议程,而且帮助厘清了使团的目标和战略。他们的许多建议中,最
著名的是建立一个长久且独立的英国居留区,设立一个常驻的英国
领事,以及签订一份友好协约。这些都在政府给大使卡思卡特和马
戛尔尼的官方指示中有明确的表述,有的还一字不差。邓达斯还听
从了马德拉斯的史密斯的几条向乾隆皇帝赠礼的建议,指示马戛尔
尼向乾隆赠送望远镜、行星仪、地球仪、英式瓷器、绸缎和枪。具
有讽刺意味的是,其中一些赠礼在第二次鸦片战争(1856—1860)
时英军洗劫圆明园后又回到了英国人手中。[105]

和邓达斯一样,许多散商线人——广州的乔治·史密斯、马德
拉斯的乔治·史密斯、大卫·斯科特和麦金托什船长——都是苏格
兰人。和邓达斯一样,他们也寻求贸易自由和更多私人贸易的机会。
他们敦促邓达斯利用英国的国家力量对印度、东南亚和中国进行强
力干预,"使利德贺街(Leaden Hall Street)成为西方世界的亚洲
贸易中心"。[106] 利德贺街是东印度公司的伦敦所在地。散商们让
邓达斯相信,英国的赴华使团"将对整个英国的商业产生最有益的
影响"。[107] 广州的史密斯向邓达斯保证,使团会取得成功:"根据
中国政府众所周知的公平原则,可以预见代表大不列颠宫廷的顺利
交涉会产生最有益的效果。"[108]
邓达斯并不像他的散商线人们那样乐观。根据主流观点,"中
国人一般都在尽力避免与欧洲人有任何亲密的联系或往来……类似

的原则也适用于北京的朝廷"。然而，各种旅行者的报告也让邓达斯"有充分的理由相信皇帝本人是可以接近的，北京对外国人的接待恭而有礼"。邓达斯"对中国贸易的发展特别关心"，并深深被散商们的许诺所吸引。[109] 他相信，为英国商品在中国开辟新的市场，设立长期的英国驻华领事，以及在中国建立独立的商业居留区，都将有助于缔造不列颠的全球商业帝国。[110] 怀着谨慎的乐观和对中华文明的仰慕，邓达斯最终确定，"这也许是世界上最独特的民族，他们之中孕育了文明和艺术，较之他处，他们历经漫长的岁月而鲜有中断，与这样的民族自由往来，于我国大有裨益"。[111]

145

结语

三位乔治·史密斯的遗产

广州的乔治·史密斯

整个 18 世纪 80 年代到 90 年代早期，广州的乔治·史密斯一直担任亨利·邓达斯非正式的中国顾问。他提供建议和信息"并没有指望或自认为理应获得任何好处，而是认为这是每一个诚实的人的义务，应尽其所能地为自己国家的福祉做贡献"。[1] 不过，他确实索要了一些回报，而且还不是小恩小惠。广州的史密斯请求赴华大使在乾隆皇帝面前呈示英国债权人的索赔。五十来个债权人的私人金融利益几乎被提上了英国首次赴华使团的议程。

虽然少数剩下的广州行商（其余已在 1779 年的金融危机中破产）被中国官府要求承担他们破产同行的债务，并用公所基金按十年分期对英国债权人进行偿付，但中国人的偿还计划只有广州的乔治·史密斯和其他债权人索要数额的十分之一。[2] 这使得英国的债权人急于要追回剩余欠款。广州的史密斯希望英国政府能让中国政府支付行商所欠英国债权人的全部债务。[3] 他试图说服邓达斯，"中国人欠英国人的债务将对推动建立永久且稳固的对华贸易规则尤为重要"，它还会"极大地帮助大使从北京的朝廷那里得到对公司所受委屈的赔偿，并在互相尊敬的基础上进行贸易"。[4] 让英国债权人的申诉引起皇帝的注意将推动使团目标的实现，至少广州的史密

146 斯是这样认为的。他甚至主动提出"陪同使团前往北京，尽我所能提供各种服务"。[5]史密斯先生希望再到中国去，这次是作为英国首次访华使团的参与者。

邓达斯对是否干预模棱两可。他觉得"给目的明确的使团加上任何有关债务的官方指示尚且不妥"，更不用说让一个债权人跑去中国给使团当助手了。[6]同时，邓达斯一定在某种程度上又支持广州的史密斯，因为他让国家代表英国债权人进行干预有了可能。他向广州的史密斯解释道："如果你们有谁愿意在任何时候为卡思卡特上校效劳，在我的准许下，他一定会乐意从你们那里得到一切消息，凡是他力所能及且不违背其重要使命的事，他会乐意为你们去做。"[7]邓达斯也帮了史密斯一把，他将史密斯的"书面建议"转交卡思卡特大使，史密斯此前凭着这些涉及中国政府的建议获得了邓达斯的青睐。[8]在五年后筹划马戛尔尼出使中国时（卡思卡特大使于1788年死于赴华途中），邓达斯再次表达了他对债权人困境的矛盾心理。一方面，他受到东印度公司主席弗朗西斯·巴林和约翰·史密斯·伯吉斯的施压，"不要在给大使的指示中提及中国的商欠问题"。[9]因此，中国的商欠问题也就没有出现在给马戛尔尼的官方指示中。另一方面，邓达斯又不能全然对债权人的请托熟视无睹。在一封私人信件中，他指示马戛尔尼尽可能有所发现：

> 阁下的干预据称会对一些重要利益带来风险，鉴于对这些重要利益应有的重视，以及考虑到使团的费用是由东印度公司负担的，我认为以下达指令的方式向阁下提出要求，这与我的职责完全不相称。但与此同时，英国臣民的巨额财产正处于危

急关头，我不能对他们的陈情无动于衷。因此，我希望阁下在你的条件和当地境况允许且不损害任何东印度公司与中国贸易和联系时的利益的情况下，尽可能准确地了解这些交易的真实状态、中国皇帝对他们的态度以及据你判断多大程度可以使用干涉来讨回债务。我将乐于获悉你对这些详情的观察结果。[10]

147

"政府方面有意向"帮助债权人，虽然热情不大，但邓达斯无法忽视史密斯的请托。[11]虽然邓达斯不愿意让大使卡思卡特和马戛尔尼就商欠向中国皇帝交涉，但他仍然非正式地建议两位大使调查此事，并看看他们能做些什么。邓达斯选择让两位大使自行决定。广州的乔治·史密斯和其他英国债权人的命运就掌握在查尔斯·卡思卡特和五年后的乔治·马戛尔尼手中。

如果卡思卡特大使在赴华旅途中幸存下来，他可能会让乾隆皇帝注意到广州的商欠问题。在伦敦的时候，卡思卡特对债权人非常接纳。他与广州的史密斯见了面，还多次写信给他，甚至还告知他计划前往中国的确切时间。[12]卡思卡特向债权人们提议"在［首相］皮特的许可下"，他建议英国债权人委托广州的史密斯、约翰·亨特、乔治·范西塔特和尤安·劳——两个散商和两名公司员工——全权与政府交涉，并秘密地就史密斯等先生为追讨债务而制定的计划向他们在中国的代理商传达指示。[13]卡思卡特大使的努力"使得他们的案子有了眉目"。[14]

广州的史密斯感谢卡思卡特的努力，并写道，"我们欣喜且感激地接受政府的援助"。[15]在卡思卡特出发前往中国前，他也表达了感激之情："对您在为我的工作予以直接指导期间所表现出来的

148

礼待和关照，我不能不在您临行前先表示由衷的认可和诚挚的谢意。"[16]对广州的史密斯来说，不幸的是，卡思卡特没能到达中国。行至巽他海峡（Straits of Sunda），他在"维斯塔尔"（Vestal）号上早逝，年仅 28 岁，这意味着这些事都要留给下一任赴华大使马戛尔尼勋爵了。

乔治·马戛尔尼出生在爱尔兰的一个地主家庭，就读于都柏林圣三一学院（Trinity College Dublin）后，他进入到社会精英圈。他曾接受埃德蒙·伯克的一位朋友的辅导，并结交了卢梭和伏尔泰，后来与简·斯图尔特（Jane Stuart）小姐结婚，她是前首相、第三代布特伯爵约翰·斯图尔特（John Stuart）和玛丽·沃特利·蒙塔古（Mary Wortley Montagu）的女儿。[17]他的职业生涯从驻俄国外交官开始，又任爱尔兰布政大臣（Chief Secretary to Ireland），后历任格林纳达（Grenada）、多巴哥（Tobago）和格林纳丁斯（Grenadines）的总督。马戛尔尼在东印度的首次经历是在 1781 年，他被东印度公司选任为马德拉斯的总督，当时很多人认为那里是在印度最腐败的殖民地。马戛尔尼一点也不腐败。据霍尔登·弗伯说，在 1781 年到 1787 年任总督期间，他"获得了为人正直的声誉，这在整个马德拉斯管辖区的历史中鲜见"。[18]他诚实坦荡的为官声誉赢得了亨利·邓达斯对他的尊重和信任。

18 世纪 80 年代，马戛尔尼在马德拉斯工作的特殊处境，使他不大可能对广州的乔治·史密斯抱有同情。在马德拉斯，马戛尔尼已与一群债权人，即阿尔果德的纳瓦布穆罕默德·阿里·汗·瓦拉贾的债主们打过交道。1780 年，马德拉斯的金融丑闻波及甚广，以至于东印度公司决定派出一名继任总督，于是当地臭名昭著的腐败问题就留给了乔治·马戛尔尼来处理。果不其然，他的任期内充满了激烈的争端，其中一次甚至升级为与一位东印度公司陆军将领的决斗。当得知伦敦的印度事务管控委员会屈于孟加拉总督、马德拉斯债权人的说客沃伦·黑斯廷斯的压力，已经推翻了他关于纳瓦布收入的决定时，马戛尔尼深恶痛绝，辞职回到了英国。[19] 马戛尔尼任职马德拉斯总督期间可能并不愉快，但至少他比他的前任皮戈特总督做得要好。

149

　几年后，当英国政府就率领首个英国赴华使团一事与马戛尔尼接洽时，他表示怀疑。马戛尔尼拒绝成为那些想利用使团谋取私利之人的傀儡。他问秘书乔治·伦纳德·斯当东（George Leonard Staunton）："难道不是有五十个无赖蠢货，一见到乱局的迹象，就找各种关系，在不同情况下，让他们能干涉生意，然后毁掉能干且诚实之人所能获得的全部信誉，破坏掉旨在向公众提供的所有好处？"他，"或者任何一个明智的人"，都不会踏上这出使之行，"除非这次航行有着光荣且成功的光明前景"。[20]

　他最终克服了自己的踌躇。在"狮子"（Lion）号上九个月的航行中，马戛尔尼通过创作来打发时间。在他的日志的附录中，有一篇名为《关于头、贸易和商业的第一个补编》，讲述了强寇保罗（Paul Plunder）、贪夫乔治（George Grasp）、盗匪帕特里克（Patrick O'Robbery）和弑者安德（Ander MacMurder）的故事：

　他们凑在一起，合计着航行到另一个国家发财。在那里，以合法利率给当地人放贷是违法的，如果放高利贷更是双重犯罪；然而，习惯的力量和金钱的诱惑让他们甘愿铤而走险。他们在一段时间内从中国人那里拿到利率18%的债券，定期收到报酬，并为自己发现这些新的印度致富之道的睿智而沾沾自喜。然而，不是每个人都完全被贪欲所蒙蔽，他们预料的事情很快就发生了；借贷人因这种过高的利率破产，完全没有能力履行他们的约定。放贷人于是为贪婪悲愤呼号，并大声斥责破产乃欺诈之举，而他们自己却是始作俑者。他们对于目标的追求，可谓孜孜不倦却又贪得无厌，他们不会收手，除了挽回他们的损失外，他们对任何事情都抛诸脑后。他们竟敢以其君主的荣誉来为他们的丑行埋单，还请君主的舰队司令派一艘英国军舰到广州去执行他们可耻的要求。尽管他们的索求是非法的，但广州官府还是认真听取了他们的要求，从皇帝的国库中拨出相当大的一部分，用以解决商欠问题。然而，中国官府对这一情况采取了他们一贯的伎俩和政策。由于他们发现债务人的财产已尽数抄没，他们无法从债务人那里追回任何东西，所以他们决定不能再听任债权人的愚弄，而且皇帝也不应该自掏荷包偿付没有任何价值的东西。他们认为在自己的港口制定此类规则的权利不太可能有争议，所以尽管可能会遭到非议，但他们为了补偿自己，还是对广州的对外贸易额外加征关税，意图让自己的损失有所下降，实际上主要是针对英国人。当时，英国人认为这是他们陷入困境的原因，因此，几个高利贷者的这次冒险，不仅给英国人的东印度公司，而且给所有其他在广州的欧洲东印度公司带来商业上的新负担，要想摆脱这种负担可能非常困难，甚至不可能。但这还不是全部。这些放贷人不但不满足于所得，反而得寸进尺，对他们无权期待之物也眈眈

150

逐逐，竟然硬要大臣成为他们贪欲的守财奴（shylock），为他们追讨债券所有的罚款和损失。[21]

马戛尔尼既不同情"贪夫乔治"，也不同情乔治·史密斯。他批评这些"来自印度的高利贷者"的"贪得无厌"、他们对中国法律的漠视以及他们自恃有英国政府支持的大胆。他们让首相皮特和亨利·邓达斯成为"他们贪欲的守财奴"并给东印度公司带来"新的商业负担"。[22]

马戛尔尼并没有止步于此。他还执笔了一篇讽刺文章，讲述了几个中国商人请求英国国王从两名英国商人彼得·帕内拉斯（Peter Paneras）和塞缪尔·史密斯菲尔德（Samuel Smithfield）手中收回4万两白银的故事。现在故事反转了。中国的请愿者认为，既然英国政府如此慷慨地帮助强寇保罗、贪夫乔治、盗匪帕特里克和弑者安德，那么他们也可以得到同样的待遇。是什么促使马戛尔尼撰写这些故事呢？也许我们可以相信他的话，他写作"只是为了自娱自乐，为了在漫长的海上航行中打发无聊的时间"。无论出于何种动机，马戛尔尼都不会成为英国债权人的傀儡。[23]如果卡思卡特在1788年远航中国时幸存下来，英国第一任访华大使就会向乾隆皇帝呈示英国债权人的诉求。然而历史的变幻无常却是一反其道。

广州的乔治·史密斯不得不放弃在中国拿回财富的希望。然而，国会在1794年讨论的一项新破产法案至少可以让他摆脱债权人的控制。该法案名为"免除某些无力偿还债务的债务人之法案"，最初由上议院提出，于1794年5月12日在下议院宣读。史密斯希望下议院（他的两个债权人乔治·范西塔特和尤安·劳都是下议院议员）的法案可以增加一个修正案，使他的债务得以免除。

广州的史密斯向他有影响力的、"亲爱的朋友"大卫·斯科特求助。[24] 斯科特起初不愿介入此事，但史密斯唤起了他的同情："我恳求你，我的朋友，把我的信交给邓达斯先生，想想看，我是多么渴望摆脱自己的窘迫处境。"[25] 为朋友的恳求所动，斯科特最终向邓达斯建议英国政府应该帮助史密斯，并引用道："不幸的乔治·史密斯所经历的长期困苦乃是由于中国政府和我们没有法律减轻其负担（如果他在这个国家遭遇不幸，就会发生这样的事）。"[26] 斯科特把广州的史密斯描绘成"一个非常诚实的人，他有一个大家庭和闲不下来的产业"。[27] 此外，他指出，如果邓达斯支持史密斯的修正案，史密斯的债权人会在下议院提出动议。[28] 所有的人似乎都指望邓达斯。

史密斯的请愿书（petition）在下议院宣读。除了他的案件详情外，请愿书还介绍了广州贸易的总体情况。史密斯提出，如果必要，他愿意亲自在下议院的白线处（bar of the House）作证。他声称，"为了在下议院陈述我的整个案件"，他已经等待多年，他要陈述"一个简单的故事……说起来容易，但我敢说这个令人压抑的故事从来没有出现在议会，感谢上帝让我无惧于一个人或一群人的存在"。[29] 众议院决定将史密斯的请愿书提交给一个委员会；请愿书也被提交给"劳先生、弗朗西斯先生等人"，他们将于次日上午9时在议长厅开会，并"有权派人召请人员或索取文件和档案"。[30]

几天后，该委员会的报告在下议院宣读。两位前东印度公司货监、同时也是中国商人的债权人接受了质询，并确认了史密斯请愿书的真实性。[31] 几位下议院议员证实，史密斯在1782年回到

英格兰后，立即向他的债权人提交了一份账目报表。破产委员会
（Commission of Bankruptcy）的法务官（solicitor）约瑟夫·沃德
（Joseph Ward）证实，史密斯的众多债权人中，除了十三个人外，
其余都同意放弃对他的债权。几位下议院议员后来更正了沃德的陈
述；只有八个人拒绝免除史密斯对他们的债务。下议院于是要求
"报告搁置再议"。[32]

委员会的报告似乎已然被打入冷宫。史密斯的请愿书和委员会
关于该请愿书的报告似乎没有再在议会得到过正式讨论。[33]史密斯
的条款既没有被下议院纳入提交给上议院法案的任何修正案中，也
没有出现在《破产债务人法案》（Insolvent Debtors Bill）的最终草
案中，后者由两院通过并获得御准。[34]

几年后的 1798 年，广州的史密斯再次请他"最真诚的朋友"
大卫·斯科特向邓达斯呈示他的案子。对史密斯而言，不幸的是，
"无论你的案子有多么困难，绝大多数人都认为我们的法律已经过
于宽仁了……目前已经不太可能按照你的提议进行变更了"。斯科
特"对此非常抱歉，但别无他法"。[35]

1808 年 2 月 1 日，广州的史密斯在萨里郡的斯托克—吉尔福
德去世，被葬在毗邻圣约翰斯托克教堂的庭院中，史密斯家族的纪
念牌匾至今仍悬挂在那里。[36]

不过，在我们草率地断定广州的乔治·史密斯穷困而死之前，
有证据表明，事实恰恰相反，他和家人回到英格兰后过着舒适的生
活。史密斯一家能挺过这场煎熬，很大程度上要归功于史密斯的妻
子夏洛特。她和她在萨里的家族为史密斯在广州的生意失败提供了
经济上的缓冲和庇护。

夏洛特·史密斯（娘家姓佩什）带着自己的财产来到这段婚姻之中。除了从她那位生前受雇于东印度公司的亡夫詹姆斯·史密斯先生那里继承的"钻石、珍珠和珠宝"外，她还继承了 6,000 英镑的财产。[37] 当乔治和夏洛特结婚时，他们把她继承的财产委托给大卫·斯科特、乔治·穆布雷、约翰·弗格森和詹姆斯·西伯尔德（James Sibbald）管理，他们都是在印度的著名苏格兰商人，也是史密斯一家的朋友和亲戚。据大卫·斯科特说，6,000 英镑的本金在 1786 年通过东印度公司的汇票汇往英格兰。当意识到"用以养家糊口的年利息只有 233 英镑"时，西伯尔德便把本金转回印度，存放在东印度公司在孟买的财库中。在 19 世纪初，大卫·斯科特的前商业伙伴、孟买著名的棉花商亚历山大·亚当森帮助夏洛特·史密斯每年获得基于婚姻财产契约（marriage settlement）9% 的高额"印度"回报。[38]

154

根据早期现代英国的从夫原则（law of coverture），"夫妻算作一个人——丈夫——因此他们的财产是他的"。由于夏洛特是有夫之妇（femme covert，法律上受其丈夫"保护"），她与广州的史密斯结婚时所带来的财产应该立即由史密斯直接管理。[39] 通过以夏洛特的名义建立信托，史密斯夫妇将夏洛特财富的法律责任转移到史密斯的朋友和同事手中。这份信托使她"获得了一份优质且充裕的妻子所得产（jointure）①，可以规避贸易损失的风险"。[40] 寡妇再婚以保护自己的财产，这种做法并不少见。尽管英国是父权法律体系，但为了保障自己的财务并获得一定程度独立于丈夫之外的

---

① "jointure"即在结婚时就由丈夫确定好而由妻子继承的财产。

法律和经济自主权，夏洛特有可能坚持制定这种婚姻财产契约。

还有可能，史密斯利用夏洛特的信托以保护他们新家庭的资产免受乔治·史密斯生意的风险和不确定性的影响。到 1778 年，史密斯已经对广州即将到来的金融危机有了更多了解。随着夏洛特的信托建立，即使广州的史密斯破产了，他的债权人也不能触碰她那 6,000 英镑。这种金融策略在 19 世纪的中产阶级小店店主（shopkeeper）中变得越发普遍，他们中超过三分之一的人将妻子和女儿的财产委托放入信托，以保护家庭资产不受潜在债权人的侵害。商业游说者的回应是敦促立法，让已婚女性"承担部分家庭债务"。这一压力促使议会在 1870 年通过了《已婚妇女财产法》（*Married Women's Property Act*），这是一项具有历史意义的法案，赋予已婚妇女对其收入和财产更大的控制权。[41]

随夏洛特陪嫁而来的还有不动产。当东印度公司最终在 1782 年将史密斯一家逐出中国时，乔治、夏洛特和他们年幼的女儿夏洛特·埃莉诺拉和哈丽雅特·安回到夏洛特在萨里郡斯托克—吉尔福德的出生地定居。从 1791 年到 1807 年，作为萨里郡一处地产的业主和居住者，乔治·史密斯每年要缴纳 1 英镑 16 先令的土地税。1808 年，也就是史密斯去世的那一年，夏洛特·史密斯反而出现在了土地税记录中，她为一处地产支付了同样数额的税。这可能和 1793 年夏洛特的父亲约翰·佩什通过大卫·斯科特、乔治·穆布雷、亨利·布朗和莱斯托克·威尔逊（Lestock Wilson）管理的信托间接转移给夏洛特的那个地产是同一处。[42] 这些受托人显然是史密斯一家的密友和亲戚，因为史密斯夫妇的几个孩子都是以前三个人的名字取名的。财产再次以夏洛特的名义投入信托，以保护其不

155

受她丈夫生意上债务责任的影响。夏洛特的父亲约定，该地产不受乔治·史密斯的"干涉或处置，其全部或任何一部分也就不受制于债权或债务"。[43]

1808年，就在乔治·史密斯去世四个月后，夏洛特以900英镑出售了那处地产，搬到了伦敦米德尔塞克斯郡波特兰坊的覃文省街（Devonshire Street）。[44]夏洛特·史密斯的资产，加上对信托的策略性使用和关系良好的亲友之忠诚，使得史密斯一家从乔治·史密斯在中国的金融灾难和随后的破产中全身而退。史密斯夫妇"既不缺朋友也不缺钱"，故而他们一家得以幸存。[45]

尽管如此，乔治和夏洛特还是对他们的财务状况和孩子的未来前途表示担忧。夏洛特的信件都没能保存下来，但我们可以从她与大卫·斯科特的通信中搜集到她的想法和顾虑。作为一个广州的主要金融家的妻子，尽管她坚称自己"对金融事务不熟悉"，但在她丈夫生病时，她可以毫不费力地打理家庭的财务事宜，并就她的资金管理直接给斯科特写信。她生气地称斯科特管理下的6,000英镑是她婚姻财产契约的"败笔"，并抱怨这其中"掺杂着长期未结算的账目"。斯科特试图说服夏洛特正视自己的处境："你可能会对自己没能更富有而感到遗憾，但我认为，如果你看看没那么多财富的上流家庭，你会感到满足，他们要是如你这般宽裕就会感到快乐。"关于史密斯孩子们的未来，斯科特表示同情："至于没有生活保障的孩子们，我和你一样感到焦虑不安。"但他还是责怪他们的父亲乔治，因为乔治没有采纳斯科特的建议，在其儿子适龄时让他成为在孟加拉的士官生。也许史密斯夫妇的目光着眼于东印度公司的文职，而非武职。[46]

　　史密斯的孩子们最终都茁壮成长。他们的母亲在 1833 年去世，他们平分了继承的 900 英镑。夏洛特把她在波特兰坊的家，以及盘子、亚麻布、瓷器、图画、书籍、衣服和家具，都留给了女儿哈丽雅特·安和夏洛特·埃莉诺拉，她希望她们能一起住在那儿。她给另一个女儿卡洛琳·穆布雷留下了 100 英镑的年金，给她最小的儿子大卫·斯科特·史密斯总计 500 英镑。她在遗嘱中指示她的女儿们"将拥有和享有我所说的剩余财产中各自的份额，并分别由她们各自使用，且不受任何干涉、控制以及她们或她们之中已婚或将来要婚配的丈夫之债务的约束；我在此授权并允许我的女儿们，她们或她们中任何一个在不违背从夫原则的情况下，可以以她们认为合适的方式，通过契约或遗嘱对她们各自的份额进行处置"。[47] 作为一名破产商人的遗孀，夏洛特肯定急切地希望女儿们未来的夫婿不会染指她们所继承的遗产。

　　哈丽雅特·安和夏洛特·埃莉诺拉都出生在澳门，但一直未婚。从经济上来说，她们显然没有必要。哈丽雅特·安和夏洛特·埃莉诺拉都留下了遗嘱（这本身就是一项成就），说明她们不依靠男人照样过着舒适的生活。[48] 作为靠着股票、年金和投资的利息和收益生活的"债券持有人"（fund-holder），夏洛特·埃莉诺拉和哈丽雅特·安养活自己和她们兄弟的孩子们。有一段时间，哈丽雅特·安从她在母亲那里继承的米德尔塞克斯郡波特兰坊的家搬到了格洛斯特（Gloucester）的切尔滕纳姆（Cheltenham），那里是 19 世纪时髦的温泉小镇。根据 1851 年的人口普查，她在自己的家钱多斯小屋（Chandos Cottage）雇佣了两个女仆。[49]

　　1856 年，夏洛特·埃莉诺拉给她的弟弟大卫·斯科特遗赠了一笔每年可付给他 100 英镑的遗产，留下 1,000 英镑分给大卫的两个儿子，她所有的盘子和镀金属的物件留给了她的侄女，一家保险社的 29 股股份给了其他亲戚。[50] 也许最有见地的是，她就其投资管理指示她的受托人，授权他们"继续对我的财产进行现有投资，或者在他们认为适当的时候不时地进行改变，我声明，这些投资有必要限于英国的基金，但可包括外国政府的投资和东印度公司的股票"。[51]

卡洛琳·穆布雷·史密斯和路易莎·斯科特·史密斯与她们的两个姐姐不同，她们选择结婚。她们对婚姻伴侣的选择表明，史密斯一家在英格兰享有较高的社会地位。卡洛琳·穆布雷的丈夫是来自米德尔塞克斯郡伯克利广场（Berkeley Square）的爱德华·博斯科恩·弗雷德里克（Edward Boscawen Frederick）上校，他曾任英国陆军中校。[52] 路易莎·斯科特的丈夫威廉·西顿·查特斯（William Seton Charters）是东印度公司在加尔各答管辖区的首席医生。他们的婚姻一直持续到 1833 年，时年 39 岁的路易莎"在'阿默斯特勋爵'（Lord Amherst）号上遭受飓风折磨"之后身亡。她留下了三个年幼的女儿。[53]

乔治和夏洛特的四个儿子中有两个成就斐然。乔治·福代斯和乔治·穆布雷成为东印度公司驻马德拉斯军队的军官，但他们都在印度早逝。[54] 亨利·布朗是在印度服役后唯一幸存的儿子。当他在印度任职时，他母亲夏洛特"花费了不少代价为他打点"。[55] 他在东印度公司的军队中晋升到上校军衔，直到 1839 年退休，搬到布里斯托尔（Bristol），后于 1866 年去世，留下一处价值不超过 8,000 英镑的庄园。[56] 由于他到 1833 年已经非常成功了，他的母亲认为他"一切都有了"，因此也就没有必要在遗嘱中"为他做额外的准备"。[57]

亨利·布朗和妻子简·玛丽亚（Jane Maria）在马德拉斯生活期间养育了六个孩子。他们唯一的儿子莫布雷·亨利·奥克特洛尼（Mowbray Henry Ochterlony）后来成为英国女王的东印度军队的一名上尉。[58]他们的大女儿简（Jane）和她的两个姑姑夏洛特·埃莉诺拉和哈丽雅特·安一样一直未婚，在 1861 年的英国人口普查中，她同样被称为"债券持有人"。两个最小的女儿埃米莉·玛蒂尔达·简（Emily Matilda Jane）和安娜·玛丽（Anna Mary）都嫁给了东印度公司军队的军官。埃米莉·玛蒂尔达·简的丈夫——亨利·查尔斯·扎卡里·克拉里奇（Henry Charles Zachary Claridge），是马德拉斯参谋团（Staff Corps）的上校，"在马德拉斯第七掷弹兵团（Grenadiers）服役多年"。这对夫妇有七个孩子，都出生在印度的泰米尔纳德邦（Tamil Nadu）。[59]至今，英国南部海岸怀特岛（Isle of Wright）的赖德新公墓（Ryde New Cemetery）里，仍然矗立着一座"房子状"的、带有凯尔特十字架的精致坟墓，以纪念克拉里奇上校和他的妻子埃米莉·玛蒂尔达·简·克拉里奇（娘家姓史密斯），他们分别于 1899 年和 1918 年去世。[60]安娜·玛丽和她的丈夫查尔斯·塔洛克（Charles Tulloch）上尉在印度也养育了两个孩子。

乔治·史密斯和夏洛特最小的儿子大卫·斯科特·史密斯并没有走他兄长的路。相反，他留在英国，在政府掌管皇家海军的海军部（Admiralty）担任督办员。他和妻子阿梅莉亚·路易莎·黑尔（Amelia Louisa Hare）住在米德尔塞克斯的马里波恩

（Marylebone）和肯辛顿（Kensington），在一位女家庭教师和其他五个女仆的帮助下，他们在那养育了四个孩子：爱德华·福代斯（Edward Fordyce）、艾米·哈丽雅特（Amy Harriet）、夏洛特·塞西尔（Charlotte Cecil）和詹姆斯·斯图尔特（James Stuart）。[61] 当大卫·斯科特·史密斯先生去世时，他留下一处价值略低于 6,000 英镑的庄园。

马德拉斯的乔治·史密斯

和广州的乔治·史密斯一样，马德拉斯的乔治·史密斯也为家庭的未来忧心。在 1779 年离开马德拉斯返航英格兰后，乔治和他的妻子玛格丽塔·奥罗拉以及他们的孩子奥罗拉·凯瑟琳、凯瑟琳·弗朗西丝、乔治、杰迈玛·克劳迪娅和亨丽埃塔·克里斯蒂安娜在米德尔塞克斯圣马里波恩教区的上哈利街安家。这超出了史密斯早年的预期，他曾以为赚的钱只够退休后回苏格兰老家。

然而，马德拉斯的史密斯在 1782 年破产，一切就都改变了。[62] 他在 1783 年、1784 年、1786 年、1789 年和 1790 年偿付其债权人，并在咖啡馆银行（Bank Coffee-House）拍卖了他那颗"硕大的东方红宝石"，广告上说，这颗宝石"成色一等，质地完美，重达 104.75 格令（grain）"。不过，他决定摆脱破产的唯一出路是回到东印度。他的债权人允许他保留"最后财产中的一部分"，这样他可以在印度定居并尝试重获财富。[63]

1783 年，史密斯和他的妻子玛格丽塔·奥罗拉互相道别。他乘"贝斯伯勒"（Bessborough）号启航前往加尔各答，希望能"赚钱供养家里，让有前途的孩子们能过上舒适的生活"。[64] 史密斯建立了自己的"代理行和代办处"，后来迁到加尔各答柯西托拉市集（Cossitolla Bazaar）希图拉（Neemtullah）125号。[65] 在一份报纸的广告中，他向"他的朋友和公众"宣布，他的代理行继续"像往常一样办理所有的货币和商业事宜，以及在最合理条件下的各种产权转让和公证业务，注意：买卖东印度公司的纸券①需要抽取佣金"。[66] 马德拉斯的史密斯还登广告说，他在市集诚信地办理"一切货币事务、汇款和商业交易"，只要到他在市集的代办处申请，就可以买到马德拉斯、孟买和英格兰的汇票。[67] 加尔各答的报纸广告表明，马德拉斯的史密斯是一个多面手，他向社会提供各种商业服务，包括公证、代书、房产中介、代销、批发和零售、股票交易和经纪。[68]

尽管马德拉斯的史密斯的生意立足加尔各答，但他经常出海，到印度、东南亚和中国等处出差。除了锡兰岛（斯里兰卡）外，从东北部的孟加拉到西北部的孟买，他在印度海岸线的上下各处进行了广泛的贸易。他还去了苏门答腊、槟城（当时被称为威尔士王子岛）和中国。由于经常出海，他要求把给他的信寄给他的律师——马德拉斯的安德鲁·罗斯（Andrew Ross）或加尔各答的约翰·弗格森，"无论我在哪儿，他们都可以把信转交给我"。[69] 马德拉斯的史密斯与印度商人和工匠进行广泛的贸易，他声称自己掌握了"产业知识和与本土商人一样的能力"。此外，"他还根据本土重要商人的信息建立了商业权威"。[70]

160

尽管尽了最大的努力，但马德拉斯的史密斯始终未能恢复自己

---

①　即东印度公司的债券

的财富。他别无选择，只能一季又一季地起航，在印度洋和中国南海之间进行贸易。18 世纪 80 年代末，他可能已近花甲。长期奔波的生活状态使他疲惫不堪，而他又"急于养活一大家子充满希望的孩子"，因而他希望有一个"固定的住所"，以便能让孩子们都在"父母的眼皮底下"得到照看。[71] 他一再试图通过自己的讲述唤起亨利·邓达斯的同情，"为了自己和家人的生计，我想离开加尔各答，养家糊口是我必须做的，但我这辈子中，住在岸上总比在海上航行和耕耘要好"。他还希望邓达斯"广泛而有力的影响将以一种对我有利且可以信赖的方式使我在这里的事业取得成功"。[72] 在 1785 年 11 月的一封信中，他提议将阿瓦德（Awadh）作为定居地并在那儿以从事当地贸易为生，"这是一处在省内与东印度公司契约员工所视特权无关的土地"。[73] 邓达斯似乎没有回应这个请求，因此史密斯被迫继续在海上冒险。1787 年，史密斯又一次向邓达斯诉苦："我年事已高，又不幸没有工作，没有固定的生活来源，无法供养一个充满希望的大家庭。"[74]

马德拉斯的史密斯也为他唯一的儿子小乔治（George Junior）的工作问题苦恼。他不断恳求邓达斯任命小乔治为东印度公司驻孟加拉的文员。1785 年，史密斯用"很有前途"来描述他九岁的儿子，他在学校师从尊敬的曼纳里·肯辛顿·戈尔（Mannery Kensington Gore）先生。小乔治还在著名的哈罗公学校长座下受教，学习写作和商业账目。[75] 虽然史密斯明白为这样一个年少的孩子寻求文员职位似乎有些可笑，但他在信件的附录中提醒邓达斯，如果邓达斯需要先例，"我很确信，[东印度公司的] 董事们的儿子或年纪相仿的子侄会被选拔入职，关于这一点，他们会非常坦诚地提供相关情

况"。[76]1791 年，就在他去世前的几个月，马德拉斯的史密斯再次
恳求邓达斯的帮助，并向他提及"我亲爱的孩子……先生，您只要
说一句话，就会让这孩子终身受益，这是我作为父亲永远不能从记
忆中抹去的责任"。[77]

　　1793 年，他父亲去世两年后，小乔治获得东印度公司驻孟买
的文员一职。[78]他已于1791年乘坐公司商船"康沃利斯"(Cornwallis)
号去了孟加拉，直到 1795 年搭乘"曼希普"(Manship)号返回英
格兰后才得知公司任命的消息。小乔治匆忙乘船返回印度，到孟买
上任。[79]不过，他在印度的职业生涯是短暂的。1807 年，《绅士杂
志》报道了"贡土尔—瑟卡斯(Guntroa Circar)①的收税人、已故
孟加拉的乔治·史密斯先生的儿子乔治·史密斯"的死讯。[80]他把
所有的家当都留给了他的妹妹杰迈玛·克劳迪娅，她于 1797 年在
好望角嫁给了第 12 步兵团的英国陆军上尉沃尔特·鲁丁(Walter
Ruding)。[81]

　　1797 年，与杰迈玛·克劳迪娅结婚同年，乔治和玛格丽塔·奥
罗拉最小的女儿亨丽埃塔·克里斯蒂安娜，即那个在史密斯一家
同威廉·希基于 1779—1780 年间从马德拉斯返回英国的旅程中出
生在好望角的孩子，在孟加拉的贝汉布尔(Berahmpore)嫁给东印
度公司的托马斯·弗雷德里克·贝文(Thomas Frederick Bevan)先

―――――――

　　①　"Guntroa"是"Guntur"的早期写法，即印度贡土尔。"Circar"即瑟卡斯，
是克里希纳河与奥里萨邦之间印度东部沿海地区的旧称。两地相连，现同属印度安
得拉邦。1788 年，贡土尔—瑟卡斯地区被英国东印度公司控制，成为马德拉斯总督
管辖区的一部分。乔治·史密斯很有可能在那里担任过收税人(collector)的职务，
故讣告中以"收税人"称呼。

生。[82] 在 1808 年去世前，托马斯·弗雷德里克通过自己的努力在公司晋升为高级商人。[83] 这对夫妇唯一的孩子亨丽埃塔·安妮·贝文在 1803 年出生在孟加拉的贝汉布尔（又写作 Baharampur，"巴哈拉姆普尔"）。[84]

乔治·史密斯和玛格丽塔·奥罗拉的大女儿奥罗拉·凯瑟琳也住在贝汉布尔，并在那里经历过两次婚姻。她在 1792 年东印度公司陆军上尉罗宾·马克斯韦尔（Robin Maxwell）的婚姻仅维持了一年多。1793 年，她嫁给了公司的另一位军官，即陆军中校约翰·克莱森（John Clerkson），两人育有几个孩子。她的第二任丈夫于 1801 年在坎普尔（Cawnpore，又写作 Kanpur）去世，11 年后，她向东印度公司申请养老金以养活自己和她的孩子，这一申请得到了批准。这一家族于东印度公司的关系在奥罗拉·凯瑟琳与约翰·克莱森的儿子亨利·钱伯斯·克莱森（Henry Chambers Clerkson）那里得到延续。在他的外祖母玛格丽塔·奥罗拉·史密斯的支持下，17 岁的亨利·钱伯斯·克莱森申请并获准在 1812 年成为东印度公司驻孟加拉步兵团的一名士官生。[85]

史密斯家族与印度的联系以一种马德拉斯的乔治·史密斯无法想象的奇异方式继续着。1791 年，他在孟加拉去世。一年多后，史密斯的妻子玛格丽塔·奥罗拉改嫁了。这次她选择了威廉·皮特里。他是东印度公司的高级职员，曾断断续续地在 1765—1807 年在马德拉斯工作过。玛格丽塔·奥罗拉的家族，即芒罗家族，在马德拉斯根基很深，所以在史密斯一家于 1779 年去往英格兰之前，他们很可能在马德拉斯就是熟人或者是朋友。考虑到英国和印度之间航程漫长且危险，威廉·皮特里在马德拉斯和伦敦之间的往返频率惊人。[86]1791 年，他甚至还在"康沃利斯"号上护送 15 岁的小乔治（马德拉斯的乔治·史密斯的儿子）去往孟加拉。[87]威廉·皮特里看来在公司对小乔治的任命事宜上可能还发挥了一定作用，小乔治在她母亲与皮特里结婚后不久便获得了在孟买的文员职位。

　　这对新婚夫妇还生了自己的儿子小威廉·皮特里（William Petrie Jr.），他后来在孟加拉为东印度公司工作。18 世纪 90 年代在伦敦生活时，老威廉·皮特里在 1796—1802 年期间担任东雷特福德（East Retford）的议会议员，但因鲁莽投资导致的巨额债务迫使他在 1799 年回到马德拉斯重觅财富。在与马德拉斯的乔治·史密斯互相道别的 16 年后，玛格丽塔·奥罗拉又要和另一位债务缠

威廉·皮特里墓地，位于槟城乔治市诺瑟姆路公墓。图片为作者拍摄。

史密斯先生到中国：三个苏格兰人与不列颠全球帝国的崛起

身、远赴印度的丈夫告别了。[88]

在东印度的最后一段时间里，威廉·皮特里不仅担任马德拉斯的代理总督，还担任了槟城总督，直到 1816 年去世。巧合的是，就在 20 年前，为该岛唱赞歌的不是别人，正是马德拉斯的乔治·史密斯。1790 年，史密斯大力敦促亨利·邓达斯继续支持年轻的英国殖民地的发展，甚至声称对 1786 年的槟城殖民有部分功劳。马德拉斯的史密斯可曾经想过，他的妻子玛格丽塔会嫁给未来掌管那块他称之为"自己孩子"的殖民地的总督？马德拉斯的史密斯于人生的最后几年在孟加拉度过了至暗时刻，他可能很难勾画出其家族未来的成功：在伦敦的五处租赁房产、图书馆、满屋的仆人、珍珠和珊瑚珠宝、各种投资和 2,000 英镑的年金——所有这些财富都在他死后由他的妻子享有。[89]

孟买的乔治·史密斯

在三位史密斯中，孟买的乔治·史密斯在商业上最为成功。只有他得以保住自己的财富直到去世。1789 年，孟买的史密斯总算要还乡苏格兰了，他乘东印度船"温特顿"（*Winterton*）号起航，但他没能回家。

当孟买的史密斯发现自己"体力一天不如一天"时，"温特顿"号已绕过了好望角，正驶向大西洋的圣赫勒拿。随船医生威尔逊博士尽了最大的努力，但是孟买的史密斯还是在 1790 年 1 月 22 日去世了，享年 52 岁。他的死被记录在航海日志上："晚上十点半，乘客乔治·史密斯先生离开了人世，晚上 11 点半，他的遗体沉入海底。"[90] 第二天早晨，当史密斯的遗嘱被大声宣读时，"温特顿"号上的气氛无疑是阴郁的，"如其生前所愿"，他的财物"按他的指示……处置"。为了酬谢"对我费心的照料"，威尔逊博士收到了 100 个德意志克朗（German Crowns），一个"作为我的纪念物的"银色巧克力罐，以及各种饰物和玩意，包括孟买的史密斯的印章、印刷的书籍、一块小法式手表、一对手枪和一杆枪。史密斯的仆人大卫·洛克伍德（David Lockwood）除了他的工资，还收到钱、史密斯的餐布、家具、衣服、床单、寝具、一对手枪、一杆枪、一个樟木箱和一篮种子。史密斯遗赠给乔治·曼纽尔（George Manuel）中尉"一个带盖的银杯以示我的敬意"。船长乔治·邓达斯（George Dundas）收下了史密斯剩余的酒和口粮。[91]

孟买的史密斯去世时还是单身，他似乎只有一个孩子，那就是他和埃斯佩兰萨·加斯帕尔·达尔米纳在印度生下的女儿费利西娅。尽管孟买的史密斯在返航苏格兰时没有带上达尔米纳和费利西娅，但他确保女儿可以衣食无忧。这是苏格兰人和印度女人生子后的常规做法。安德鲁·麦基洛普（Andrew Mackillop）在对 1780—1790 年于马德拉斯和孟买去世的苏格兰人的遗嘱进行取样后发现，没有一个苏格兰人"准备将印度女人和他们的孩子送去欧洲"，虽然有些人会给情人和他们的子嗣留下金钱。[92] 孟买的史密斯给他的女儿留下了 1,500 英镑，准备在她结婚或满 18 岁的时候给她。无论她是先结婚还是先成年，在此之前，这笔钱将委托给孟买著名的散商亚历山大·亚当森和詹姆斯·福布斯（James Forbes）管理，他们将担任费利西娅的法定监护人。孟买的史密斯指示他们将这笔钱投资于利率 3% 的统一公债（consolidated stock）。当费利西娅

165 满 5 岁时，她每年会从这笔基金中得到不超过 50 英镑的利息。这笔钱用来供养费利西娅并支付她的教育开支。除了孩子的抚养费，史密斯在遗嘱中没有给费利西娅的母亲留下任何东西。[93]

尽管孟买的史密斯为他在印度的女儿做了准备，但他"把大部分财产分给了他的五个姐妹或她们的子嗣"。史密斯的姐妹中只有三位确认继承他的财产，所以其余的财产就像他在遗嘱中指示的那样，捐赠给了他的家乡福代斯。他指示他的遗嘱执行人，将 1,000 英镑存放在班夫（Banff）的地方法官手中，用以资助疗养院或者医院。另外有 25 英镑每年应支付给福代斯镇和教区的牧师，以增加其年度津贴。

也许最重要的是，孟买的史密斯用他在东印度的财富创办了一所学校，即后来的福代斯学院（Fordyce Academy）。他每年开出 40 英镑，延请一位熟练掌握英语和现代商务语言（法语和荷兰语）以教授会计和数学的老师驻留在福代斯，"以五年为聘期，为尽可能多的名叫史密斯的男孩们（优先考虑那些能证明与我有关系的人）授课讲学，只要我剩余财产的利息、未认领的剩余股份以及我财产被归还的部分能录取并供养这些孩子，他们每年的补贴是 25 英镑"。孟买的史密斯进一步指示，"我的姐妹们的孩子以及他们的第四代子女，无论他们叫什么名字，如果他们提出要求并证明了他们的权利，都可被录取并享有这笔奖金（它将以'乔治·史密斯奖金'为名）"。[94] 据研究福代斯学院的一位历史学家称，班夫的地方法官收到了超过 10,297 英镑的政府公债，这笔钱每年可提供大约 308 英镑用于学校运营。"乔治·史密斯奖金"从 1801—1890 年一直由班夫的地方法官管理，它为数代苏格兰男孩追随孟买的史

福代斯学院老明信片。

密斯的脚步提供了可能。[95]

　　三位史密斯先生及其家人的旅行揭示了连接英国、印度和中国的全球金融体系之内部运作，该体系依靠英国的私人资本，促进了大英帝国在亚洲的势力扩张。他们的行为和动机为研究英国首个赴华使团的策划提供了新的视角。苏格兰人在不列颠帝国中的重要性，不仅是在美洲、印度和澳大利亚，还在中国，在他们的冒险经历中得到了体现。同样，他们的旅程、信件、投资、婚姻和生活琐事也使 18 世纪世界中各种看似不相干的文化、社会、政治和经济现象——具体而言，如饮茶、移民、全球金融、社会流动性、跨文化贸易、外交和帝国扩张——之间的联系了然可见。

　　"自由贸易商的经济基础是与印度的港脚贸易，他们组成了一个规模小但特别紧密的商人共同体"，半个多世纪前，历史学家们对揭示这个共同体的起源和商业实践的可能性表示悲观。[96] 通过超越以国家和公司为中心的历史，关注"帝国的驱动者"，他们通常是"在不同边疆或疆域之外为私利行事"而默默无闻的个体或家庭，我们会以全新的视角看到帝国何以扩张以及全球化何以发生。[97] 对三位乔治·史密斯及他们与在印度和中国的亚洲精英们的经济关系之持续审视，揭示了全球商业融资的风险性方式。它还从微观经济的层面揭示了大英帝国是如何通过亚洲海域港口城市间的无数金融交易得以崛起的。这些金融关系的经济和政治影响是广泛的。三位乔治·史密斯以及和他们一样的散商所经历的冒险和遭遇改变了世界历史的进程。如果确如此言，"档案中充斥着生活在帝国东部边缘尚不为人知的故事"，那么更多这样的故事需要被讲述。[98]

167

168

乔治·史密斯大事记

马德拉斯的乔治·史密斯

约 1730 年	出生于苏格兰高地
1754 年	航行到马德拉斯
1757 年	来到中国
1765 年	在马德拉斯定居
1769 年	在马德拉斯与玛格丽特·奥罗拉·芒罗结婚
1779 年	离开马德拉斯前往英国
1783 年	返回英属印度（孟加拉）
1791 年	在加尔各答去世

广州的乔治·史密斯

约 1746 年	出生于苏格兰
1757 年	与夏洛特·史密斯（娘家姓佩什）结婚，并在孟买购置"伊丽莎"号港脚船
约 1771 年	来到中国
1782 年	被东印度公司从中国驱逐，返回英国（萨里郡）
1808 年	在萨里郡的斯托克-吉尔福德去世

孟买的乔治·史密斯

1737 年	出生于苏格兰福代斯
1757 年	移居欧洲大陆，在荷兰担任文员
1768 年	移居孟买
1784 年	担任"休斯夫人"号的货监
1789 年	离开孟买前往苏格兰
1790 年	在航途中去世

18 世纪货币换算表

1 英镑	等于	20	先令
		3	两
		10	卢比
		4	西班牙银元
		2.50	印度金币
1 西班牙银元	等于	5	先令
		0.07	两
		2.50	卢比
		0.63	印度金币
1 印度卢比	等于	2	先令
		0.33	两
		0.40	西班牙银元
		0.25	印度金币
1 印度金币	等于	8	先令
		1.20	两
		4	卢比
		1.50	西班牙银元
1 两中国银钱	等于	6	先令 8 便士
		1.39	西班牙银元
		3.06	卢布
		0.83	印度金币

资料来源：根据普理查德（Earl H. Pritchard）《早期中英关系的关键年代》（*The Crucial Years of Early Anglo-Chinese Relations*）第 103 页修订。

注 释

缩略语

BL	British Library
BLYU	Beinecke Library, Yale University Library
CUL	Cornell University Library
DRO	Durham Record Office
JRL	John Rylands Library
NAH	National Archives, The Hague
NAS	National Archives of Scotland
NLA	National Library of Australia
NLS	National Library of Scotland
NMA	Nordiska Museet Arkivet
NMM	National Maritime Museum
NRO	Northumberland Record Office
PRO	National Archives (Kew), Public Record Office
RAC	National Archives (Rigsarkivet)
SHC	Surrey History Centre
TBA	The Baring Archive

导 言

1. Mistakes regarding the identities of the three George Smiths can be found in the following works: Greenberg, *British Trade and the Opening of China*, p. 20; NLS, Handlist to Melville Papers, Mss., 1053- 61, "Letters of George Smith Member of the Bengal Council, 1785-91" (George Smith of Madras was never a member of the Bengal Council); Morse, *Chronicles of the East India Company Trading to China*, vol. 2, pp. 4-5; vol. 5, pp. 102-3 (Morse

confuses George Smith of Madras with George Smith of Canton); Mc Gilvary, *East India Patronage and the British State*, pp. 175–76 (Mc Gilvary confuses Smith of Madras with Smith of Bombay); Furber, *Henry Dundas, First Viscount Melville*, p. 49 (refers to "George Smith, a Bengal revenue offi cial"); Dermigny, *La Chine et l'Occident*, vol. II, pp. 905– 6; Van Dyke, *The Canton Trade,* p. 124 (Van Dyke repeats Morse's error); Warren, *The Sulu Zone*, pp. 41, 45–46 (Warren confuses George Smith of Madras with a Captain George Smith who was active in trade several years after Smith of Madras's death in 1791).

2. Van Dyke, "The Anglo-Dutch Fleet of Defense."

3. Wills, "Trade and Diplomacy with Maritime Europe," pp. 192–93; Chang and Farrington, et al., *The English Factory in Taiwan*, p. 11.

4. Van Dyke, *The Canton Trade*, pp. 167– 69.

5. BL Mss Eur C387/1– 4 Scattergood Papers, passim.

6. Linqua and Anqua to John Scattergood, Feb. 1, 1715/16, BL Mss Eur C387/2 Scattergood Papers; Van Dyke, *Merchants of Canton and Macao*, vol. 1, pp. 20, 75.

7. Furber, *John Company at Work*, pp. 161– 62.

8. Prakash, *European Commercial Enterprise in Pre-Colonial India*, p. 287.

9. Yang, Wu, and Deng, *Ming Qing Shiqi Aomen Wenti Dangan Wenxian Huibian*, Memorial from Governor Sun Shi Yi, 1784/12/30, Doc. 287, pp. 459– 61.

10. Andrade, "A Chinese Farmer, Two African Boys, and a Warlord"; Ogborn, Global Lives, p. 9; Finn, "Anglo-Indian Lives in the Later Eighteenth and Early Nineteenth Centuries"; Wrightson, *Ralph Tailor's Summer*, p. xii; Ward, *Networks of Empire*, p. 31. *See also* Trivellato, "Is There a Future for Italian Microhistory in the Age of Global History?"

11. Cain and Hopkins, "Gentlemanly Capitalism and British Expansion

Overseas I"; Cain and Hopkins, *British Imperialism*, pp. 68–76; Zahedieh, *The Capital and the Colonies*, pp. 28, 55–57; Mentz, *The English Gentleman Merchant at Work*, ch. 3; Webster, *Gentlemen Capitalists*, p. 21; Bowen, *The Business of Empire*, ch. 4; Bowen, "Investment and Empire in the Later Eighteenth Century."

12. There is an extremely large literature on this topic, but some of the key works include: G. Parker, *The Military Revolution*; Cipolla, *Guns, Sails, and Empires*; Pearson, "Merchants and States"; Jones, *The European Miracle*; Landes, *The Wealth and Poverty of Nations*; Mokyr, *Lever of Riches*; Hoffman, *Why Did Europe Conquer the World?*

13. Frank, *Re-Orient*; Pomeranz, *The Great Divergence*; Rosenthal and Wong, *Before and Beyond Divergence*; Parthasarathi, *Why Europe Grew Rich and Asia Did Not*; Clulow, *The Company and the Shogun*, p. 10.

14. Andrade, "Koxinga's Conquest of Taiwan in World History"; Clulow, *The Company and the Shogun*, p. 10.

15. J. Parker, "Scottish Enterprise in India"; Tomlinson, "The Empire of Enterprise"; Tomlinson, "From Campsie to Kedgerie"; Rothschild, *The Inner Life of Empires*; Cain, *The Cornchest for Scotland*; Bryant, "Scots in India in the Eighteenth Century"; George McGilvary, *East India Patronage and the Indian State*.

16. Devine, *Scotland's Empire*, p. xxvii.

17. Frederic Davy to a Friend, May 30, 1776, BLYU, Osborn c594.

18. McCarthy, *A Global Clan*; Murdoch and Grosjean, *Scottish Communities Abroad in the Early Modern Period*; Murdoch, *Network North*.

19. Devine and McCarthy, "Introduction," p. 2.

20. Grace, *Opium and Empire*; Blake, *Jardine Matheson*; Watt, *Robert Fortune*; Rose, *For All the Tea in China*; Cheong, *Mandarins and Merchants*.

21. Prakash, *European Commercial Enterprise*, p. 287; Greenberg, *British Trade*

and the Opening of China, p. 20.

22. Devine and McCarthy, "Introduction," p. 5.

23. Ward, *Networks of Empire*; Games, *Web of Empire*; Ballantyne, *Orientalism and Race*.

24. PRO, PROB 11/2243/311; PRO, PROB 11/1615/393.

25. Hall and Rose, "Introduction," p. 31. There has been much debate about the extent and nature of the empire's impact on British society. Some notable works include: Wilson, *Island Race*; B. Porter, *The Absent-Minded Imperialists*; Mackenzie, *Propaganda and Empire*; Burton, *Burdens of History*.

26. Cormack, *An Historic Outline of the George Smith Bounty*.

27. Harlow, *The Founding of the Second British Empire*, vol. 2, p. 486; Pritchard, *The Crucial Years of Early Anglo-Chinese Relations*, pp. 231–32.

第一章 茶与金融

1. See Berg, *Luxury and Pleasure in Eighteenth-Century Britain*; Berg et al., *Goods from the East*.

2. There is a growing literature on chinoiserie in early modern Britain. See Honour, *Chinoiserie*; Impey, *Chinoiserie*; Beevers, *Chinese Whispers*; Jenkins, *A Taste for China*; Sloboda, *Chinoiserie*.

3. For recent studies of the ways in which China was constructed and depicted in seventeenth- and eighteenth-century British Sinology, literature, and theater see: D. Porter, *The Chinese Taste in Eighteenth-Century England*; Kitson, *Forging Romantic China*; Markley, *The Far East and the English Imagination*; Yang, *Performing China*.

4. See Sharma, *Empire's Garden*; Gardella, *Harvesting Mountains*, p. 8.

5. Benn, *Tea in China*, p. 6; Sharma, *Empire's Garden*, pp. 30–31.

6. Sharma, *Empire's Garden*, pp. 35–37.

7. See Jordan Goodman's forthcoming book on Joseph Banks.

8. Sir Joseph Banks's letter to the deputy chairman of the East India Company, Dec. 27, 1788, BL Mss Eur D993.

9. Latham, *The Shorter Pepys*, p. 81.

10. Benn, *Tea in China*, p. 6.

11. Gardella, *Harvesting Mountains*, pp. 22–23; Benn, *Tea in China*, pp. 3– 4.

12. Gardella, *Harvesting Mountains*, p. 25.

13. Benn, *Tea in China*, pp. 5–9.

14. Gardella, *Harvesting Mountains*, p. 30.

15. Benn, *Tea in China*, p. 17.

16. Xu Guoqi as quoted in Gardella, *Harvesting Mountains*, p. 21.

17. Van Dyke, *Merchants of Canton and Macao*, vol. 1, pp. 14–16.

18. Ibid.

19. Burnett, *Liquid Pleasures*, p. 50; Mair and Hoh, *The True History of Tea*, p. 169.

20. Rappaport, *A Thirst for Empire*, p. 34.

21. Dermigny, *La Chine et l'Occident*, vol. I, p. 382.

22. Chaudhurie, *The Trading World of Asia and the English East India Company*, p. 538.

23. Cole, "Trends in Eighteenth-Century Smuggling," pp. 395– 410.

24. Shammas, "Changes in English and Anglo-American Consumption from 1550 to 1800," pp. 183– 84.

25. Cunningham, ed., *The Letters of Horace Walpole*, vol. 1, p. 224.

26. *The Gentleman's Magazine*, 1731, vol. 1, p. 37; *Read's Weekly Journal; or, British Gazetteer*, Dec. 17, 1737, issue 693; *Weekly Miscellany*, Feb. 23, 1740, issue 374; *Read's Weekly Journal; or, British Gazetteer*, Mar. 10, 1750, issue 1332; *Gazetteer and London Daily Advertiser*, Nov. 8, 1760, issue 9853; Macfarlane and Macfarlane, *Green Gold*, p. 69; Nierstrasz, "The

Popularization of Tea," p. 266.

27. Mair and Hoh, *The True History of Tea*, p. 175.

28. Burnett, *Liquid Pleasures*, pp. 52–53.

29. Shammas, "Changes in English and Anglo-American Consumption from 1550 to 1800," p. 184.

30. Hanser, "Teatime in the North Country."

31. Mackillop, "A North Europe World of Tea," pp. 297–98.

32. Carr and Walsh, "The Standard of Living in the Colonial Chesapeake," pp. 135–59.

33. Breen, "An Empire of Goods," pp. 467–99.

34. S. Smith, "Accounting for Taste," pp. 183–214.

35. W. Smith, *Consumption and the Making of Respectability*, pp. 123–24; Mintz, *Sweetness and Power*, pp. 108–22; Sheridan, *Sugar and Slavery*, pp. 18–29.

36. Macfarlane and Macfarlane, *Green Gold*, pp. 82– 86.

37. DRO, Londonderry Papers, D/LO/F/751.

38. Weatherill, *Consumer Behaviour*, p. 159.

39. Lawson, "Women and the Empire of Tea," p. 9; Weatherill, *Consumer Behaviour*, p. 189.

40. *Newcastle Gazette*, Aug. 5, 1752; Rappaport, *A Thirst for Empire*, p. 39.

41. Elizabeth Carter to Elizabeth Robinson Montagu, Jan. 31, 1759, *Letters from Mrs. Elizabeth Carter to Mrs. Montagu*, vol. 1, p. 24.

42. NRO, Grey MSS, NRO 753, Box 1 G–I, Jan. 14, 1745, Ralph William Grey of Backworth.

43. Instructions to Cathcart, Nov. 30, 1787, BL IOR G/12/90, pp. 108–28.

44. Mui and Mui, "Smuggling and the British Tea Trade," pp. 44–73.

45. Mui and Mui, "'Trends in Eighteenth-Century Smuggling' Reconsidered."

46. Mui and Mui, "Smuggling and the British Tea Trade."

47. Mui and Mui, "William Pitt and the Enforcement of the Commutation Act."

48. Rappaport, *A Thirst for Empire*, p. 46.

49. Pritchard, *The Crucial Years of Early Anglo-Chinese Relations*, p. 146.

50. Henry Dundas, "Mr. Dundas's Letter to Mr. Baring on the East-India Trade," in East India Company, *Three Reports of the Select Committee*, 1793, pp. 130– 40.

51. Letter from Court, Jan. 23, 1759, in H. N. Sinha, *Fort William–India House Correspondence*, vol. II, pp. 124–25.

52. Lord Cornwallis to Mr. Dundas, Nov. 4, 1788, NLS MS 3385.

53. Sinha, *Fort William–India House Correspondence*, vol. II, Jan. 23, 1759, pp. 124–25; vol. III, Dec. 31, 1760, p. 61; Dec. 23, 1761, p. 121.

54. Marshall, *The Making and Unmaking of Empires*, pp. 136–37; Arasaratnam, *Maritime Commerce and English Power*, pp. 2–3.

55. Arasaratnam, *Maritime Commerce and English Power*, p. 1.

56. Marshall, *Bengal*, p. 102.

57. Marshall, *East Indian Fortunes*, ch. 9.

58. Tripathi, *Trade and Finance in the Bengal Presidency*, ch. 1; Furber, *John Company at Work*, pp. 237– 40.

59. Marshall, *East Indian Fortunes*, pp. 41– 42.

60. Gurney, "The Debts of the Nawab of Arcot," pp. 38–39.

61. Marshall, *East Indian Fortunes*, pp. 70–72; Gurney, "The Debts of the Nawab of Arcot," pp. 37-53.

62. George Vansittart to Robert Palk, Aug. 14, 1772, BL Mss Eur F331/19.

63. Weiller and Mirowski, "Rates of Interest in 18th Century England"; Price, *Capital and Credit*, pp. 58–59.

64. George Vansittart to Robert Palk, Patna, Aug. 14, 1772, BL Mss Eur F331/19; Weiller and Mirowski, "Rates of Interest in 18th Century England," pp. 1–28.

65. Trivellato, "Credit, Honor, and the Early Modern French Legend of the Jewish Invention of Bills of Exchange," pp. 289–94.

66. Marshall, *East Indian Fortunes*, p. 222.

67. Morse, *The Chronicles of the Company Trading to Canton*, vols. 2, 5, passim.

68. Van Dyke and Mok, *Images of the Canton Factories*, p. xv.

69. Nov. 18, 1774, BL IOR /R/10/7.

70. BL IOR/H/411, pp. 55–79.

71. Nightingale, *Trade and Empire in Western India*, p. 24.

72. George Smith, "Narrative of the proceedings for the recovery of debts owing by the Chinese merchants to British subjects" and "General statement of debts made up to the end of the season 1787/88," July 12, 1787, BL IOR/G/12/18, pp. 91–112.

73. Captain Rogers, "Some remarks on the heavy debt now owing by the Chinese to European subjects," BL IOR/G/12/91, vol. 2.

74. Pritchard, *The Crucial Years of Early Anglo-Chinese Relations*, pp. 395, 400.

75. Quincy, *The Journals of Major Samuel Shaw,* p. 169.

76. CUL, Copies of the East India Company Records, and Other Documents Relating to China and the China Trade Prepared for Lord Macartney's Information, vol. 1, "Queries put by the court of directors to persons now in England who have served the Company in China with the answers thereto 1791–2."

77. Marshall, *East Indian Fortunes,* p. 223.

78. Nov. 30, 1779, BL IOR/G/12/67.

79. Nightingale, *Trade and Empire in Western India*, p. 23.

80. Bowen, "British Exports of Raw Cotton from India to China," p. 123.

81. Nightingale, *Trade and Empire in Western India*, pp. 16, 72.

82. Letter from Court, Jan. 10, 1787, in *Fort William–India House Correspondence*, vol. 10, pp. 205–9.

83. China Council to Court of Directors, Dec. 21, 1767, BL IOR /R/10/6.

84. James Kerr to the Court of Directors, Nov. 9, 1773, BL Mss Eur K45.

85. Thomas Fitzhugh to the Court of Directors, July 7, 1782, BL IOR E /1/71, pp. 7–10.

86. Henry Watson to Bengal Council, Mar. 29, 1781, BL IOR P/2/46, p. 182.

87. George Smith to Warren Hastings, Nov. 30, 1785, BL Add MS 29169, f. 138.

88. Thomas Fitzhugh to the Court of Directors, July 7, 1782, BL IOR E /1/71, pp. 7–10.

89. "Summary of Proceedings in the Third Session of Parliament," *The Gentleman's Magazine*, vol. 56, Part 2, pp. 967– 68.

90. CUL, Copies of the East India Company Records, and Other Documents Relating to China and the China Trade Prepared for Lord Macartney's Information, vol. 1, "Queries put by the court of directors to persons now in England who have served the Company in China with the answers thereto 1791-2."

91. Ibid.

92. Morse, *The Chronicle of the Company Trading to Canton*, vol. 2, pp. 140–41.

93. Greenberg, *British Trade and the Opening of China*, pp. 112–13.

94. Bowen, *The Business of Empire*, p. 224; Van Dyke, *The Canton Trade*, p. 159.

第二章 马德拉斯的乔治·史密斯

1. Devine, *Scotland's Empire*, p. 252.

2. For a study on the British public's reception of nabobs during the eighteenth century see: Nechtman, *Nabobs*.

3. Marshall, "The Bengal Commercial Society of 1775."

4. Marshall, *East Indian Fortunes*, p. 48.

5. Frederic [Davy] to Brother Charles, Feb. 8, 1776, Letters January 1773, 1773-1777, BLYU, Osborn c594.

6. George Smith to Robert Palk, Oct. 4, 1770, BL Add MS 34686, p. 136; Marshall, *East Indian Fortunes*, pp. 216–17.

7. Frederic [Davy] to a Friend, May 30, 1776, Letters January 1773, 1773-1777, BLYU, Osborn c594.

8. Mackillop, "Accessing Empire."

9. Catterall, "Scots along the Mass," p. 171.

10. Meijers, *News from the Republick of Letters*, p. 2.

11. Macinnes and Hamilton, *Jacobitism, Enlightenment and Empire*, p. 1.

12. Grace, *Opium and Empire*, p. 3.

13. Plank, *Rebellion and Savagery*, pp. 8-9.

14. Grace, *Opium and Empire*, p. 5.

15. Ibid., p. 6. Plank, *Rebellion and Savagery*, pp. 1–26.

16. Marshall, *East Indian Fortunes*, pp. 20–21.

17. Parmentier, *Tea Time in Flanders*; Mueller, "Scottish and Irish Entrepreneurs in Eighteenth-Century Sweden."

18. Marshall, *East Indian Fortunes*, pp. 21–22.

19. Furber, "Madras in 1787," p. 256.

20. Marshall, *East Indian Fortunes*, pp. 22–23.

21. Morse, *The Chronicles of the East India Company Trading to China*, vol. 5.

22. *Nassau*, Monday, Dec. 20, 1779, BL IOR L /MAR/B/544G-H.

23. Spencer, *Memoirs of William Hickey*, vol. 2, p. 131.

24. Marshall, *East Indian Fortunes*, pp. 218–19.

25. "The most humble petition of the British European merchants to the Supreme Emperor of China," CUL, MSS DS117, George Macartney Papers, Asia Collections, vol. 10, doc. 430.

26. Capt. Mackintosh to Mr. Dundas, Dec. 20, 1791, G/12/91 Part 1.

27. G. Vansittart to Robert Palk, Calcutta, Apr. 2, 1773, Mss Eur F331/19, pp. 72–73.

28. Marshall, *East Indian Fortunes*, pp. 28, 240– 41.

29. Frederic Davy to Charles Davy, Feb. 3– 8, 1776, BLYU, Osborn c594.

30. Tripathi, *Trade and Finance in the Bengal Presidency*, pp. 9–10; Marshall, *East India Fortunes*, pp. 246– 49.

31. Marshall, *East Indian Fortunes*, pp. 248– 49; Marshall, "The Bengal Commercial Society of 1775" ; Tomlinson, "The Only Merchant in Calcutta."

32. Prakash, *European Commercial Enterprise in Pre-Colonial India*, p. 287.

33. Frederick Davy to Charles Davy, Nov. 19, 1775, BLYU, Osborn c594.

34. McGilvary, *East India Patronage and the Indian State*, pp. 78– 83.

35. Devine, *Scotland's Empire*, p. 269.

36. Love, *Vestiges of Old Madras*, vol. 3, pp. 550–51; McGilvary, *East India Patronage and the British State*, pp. 81– 82.

37. Ibid., vol. 2, pp. 430, 456–57; vol. 3, p. 550; Dalrymple, *White Mughals*, p. 63.

38. Will of Andrew Munro, BL IOR /P/328/60, p. 147; Love, *Vestiges of Old Madras*, vol. 2, pp. 458–59; vol. 3, p. 553.

39. Will of Andrew Munro.

40. Ibid.

41. Smith to Dundas, Apr. 27, 1785, Nov. 30, 1785, Feb. 14, 1785, BL IOR / H/434.

42. BL IOR/J/1/15, pp. 241– 45.

43. Devine, *Scotland's Empire*, pp. 262– 63.

44. Smith to Bengal Council, Dec. 15, 1783, BL IOR /P/2/65, p. 151.

45. Smith to Thomas Saunders, Dec. 24, 1759, BL Add MS 34686.

46. Van Dyke, *Merchants of Canton and Macao*, vol. 1, pp. 29, 137– 47.

47. Smith to Thomas Saunders, Dec. 24, 1759, BL Add MS 34686.

48. Van Dyke, *Merchants of Canton and Macao*, vol. 1, p. 144.

49. RAC Ask 1141–55, Negotieprotocolor for Kinafarere, Dec. 20, 1759, Dec.

22, 1761, Dec. 11, 1762, Dec. 24, 1763, Dec. 7, 1764. Thanks to Paul Van Dyke for generously sharing Swedish and Danish sources with me.

50. NMA, Inkomna skrivelser G-H (volym 4), Michael Grubb to His Brother, Sept. 11, 1763, Sept. 13, 1763, Sept. 19, 1763, Oct. 9, 1763, Oct. 14, 1763, May 5, 1764; NMA, Räkenskaper, Huvudbok, 1765–1766, enskilda affärer, register; Van Dyke, *The Canton Trade*, p. 123; Van Dyke, *Merchants of Canton and Macao*, vol. 1, p. 119; Van Dyke, *Merchants of Canton and Macao*, vol. 2., pp. 43–57.

51. Mann Horner and William Rous to the Council, Aug. 18, 1764, BL IOR / R/10/5; G. Mandevile and William Harrison to Mr. Fitzhugh and Council, Aug. 8, 1764, BL IOR /R/10/5.

52. Consultations, Aug. 18, 1764, BL IOR /R/10/5.

53. Dermigny, *La Chine et l'Occident*, vol. II, pp. 905– 6. Here, Dermigny confuses George Smith of Canton with George Smith of Madras.

54. Consultations, Aug. 18, 1764, BL IOR /R/10/5.

55. Consultations, Aug. 23, 1764, and Consultations, Aug. 28, 1764, BL IOR/ R/10/5.

56. For a history of Macao see: Souza, *Survival of Empire*.

57. Puga, *The British Presence in Macau*, p. 87.

58. Consultations, Sept. 5, 1764, Sept. 11, 1764, Sept. 30, 1764, BL IOR /R/10/5; George Smith to the Council, Sept. 4, 1764, BL IOR /R/10/5, p. 72; George Smith to the Council, Sept. 9, 1764, BL /IOR/R/10/5; Consultations, Sept. 30, 1764, BL IOR /R/10/5.

59. George Smith to the Council, Sept. 17–30, 1764, BL IOR/R/10/6, pp. 73–79.

60. Council to George Smith, Sept. 18, 1764, BL IOR /R/10/6, p. 74.

61. Smith to Alexander Wynch, Mar. 6, 1773, No. 205, *Report on the Palk Manuscripts*, London, 1922, pp. 216–17.

62. Marshall, *The Making and Unmaking of Empires*, p. 142; Love, *Vestiges of Old*

Madras, vol. 3, pp. 61- 63.

63. Marshall, *The Making and Unmaking of Empires*, pp. 230-37.

64. Smith to Palk, Oct. 4, 1770, BL Add MS 34686, p. 136.

65. Love, *Vestiges of Old Madras*, vol. 3, pp. 12-14, 554; Smith to Alexander Wynch, Mar. 6, 1773, No. 205, *Report on the Palk Manuscripts*, London, 1922, pp. 216-17.

66. Smith to Palk, Oct. 4, 1770, BL Add MS 34686.

67. Mentz, *The English Gentleman Merchant at Work*, p. 216.

68. Dalrymple, *White Mughals*, pp. 48-51.

69. Smith to Palk, May 7, 1768, No. 48, *Report on the Palk Manuscripts*, London, 1922, pp. 73-74.

70. BL IOR/N/2/1, f. 321.

71. Mentz, *The English Gentleman Merchant at Work*, p. 250.

72. Smith to Palk, Oct. 4, 1770, BL Add MS 34686, p. 136.

73. BL IOR/N/2/1, p. 372; BL IOR /J/1/15, p. 243; BL IOR /N/2/1, p. 389; BL IOR/N/2/1, p. 348.

74. Quincy, *The Journals of Major Samuel Shaw*, pp. 281- 82.

75. Mentz, *The English Gentleman Merchant at Work*, p. 254.

76. Love, *Vestiges of Old Madras*, vol. 3, pp. 61- 63.

77. Ibid., p. 60.

78. Mentz, *The English Gentleman Merchant at Work*, p. 254.

79. Quincy, *The Journals of Major Samuel Shaw*, p. 282.

80. Spencer, *Memoirs of William Hickey*, vol. 2, pp. 217-18.

81. Charles Smith to Culling Smith, Jan. 24, 1767, Charles Smith Papers, BL Mss Eur E340/2.

82. Love, *Vestiges of Old Madras*, vol. 3, p. 118; Spencer, *Memoirs of William Hickey*, vol. 2, p. 194.

83. Mentz, *The English Gentleman Merchant at Work*, p. 243.

84. Smith to Palk, Oct. 4, 1770, BL Add MS 34686.

85. Ibid.

86. Bassett, *The British in South-East Asia*, p. 72.

87. Furber, *John Company at Work*, p. 234.

88. George Smith to Robert Palk, May 7, 1768, No. 48, *Report on the Palk Manuscripts*, London, 1922, pp. 73–74.

89. Bassett, *The British in South-East Asia*, p. 73.

90. Drummond, "Monckton, Hon. Edward (1744–1832), of Somerford Hall, Staffs."

91. Bassett, "British 'Country' Trade and Local Trade Networks in the Thai and Malay States," pp. 625– 43.

92. Bassett, *The British in South-East Asia*, p. 73.

93. Aug. 30, 1772, BL IOR /R/10/9.

94. Governor and Council of Fort St. George to China Council, July 24, 1771, BL IOR/R/10/7, p. 35.

95. John Crichton to Canton Council, Oct. 12, 1769, BL IOR /R/10/7; Mr. Crichton and Dalrymple to Canton Council, Dec. 30, 1771, BL IOR / R/10/7. *London Chronicle*, Saturday, Dec. 21, 1782, issue 4067; *Morning Herald and Daily Advertiser* (London), Saturday, Feb. 1, 1783, issue 706; *General Evening Post* (London), Tuesday, May 23, 1786, issue 8200; *General Evening Post* (London), Saturday, June 14, 1788, issue 8516; *London Gazette*, Saturday, Jan. 22, 1791, issue 13276.

96. Canton Council to the Court of Directors, Nov. 20, 1769, BL IOR /R/10/7.

97. John Crichton to the Canton Council, Oct. 12, 1769, BL IOR /R/10/7, p. 43.

98. Canton Council to the Court of Directors, Nov. 20, 1769, BL IOR /R/10/7, pp. 49–51.

99. Consultation, Aug. 24–Oct. 1, 1775, BL IOR /R/10/8.

100. Mr. Crichton and Dalrymple to Canton Council, Dec. 30, 1771, BL IOR /

R/ 10/7; Marshall, *East Indian Fortunes*, p. 227.

101. George Smith of Madras to Robert Palk, Oct. 4, 1770, Add Mss 34686, p. 136.

102. Governor and Council of Fort St. George to the China Council, July 10 and July 23, 1773, BL IOR /R/10/7; Governor and Council of Fort St. George to the China Council, Aug. 1, 1774, BL IOR /R/10/7; George Smith to the Bengal Council, Dec. 15, 1783, BL IOR /P/2/65, p. 151; Crichton and Dalrymple to the China Council, Dec. 30, 1771, BL IOR /R/10/7, p. 90.

103. Smith to Palk, Oct. 4, 1770, BL Add MS 34686, p. 136.

104. Hellman, "Navigating the Foreign Quarters," pp. 147- 48.

105. NMA, Utgåebde brev Brevkopieböker (volym 1B), Michael Grubb to George Smith, Nov. 29, 1765; NMA, Inkomna skrivelser G-H (volym 4), Letter from Michael Grubb to his Brother and Friend, Sept. 13, 1753.

106. Marshall, *The Making and Unmaking of Empires*, pp. 136- 46; Arasarat nam, *Maritime Commerce and English Power*, pp. 3, 7; Marshall, *Writings and Speeches of Edmund Burke*, vol, 5, pp. 553–56.

107. Charles Smith to Culling Smith, Jan. 24, 1767, Charles Smith Papers, BL Mss Eur E340/2; NMA, Inkomna skrivelser G-H (volym 4), Letter from Jacob Hahr a Country Gentleman, May 13, 1767.

108. Charles Smith to Culling Smith, Jan. 24, 1767, Charles Smith Papers, BL Mss Eur E340/2.

109. George Smith to Robert Palk, May 7, 1768, No. 33, *Report on the Palk Manuscripts*, London, 1922, pp. 73–74.

110. Crichton and Dalrymple to the China Council, Dec. 30, 1771, BL IOR / R/10/7, p. 90; Cheong, "The Decline of Manila as the Spanish Entrepôt in the Far East."

111. Cheong, "Changing the Rules of the Game." This was during Smith of Madras's second stint in India. Between 1783 and 1791 he lived in Bengal.

112. George Smith to Robert Palk, Oct. 30, 1767, No. 33, *Report on the Palk Manuscripts*, London, 1922, pp. 53–54.

113. Bassett, "British 'Country' Trade and Local Trade Networks in the Thai and Malay States."

114. Bassett, *The British in South-East Asia*, pp. 74– 85.

115. George Smith to Robert Palk, Oct. 30, 1767, No. 33, *Report on the Palk Manuscripts*, London, 1922, pp. 53–55.

116. J. Parker, "Scottish Enterprise in India."

117. Smith to Palk, Oct. 30, 1767, No. 33, *Report on the Palk Manuscripts*, London, 1922, pp. 53–55.

118. Nassau, BL IOR L /MAR/B/544G-H.

119. Marshall, "William Hickey."

120. Spencer, *Memoirs of William Hickey*, vol. 2, pp. 204–5.

121. Ibid., pp. 205–7.

122. Nassau, BL IOR L /MAR/B/544G-H; Spencer, *Memoirs of William Hickey*, vol. 2, pp. 213–15.

123. Spencer, *Memoirs of William Hickey*, vol. 2, pp. 217–18.

124. Ibid., pp. 221–22.

125. George Smith to Robert Palk, Feb. 1, 1773, No. 198, *Report on the Palk Manuscripts*, London, 1922, pp. 213–14.

126. Smith to Dundas, Apr. 15, 1786, BL IOR /H/434.

127. *London Gazette*, Feb. 16–19, 1782, issue 12271.

第三章　广州的乔治·史密斯

1. BL IOR/H/411, pp. 55–79.

2. SHC Guildford HT Baptisms and Burials 1558–1783, SHC GUHT1/1–2; SHC Guildford St. Mary Baptisms and Burials 1698–1753 GUM/1/3; SHC Guildford St. Mary Baptisms and Burials 1755–1812 GUM/1/4.

3. PRO, PROB 11/1513/130; PRO, Duties Paid on Apprentices' Indentures, IR1/22, Aug. 18, 1759.

4. BL IOR/L/MAR/B/482G; BL IOR/N/1/5, 1797-1801, f. 64; BL IOR / D/156, 1802, ff. 229-30; BL IOR /D/157, 1803, f. 248; BL IOR /E/1/55, Apr, 11, 1771, ff. 368-369v; Hodson, *List of the Officers of the Bengal Army*; Farrington, EIC Register, India Office List, Indian Army List, Savannah 2012.

5. Will of Joseph Smith, BL IOR/P/416/98, p. 3a; Bombay Proceedings, June 28, 1779, BL IOR /P/417/37, pp. 676- 80.

6. Bombay Proceedings, June 28, 1779, BL IOR /P/417/37, pp. 676- 80; BL IOR/ N/3/3, p. 362.

7. Burke, *The General Armory of England, Scotland, Ireland, and Wales*, p. 785.

8. J. Smith, *The Heraldry of Smith in Scotland*; Burke, *A Genealogical and Heraldic History of the Landed Gentry*, vol. 1, pp. 1487- 88.

9. Spencer, *Memoirs of William Hickey*, vol. 1, p. 218.

10. Quincy, *The Journals of Major Samuel Shaw*, pp. 163, 241- 42.

11. Nightingale, *Trade and Empire in Western India*, p. 24.

12. Letter Book of David Scott, BL IOR /H/731, pp. 125, 191-92, 135-36, 200, 206-7; Bombay Proceedings, June 28, 1779, BL IOR /P/417/37, pp. 676- 80; SHC BR/T/1266/7.

13. Love, *Vestiges of Old Madras*, vol. 3, pp. 137, 229, 370, 402, 424, 537, 554-56, 568.

14. PRO, PROB/11/1700/378, Will of George Moubray.

15. Anglican Parish Register, Woking, Surrey: England, SHC, 1764-1803.

16. Spencer, *Memoirs of William Hickey*, vol. 1, pp. 197-98.

17. Van Dyke, *The Canton Trade*, pp. 103- 4.

18. Van Dyke, "Floating Brothels and the Canton Flower Boats"; Spencer, *Memoirs of William Hickey*, vol. 1, pp. 198-200.

19. Spencer, *Memoirs of William Hickey*, vol. 1, pp. 198-99.

20. Bulley, *Free Mariner*, p. 73.

21. Spencer, *Memoirs of William Hickey*, vol. 1, pp. 201–2; Bulley, *Free Mariner*, p. 73.

22. John McQueen, 1757–59, BL Mss Eur D675.

23. Bulley, *Free Mariner*, p. 73.

24. Bulley, *Free Mariner*, pp. 78–79, 175; Spencer, *Memoirs of William Hickey*, vol. 1, pp. 201, 209; John McQueen, 1757–59, BL Mss Eur D675.

25. See Richard, "Uncovering the Garden of the Richest Man on Earth in Nineteenth-Century Canton."

26. Bulley, *Free Mariner*, p. 175.

27. Van Dyke, *Merchants of Canton and Macao*, vol. 2, pp. 61– 66.

28. Spencer, *Memoirs of William Hickey*, vol. 1, pp. 223–24.

29. Van Dyke, "The Shopping Streets of Canton in the Foreign Quarter at Canton."

30. M. Mok, "Trading with Traders"; Van Dyke and Mok, *Images of the Canton Factories*, p. xxi; Conner, *The Hongs of Canton*, p. 2.

31. Nov. and Dec. 1772, BL IOR /R/10/9; Jan. 22, 1773, BL IOR /R/10/9; Nov. 18, 1774, BL IOR /R/10/7; Nov. 9, 1776, BL IOR/G/12/59; Feb. 1777, BL IOR/G/12/61; Nov. 1777, BL IOR/G/12/62; Jan. 22, 1779, BL IOR/G/12/64.

32. Aug.-Oct. 1775, BL IOR /R/10/8; Oct. 16, 1779, BL IOR/G/12/68; Jan. 15, 1779, BL IOR/G/12/64; Jan. 15, 1779, BL IOR /R/10/8.

33. Nov. 17, 1775, BL IOR /R/10/8; Aug. 23, 1775, BL IOR /R/10/8.

34. Sept. 27–Oct. 1775, BL IOR/G/12/58; Aug. 1, 1774, BL IOR /R/10/7.

35. Aug. 23, 1775, BL IOR /R/10/8.

36. Dec. 31, 1775, BL IOR /R/10/8; Aug. 23, 1775, BL IOR /R/10/8; Sept. 1, 1775, BL IOR/G/12/58; Nov. 17, 1775, BL IOR /R/10/8; Dec. 31, 1775, BL IOR/R/10/8; Jan. 1, 1776, BL IOR /R/10/8.

37. Aug. 25, 1775, BL IOR /R/10/8; Jan. 1, 1776, BL IOR /R/10/8; Dec. 4, 1775,

BL IOR/R/10/8; BL IOR /H/411, pp. 55–79.

38. BL IOR/H/411, pp. 55–79; Aug. 24, 1775, BL IOR/G/12/58.

39. Jan. 29, 1779, NAH, Canton 88. Thanks to Paul Van Dyke for sharing and translating this reference; Bombay Proceedings, June 21–28, 1779, BL IOR/ P/417/37, pp. 645–54, 676– 80.

40. Bombay Proceedings, June 28, 1779, BL IOR /P/417/37, pp. 683– 84; Bombay Proceedings, May 17, 1779, BL IOR /P/417/37, p. 522.

41. Bulley, *Bombay Country Ships*, pp. 182, 187, 200–202.

42. George Smith to the Company Supercargos, Jan. 19, 1779, BL IOR /R/10/8.

43. BL IOR/H/411, pp. 55–79.

44. Feb. 3, 1781, BL IOR/G/12/20ff. 300–301.

45. Feb. 17, 1781, BL IOR/G/12/20, ff. 304–5; Feb. 26, 1781, BL IOR/G/12/20, f. 306.

46. Feb. 26, 1781, BL IOR/G/12/20, f. 306.

47. Apr. 7, 1781, BL IOR/G/12/20, f. 307.

48. Nov. 10, 1781, BL IOR/G/12/20, ff. 308–9.

49. Ibid.

50. Nov. 26, 1781, BL IOR/G/12/73; Jan. 2, 1782, BL IOR/G/12/73.

51. Feb. 10, 1781, BL IOR/G/12/20, ff. 302–3.

52. SHC Guildford HT Baptisms and Burials 1558–1783, SHC GUHT1/1–2; SHC Guildford St. Mary Baptisms and Burials 1698–1753, SHC GUM/1/3; SHC Guildford St. Mary Baptisms and Burials 1755–1812 GUM/1/4.

53. Dec. 31, 1781, BL IOR/G/12/73; Jan. 22, 1782, BL IOR/G/12/75; BL IOR L / MAR/B/319B.

54. Sept. 24, 1782, BL IOR L /MAR/B/319B.

55. Oct. 1782, BL IOR L /MAR/B/319B.

56. *Journals of the House of Commons*, May 12, 1794, vol. 49, pp. 585– 86.

57. Hoppit, *Risk and Failure in English Business*, p. 41.

58. Smith to Cathcart, Nov. 16, 1787, BL IOR/G/12/90, p. 39; *Journals of the House of Commons*, May 12, 1794, vol. 49, pp. 585– 86.

59. *Journals of the House of Commons*, May 12, 1794, vol. 49, pp. 585 – 86.

60. Ibid.

61. Ibid.; Hoppit, *Risk and Failure in English Business*, pp. 35–36.

62. John Crichton's letter to the Hoppo, July 8, 1779, BL IOR G /12/68.

63. Hoppit, *Risk and Failure in English Business*, p. 36.

64. Ibid.

65. John Crichton's letter to the Hoppo, July 8, 1779, BL IOR G /12/68.

66. Smith to Dundas, May 7, 1794, NLS MS 1069, ff. 100–101.

67. Ibid.

68. *London Chronicle*, Saturday, Dec. 23, 1782, issue 4067.

69. Ibid.; *Public Advertiser* (London), Wednesday, Feb. 5, 1783, issue 15191; *London Chronicle, Saturday*, Feb. 8, 1783, issue 4088; *London Chronicle*, Saturday, Mar. 15, 1783, issue 4110; *Morning Chronicle and London Advertiser*, Saturday, Mar. 22, 1783, issue 4320.

70. *London Gazette*, Saturday, May 10, 1783, issue 12439.

71. *London Gazette*, Tuesday, July 6, 1784, issue 12558; *Morning Chronicle and London Advertiser*, Monday, May 16, 1785, issue 4993; *General Evening Post* (London), Tuesday, May 23, 1786, issue 8200; *London Gazette*, Tuesday, July 4, 1786, issue 12766; *London Gazette*, Saturday, Apr. 14, 1787, issue 12847; *General Evening Post* (London), Saturday, June 14, 1788, issue 8516; World (London), Monday, Nov. 23, 1789, issue 899; *London Gazette*, Tuesday, Oct. 26, 1790, issue 13249; *London Gazette*, Saturday, June 18, 1791, issue 13318.

第四章　金融危机

1. Wong, "Global Positioning," p. 105; Van Dyke, *Merchants of Canton and Macao*, vol. 1, p. 19.

2. Wong and Rosenthal, *Before and Beyond Divergence*, p. 161.

3. George Smith of Canton to Company Supercargos, Nov. 17, 1775, BL IOR/ R/10/8.

4. Grant, *The Chinese Cornerstone of Modern Banking*, pp. 33, 99.

5. Van Dyke, *Merchants of Canton and Macao*, vol. 1, pp. 17–19, 221–22; Memorial of Viceroy of Guangdong and Guangxi, Jueluo Bayansan, and Guangdong Superintendent of Customs, Tu Ming-a, to the Qianlong Emperor, *Qinggong Yue Gang Ao Shangmao Dang'an Quanji*, vol. 5, Doc. 501, pp. 2688–2700, Qianlong 45th year, 10th month, 26th day; Li Zhi-ying and Tu Ming-a's Memorial to the Qianlong emperor, 45/04/12, Taipei Palace Museum, Taipei, Taiwan, Junjichu Dang Zhejian, 26992.

6. Chen, *The Insolvency of the Chinese Hong Merchants*, p. 184; Captain Rogers, "Some remarks on the heavy debt now owing by the Chinese to European subjects," BL IOR/G/12/91, vol. 2; Jing, "Legislation Related to the Civil Economy in the Qing Dynasty"; "The Fooyuern and Hoppo's answer to Sir Edward Vernon's letter concerning the debts," in Consultation, Nov. 10, 1779, BL IOR/G/12/68; Consultation, Apr. 7, 1780, BL IOR/G/12/68.

7. Van Dyke, *Merchants of Canton and Macao*, vol. 1, p. 17.

8. Consultation, Oct. 7, 1779, BL IOR/G/12/66.

9. Captain Rogers, "Some remarks on the heavy debt now owing by the Chinese to European subjects," BL IOR/G/12/91, vol. 2.

10. Grant, *The Chinese Cornerstone of Modern Banking*, pp. 93–101.

11. Van Dyke, *Merchants of Canton and Macao*, vol. 1, pp. 17–18, 220; Chen, *The Insolvency of the Chinese Hong Merchants*, p. 218.

12. Consultation, Oct. 7, 1779, BL IOR G/12/66.

13. Van Dyke, *The Canton Trade*, pp. 20–21. Van Dyke adds that complaints might be brought to the attention of the Hoppo while he measured ships at Whampoa. A European might also deliver a document in person to the

sentry at the Yaoulan city gate, although this method was inconvenient and time-consuming.

14. "Debt due from Chinese merchants to Englishmen," Warren Hastings Papers, BL Add MS 29210, f. 343; "Letter from Capt. Mackintosh to Mr. Dundas dated 20th December 1791 enclosing a plan for obtaining a redress of the grievances and oppressions of Europeans at Canton," BL IOR G/12/91, vol. 1.

15. CUL, Copies of the East India Company Records, and Other Documents Relating to China and the China Trade Prepared for Lord Macartney's Information, vol. 10, Consultation, Aug. 7 and Sept. 5, 1755.

16. Van Dyke, *Merchants of Canton and Macao*, vol. 1, p. 130.

17. "Debt due from Chinese merchants to Englishmen," Warren Hastings Papers, BL Add MS 29210, f. 343.

18. Consultation, Oct. 16, 1779, BL IOR/G/12/68.

19. Memorial of Li Zhi-ying and Tu Ming-a to the Qianlong Emperor, 45/04/12, Taipei Palace Museum, Taipei, Taiwan, Junjichu Dang Zhejian, 26992.

20. Van Dyke, *Merchants of Canton and Macao*, vol. 1, p. 17.

21. Consultation, Oct. 16, 1779, BL /IOR/G/12/68.

22. Extract letter from the Select Committee at Canton to the EIC: outstanding debts, with an abstract of sums owed by the Hong merchants, Jan. 15, 1780, BL IOR/G/12/19, ff. 30–38; F. Baring and J. Smith Burges to Henry Dundas, July 25, 1792, BL IOR/G/12/91, vol. 2.

23. "Debt due from Chinese merchants to Englishmen," Warren Hastings Papers, BL Add MS 29210, f. 343; Letter from Matthew Raper to John Raper, Feb. 20, 1778, CUL, MSS DS117, George Macartney Papers, Asia Collections, vol. 2, Doc. 6.

24. Cheong, *Hong Merchants of Canton*, pp. 246–47.

25. Memorial of Li Zhi-ying and Tu Ming-a to the Qianlong Emperor, 45/04/12,

Taipei Palace Museum, Taipei, Taiwan, Junjichu Dang Zhejian, 26992.

26. John Crichton's letter to the Hoppo, July 8, 1779, BL IOR/G/12/68.

27. George Vansittart and Ewan Law to the Court of Directors, Nov. 1, 1783, BL IOR/E/1/73, ff. 400– 405.

28. Letter Books of George Vansittart, BL Mss Eur F331/19–21.

29. Killican to Graham, Dec. 5, 1784, NAS, GD 2061/24.

30. This was the same Killican of the Bengal Agency House for whom the young Ralph Davy had gone to work in 1775.

31. NAS GD 2061, passim. Both Dacres and Crommelin were born in Bombay and came from Huguenot families. It appears that they were brothers-in-law. See: Richard Pugh, "Charles Crommelin (1717–1788): A Governor of Bombay," Crommelin Family Foundation, http://www.crommelin.org/ history/ Biographies/1763CharlesRussel/02-CharlesGovOfBombay.htm.

32. Killican to Graham, Oct. 30, 1780, NAS GD 2061/20; Feb. 13, 1779, NAS GD 2061/16a; Apr. 23, 1778, NAS GD 2061/14a; Sept. 17, 1777, NAS GD 2061/11.

33. Grant, *The Chinese Cornerstone of Modern Banking*, p. 112; Van Dyke, *Merchants of Canton and Macao*, vol. 1, pp. 128–30.

34. "Debt due from Chinese merchants to Englishmen," Warren Hastings Papers, BL Add MS 29210, f. 343.

35. George Smith of Canton to Company Supercargos, Nov. 17, 1775, BL IOR/ R/10/8.

36. Matthew Raper to John Raper, Feb. 20, 1778, CUL, MSS DS117, George Macartney Papers, Asia Collections, vol. 2, doc. 6.

37. John Crichton's letter to the Hoppo, July 8, 1779, BL IOR/G/12/68.

38. John McIntyre to his wife [Kattie], Canton, Feb. 25, 1779, BL Mss Eur F558.

39. Smith of Bombay also loaned money to Chinese merchants at 18 percent annual interest, although his bonds to Geowqua and Pinqua are dated

December 1, 1787, so they may have been made after the financial crisis in Canton. PRO, Prob 11/1198/107.

40. George Smith to Thomas Saunders, Dec. 24, 1759, and Jan. 26, 175?, BL Add MS 34686, pp. 1–2.

41. George Smith to Robert Palk, Oct. 2, 1770, BL Add MS 34686, p. 136.

42. Consultation, Oct. 16, 1779, BL IOR/G/12/68.

43. George Smith, "Narrative of the proceedings for the recovery of debts owing by the Chinese merchants to British subjects" and "General statement of debts made up to the end of the season 1787/88," July 12, 1787, BL IOR/G/12/18, ff. 91–112; Consultation, Mar. 18, 1780, BL IOR G/12/68.

44. Smith, Crichton, and Hutton to the Fooyuern and Quanpoo, Apr. 11, 1780, BL IOR G/12/68.

45. Leslie to the Company Supercargos, Nov. 10, 1777, BL IOR/G/12/60; Dec. 14, 1773, BL IOR /R/10/7; Nov. 10, 1777, BL IOR/G/12/60; Company Supercargos to Leslie, Oct. 5, 1778, BL IOR /R/10/8.

46. Morse, *The Chronicles of the East India Company Trading to China*, vol. 5, pp. 161– 62.

47. PRO, PROB 11/973/225.

48. Letter 104, Petition of Thomas Hutton to the Court, BL IOR/E/1/71, ff. 232–233v.

49. Pugh, "Charles Crommelin"; Extract of the general letter from Bengal, Oct. 23, 1783, BL IOR H/219; BL IOR H/24, p. 116.

50. BL IOR J/1/2, f. 358; John Crichton's letter to the Hoppo, July 8, 1779, BL IOR/G/12/68; PRO, Will of Robert Gordon, PROB 11/073.

51. Abraham Leslie, Thomas Hutton, John Crichton, Charles Gordon, and George Smith, "The most humble petition of the British European merchants to the Supreme Emperor of China," CUL, MSS DS117, George

Macartney Papers, Asia Collections, vol. 10, doc. 430.

52. Li Zhi-ying and Tu Ming-a's Memorial to Emperor Qianlong, 45/04/12, Taipei Palace Museum, Taipei, Taiwan, Junjichu Dang Zhejian, 26992.

53. Consultation, Feb. 16, 1780, BL IOR/G/12/68; George Smith, "Narra tive of the proceedings for the recovery of debts," July 12, 1787, BL IOR / G/12/18, ff. 91-112; John Crichton's letter to the Hoppo, July 8, 1779, BL IOR / G/12/68; "Translation of the chop from the Military General and Fooyuern Governor of the Province of Canton," in Consultation, Feb. 10, 1780, BL IOR/G/12/68.

54. Pritchard, *The Crucial Years of Early Anglo-Chinese Relations*, pp. 130-31.

55. Abraham Leslie, Thomas Hutton, John Crichton, Charles Gordon, and George Smith, "The most humble petition of the British European merchants to the Supreme Emperor of China," CUL, MSS DS117, George Macartney Papers, Asia Collections, vol. 10, doc. 430.

56. Copy of a Letter from Mr. Crichton to the Governor and Council of Fort St. George, July 26, 1779, BL IOR/G/12/68.

57. Copy of a Letter to Rear Admiral Sir Edward Vernon, BL IOR/G/12/68; Quincy, *The Journals of Major Samuel Shaw*, p. 307.

58. Copy of a Letter to Rear Admiral Sir Edward Vernon, BL IOR/G/12/68.

59. Sir Edward Vernon to the Fouyuern, Nov. 4, 1779, BL IOR/G/12/68; Sir Edward Vernon to the Council at Fort St. George, BL IOR G/12/68.

60. Sir Edward Vernon to the Fouyuern, Nov. 4, 1779, BL IOR/G/12/68; Sir Edward Vernon to the Council at Fort St. George, BL IOR G/12/68; Copy of a letter to the President and Council of Fort St. George from the Creditors of the Chinese merchants, June 15, 1780, BL IOR/G/12/68; The Memorial of Andrew Ross, BL IOR /H/168, pp. 535-38; Hughes to the President and Council of Fort St. George, BL IOR /H/168, p. 547; Hughes to the Viceroy, June 14, 1780, BL IOR /H/168, p. 555; Extract of Vice-Admiral Sir Edward

Hughes's Letter to the Secretary of State, Jan. 15, 1783, NMM, SAN/F/40.

61. BL IOR/G/12/18, pp. 91–112; Captain Rogers to Henry Dundas, "China Debts to Europeans," BL IOR/G/12/91, vol. 2; *Journals of the House of Commons*, May 12, 1794, vol. 49, pp. 585–86.

62. Protest of the Select Committee to Captain Panton, Oct. 19, 1779, BL IOR G/12/69; Consultation, Feb. 10–16, 1780, BL IOR/G/12/68; Consultations Apr. 1–2, 1780, BL IOR/G/12/68.

63. Company Supercargos to Madras Council, Nov. 8, 1779, BL IOR G/12/68; Company Supercargos to Captain Panton, Oct. 7, 1779, BL IOR/G/12/68; Quincy, *The Journals of Major Samuel Shaw*, p. 314.

64. Consultation, Mar. 11, 1780, BL IOR/G/12/68.

65. Li Zhi-ying and Tu Ming-a's Memorial to Emperor Qianlong, 45/04/12, Taipei Palace Museum, Taipei, Taiwan, Junjichu Dang Zhejian, 26992.

66. Consultation, Oct. 24, 1779, BL IOR/G/12/68; Cheong, *Hong Merchants of Canton*, p. 258.

67. Li Zhi-ying and Tu Ming-a's Memorial to Emperor Qianlong, 45/04/12, Taipei Palace Museum, Taipei, Taiwan, Junjichu Dang Zhejian, 26992; Translation of Military General and Fooyuern's Chop to Company Supercargos dated Nov. 5, 1779, in Consultation, Feb. 16, 1780, BL IOR G/12/68.

68. Fooyuern and Quanpoo's Chop to Company Supercargos, Mar. 3, 1780, BL IOR/G/12/68.

69. Consultation, Mar. 4, 1780, BL IOR/G/12/68.

70. Smith, Crichton, and Hutton to the Fooyuern and Quanpoo, Apr. 11, 1780, BL IOR/G/12/68.

71. BL IOR/G/12/18, ff. 91–112.

72. David Lance and William Fitzhugh to Henry Lane, Jan. 15, 1781, BL IOR G/12/20, ff. 310–21.

73. Consultation, Apr. 17, 1780, BL IOR/G/12/68; David Lane and William Fitz hugh to Henry Lane, Jan. 15, 1781, BL IOR/G/12/20.

74. Translation of Chop from the Quanpoo given on 45th year of the Emperor Qianlong, the 6th Day of the 2nd Moon, Apr. 10, 1780, BL /IOR/G/12/68.

75. Consultation, May 8, 1780, BL IOR/G/12/68.

76. BL IOR/G/12/18, ff. 91–112; Consultation, May 8–13, 1780, BL IOR G/12/68.

77. Consultation, Oct. 9, 1779, BL IOR/G/12/66; Leslie to the Company Supercargos, Dec. 18, 1780, BL IOR/G/12/69; Leslie to the Company Super cargos, Oct. 26, 1779, BL IOR/G/12/66; Van Dyke, *The Canton Trade*, p. 98.

78. Consultation, Sept. 22–24, 1780, BL IOR/G/12/68; Consultation, May 19, 1781, BL IOR/G/12/72; Extract letter from the Select Committee to the EIC: debt negotiations and general affairs, Dec. 16, 1780, BL IOR/G/12/19, ff. 57– 75; Van Dyke, *The Canton Trade*, p. 98; Leslie to the Company Supercargos, Dec. 18, 1780, BL IOR/G/12/69.

79. Extract of the Instructions proposed to be sent to the Company's Supra Cargoes in China, BL IOR/G/12/19, ff. 137– 61.

80. NMM, Sandwich Papers, Letter from Sir Edward Hughes, Jan. 13, 1783, SAN/T/2.

81. Memorial of Li Zhi-ying and Tu Ming'a to the Qianlong emperor, dated 45/04/12, Taipei Palace Museum, Taipei, Taiwan, Junjichu Dang Zhejian, 26992.

82. Hanser, "From Cross-Cultural Credit to Colonial Debt."

第五章　孟买的乔治·史密斯和"休斯夫人"号事件

1. Cormack, *An Historic Outline of the George Smith Bounty*; Cormack, *More about Founder of Fordyce Academy*.

2. Grosjean and Murdoch, "The Scottish Community in Seventeenth-Century

Gothenburg," p. 191.

3. Mackillop, "Accessing Empire."

4. Cormack, *An Historic Outline of the George Smith Bounty*; Cormack, *More about Founder of Fordyce Academy*.

5. Meijers, *News from the Republick of Letters*, p. 3; Murdoch, *Network North*, pp. 148– 49.

6. Catterall, "Scots along the Maas," pp. 172–73.

7. Mackillop, "Accessing Empire."

8. Nierstrazs, "The Popularization of Tea," p. 272; Hodacs and Mueller, "Chests, Tubs and Lots of Tea," p. 278.

9. Cormack, *An Historic Outline of the George Smith Bounty*; Cormack, *More About Founder of Fordyce Academy*.

10. Index of Court Minutes, BL IOR /B/80– 84.

11. Percival Spear as quoted in Nightingale, *Trade and Empire in Western India*, p. 12.

12. Nightingale, *Trade and Empire in Western India*, p. 12.

13. Marshall, *The Making and Unmaking of Empires*, p. 241.

14. Nightingale, *Trade and Empire in Western India*, p. 13.

15. Davies, "British Private Trade Networks in the Arabian Seas," p. 58.

16. Marshall, *The Making and Unmaking of Empires*, p. 320.

17. Nightingale, *Trade and Empire in Western India*, p. 13.

18. Ibid.

19. Smith to Dundas, Mar. 12, 1786, NLS MS 1060, ff. 210–21.

20. Smith of Bombay to the Bengal Council, Apr. 24, 1785, BL IOR /P/3/11, f. 254.

21. Ibid.; Bayly, *Indian Society*, p. 62.

22. Nightingale, *Trade and Empire in Western India*, p. 23.

23. Frederic Davy to Father, May 21, 1776, Letters January 1773, 1773-1777,

BLYU, Osborn c594.

24. "Summary of proceedings in the third session of Parliament," *The Gentleman's Magazine*, July 1786, vol. 56, Part 2, p. 967.

25. Nightingale, *Trade and Empire in Western India*, pp. 53, 72.

26. Bulley, *Bombay Country Ships*, p. 177.

27. PRO, PROB/11/1198; Mackillop, "Accessing Empire."

28. Dalrymple, *White Mughals*, pp. 27–28.

29. Nightingale, *Trade and Empire in Western India*, p. 24.

30. PRO, PROB/11/1198/107.

31. Ibid.; Grant, *The Chinese Cornerstone of Modern Banking*, p. 215.

32. Several historians mention the *Lady Hughes* Affair in their works. See, for example: Chen, *Chinese Law in Imperial Eyes*, ch. 1; Spence, *The Search for Modern China*, pp. 126–27; Wakemen, *Strangers at the Gate*, p. 81; Pritchard, *The Crucial Years of Early Anglo-Chinese Relations*, pp. 226–27; Fay, The Opium War, pp. 37–39; Chang, *Commissioner Lin and the Opium War*, pp. 12, 139, 197.

33. Spencer, *Memoirs of William Hickey*, vol. 1, p. 197; Smith of Madras to the Bengal Council, Feb. 10, 1785, BL IOR /P/3/10; BL L /MAR/B257A; RAC ASK 954, 1078, 1079. Thanks to Paul Van Dyke for sharing these references with me.

34. Smith of Madras to the Bengal Council, Feb. 9, 1784, BL IOR /P/3/2.

35. Smith of Bombay to the Bengal Council, Apr. 24, 1785, BL IOR /P/3/11.

36. "A Particular Account of the Unfortunate Accident... ," BL IOR/G/12/18, pp. 25– 42. A "chop boat" is a Chinese vessel involved in the Canton customs procedure.

37. *Ta-Ch'ing Li-ch'ao Shi lu*, CL 49:11:11 (Dec. 23, 1784), in Fu, *A Documentary Chronicle of Sino-Western Relations*, p. 297; *Xiangshan Ming Qing Dang'an Jilu*, pp. 196–98, Doc. 3.23.

38. *Qianlong Chao Shangyu Dang*, vol. 12, pp. 361– 62.

39. *Qinggong Yue Gang Ao Shangmao Dang'an Quanji*, vol. 5, Doc. 532, 2825– 29.

40. Chen, *Chinese Law in Imperial Eyes*, p. 45.

41. *Qianlong Shangyu Dang*, vol. 12, pp. 361– 62.

42. Chen, *Chinese Law in Imperial Eyes*, p. 45.

43. "A Particular Account of the Unfortunate Accident...," BL IOR/G/12/18, pp. 25– 42.

44. Chen, *Chinese Law in Imperial Eyes*, pp. 48– 49.

45. *Qianlong Shangyu Dang*, vol. 12, pp. 361– 62.

46. Ibid.

47. *Xiangshan Ming Qing Dang'an Jilu*, pp. 196–98, Doc. 3.23.

48. "A Particular Account of the Unfortunate Accident...," BL IOR/G/12/18, pp. 25– 42.

49. *Xiangshan Ming Qing Dang'an Jilu*, pp. 196–98, Doc. 3.23.

50. *Qianlong Chao Shangyu Dang*, vol. 12, pp. 361– 62.

51. Ibid.

52. "A Particular Account of the Unfortunate Accident...," BL IOR/G/12/18, pp. 25– 42.

53. Ibid.

54. Yang, Wu, and Deng, *Mingqing Shiqi Aomen Wenti Dangan Wenxian Huibian*, 1784/12/30, Doc. 287, pp. 459– 61.

55. "A Particular Account of the Unfortunate Accident...," BL IOR/G/12/18, pp. 25– 42.

56. Ibid.

57. Van Dyke, *The Canton Trade*, p. 117.

58. "A Particular Account of the Unfortunate Accident...," BL IOR/G/12/18, pp. 25– 42.

59. Ibid.

60. Ibid.; Quincy, *The Journals of Major Samuel Shaw*, pp. 186–91.

61. "A Particular Account of the Unfortunate Accident...," BL IOR/G/12/18, pp. 25– 42.

62. Ibid.

63. Supercargos to Court of Directors, Feb. 5, 1785, BL IOR/G/12/18.

64. "A Particular Account of the Unfortunate Accident...," BL IOR/G/12/18, pp. 25– 42.

65. Yang, Wu, and Deng, *Mingqing Shiqi Aomen Wenti Dangan Wenxian Huibian*, 1784/12/30, Doc. 287, pp. 459– 61.

66. "A Particular Account of the Unfortunate Accident...," BL IOR/G/12/18, pp. 25– 42.

67. *Xiangshan Ming Qing Dang'an Jilu*, pp. 196–98, Doc. 3.23; Yang, Wu, and Deng, *Mingqing Shiqi Aomen Wenti Dangan Wenxian Huibian*, 1784/12/30, Doc. 287, pp. 459– 61.

68. "A Particular Account of the Unfortunate Accident...," BL IOR/G/12/18, pp. 25– 42.

69. Kuhn, *Soulstealers*, pp. 14–22, 170–75.

70. Consultation, Dec. 2, 1784, BL IOR/G/12/79.

71. *Qinggong Yue Gang Ao Shangmao Dang'an Quanji*, Doc. 532, 2825–29.

72. *Ta-Ch'ing Li-ch'ao Shi lu*, CL 49:11:11 (Dec. 23, 1784), in Fu, *A Documentary Chronicle of Sino-Western Relations*, p. 297; Chen, *Chinese Law in Imperial Eyes*, p. 34.

73. *Qinggong Yue Gang Ao Shangmao Dang'an Quanji*, Doc. 532, 2825–29.

74. "East India Intelligence," *The Gentleman's Magazine*, Aug. 1785, vol. 55, p. 655; Yang, Wu, and Deng, *Mingqing Shiqi Aomen Wenti Dangan Wenxian Hui bian*, 1784/12/30, Doc. 287, pp. 459– 61.

75. Supercargos to the Court of Directors, Feb. 5, 1785, BL IOR/G/12/18; "East

India Intelligence," *Gentleman's Magazine,* Aug. 1785, vol. 55, p. 655.

76. *Qinggong Yue Gang Ao Shangmao Dang'an Quanji,* Doc. 532, 2825–29.

77. Morse, Chronicles, vol. 5, pp. 15–19. Thanks to Paul Van Dyke for providing information about the Dutch cases.

78. See Chen, *Chinese Law in Imperial Eyes,* ch. 1.

79. Supercargos to the Court of Directors, Feb. 5, 1785, BL IOR/G/12/18; *India Gazette, or Calcutta Public Advertiser,* vol. 5: Apr. 25, 1785, issue 232; vol. 5: Jan. 31, 1785, issue 220.

80. Quincy, *The Journals of Major Samuel Shaw,* p. 186.

81. "Riot at China," *The Times,* Friday, July 8, 1785, p. 3, issue 166.

82. *India Gazette, or, Calcutta Public Advertiser,* Monday, Jan. 17, 1785, vol. 5, issue 218.

83. "Riot at China," The Times, Friday, July 8, 1785, p. 3, issue 166; "East India Intelligence," *Gentleman's Magazine,* Aug. 1785, vol. 55, p. 655.

84. *Public Advertiser* (London), July 22, 1785, issue 15962.

85. Capt. Mackintosh to Mr. Rose, Nov. 19, 1791, BL IOR G/12/91 vol. 1.

第六章　出使中国

1. Furber, *Henry Dundas, First Viscount Melville,* p. 11.

2. Ibid., p. 10.

3. Ibid., p. 11; Phillips, "Parliament and Southern India."

4. Furber, *Henry Dundas, First Viscount Melville,* p. 29.

5. Ibid., p. 30.

6. Dundas, *Heads of Mr. Dundas's Speech on the State of Affairs of the East India Company,* p. 3.

7. "Report on European relations with, and history of, China, relative to a projected embassy to that country drawn up by Mr. Cobb of the East India House," Add MS 13875, 1792; Kitson, *Forging Romantic China,* pp. 28–29.

8. For histories of early Christian missionaries in China see Spence, *Memory Palace of Matteo Ricci*; Brockey, *Journey to the East*.

9. "Report on European relations with, and history of, China, relative to a projected embassy to that country drawn up by Mr. Cobb of the East India House," Add MS 13875, 1792.

10. Ibid.

11. Ibid.

12. List of Mr. Dundas's Papers of Accounts, BL IOR /H/340.

13. Ibid.; Selection of Papers exhibiting a view of the East India Company's Commercial Concerns by R. Wissett, BL IOR /H/449.

14. CUL, Copies of the East India Company Records, and other Documents Relative to China and the China Trade Prepared for Lord Macartney's Information, Vol. 1, "Queries put by the Court of the Directors to persons now in England who have served the Company in China with answers thereto 1791–2"; Smith to Dundas, March 28, 1787, NLS MS 1069, ff. 15–16.

15. Smith, "Some propositions tending to the Establishment of the East India Companys Trade to China on a fi rm, and advantageous basis," Feb. 16, 1783, BL IOR/H/434.

16. JRL, Melville Papers, English MS 697, "Letters from India," passim; NLS, Melville Papers, MS 1069, passim; NAS, GD51/3/531; Nightingale, *Trade and Empire in Western India*, p. 26.

17. Philips, *The Correspondence of David Scott*, pp. ix–xxii.

18. Bulley, *Bombay Country Ships*, pp. 177– 81; JRL, Melville Papers, English MS 697, "Letters from India," passim; NLS GD 51/3/81.

19. Webster, *Twilight of the East India Company*, p. 31; Philips, *The East India Company*, p. 71.

20. Fry, *The Dundas Despotism*, p. 195.

21. Ibid., pp. 218–19.

22. Frost, *The Global Reach of Empire*, p. 179.

23. Fry, *The Dundas Despotism*, pp. 173–75.

24. Frost, *The Global Reach of Empire*, p. 170.

25. Smith to Dundas, Mar. 28, 1787, NLS MS 1069, ff 15–16; Smith to Dundas, Sept. 19, 1790, NLS MS 1069, ff. 61–62.

26. Smith to Dundas, May 27, 1786, NLS MS 1069, f. 9.

27. Smith to Dundas, March 28, 1787, NLS MS 1069, ff. 15–16.

28. Ibid.

29. Whelan, *Edmund Burke and India*, p. 3.

30. Marshall, *Writings and Speeches of Edmund Burke*, vol. 5, p. 1.

31. Whelan, *Edmund Burke and India*, p. 43.

32. Marshall, *Writings and Speeches of Edmund Burke*, vol. 5, p. 5.

33. Ibid., pp. 5–6.

34. Phillips, "A Successor to the Moguls."

35. O'Brien, *The Great Melody*, pp. 307–8; Marshall, *Writings and Speeches of Edmund Burke*, vol. 5, pp. 5–6.

36. O'Brien, *The Great Melody*, p. 307.

37. Ibid., pp. 307–8; Marshall, *Writings and Speeches of Edmund Burke*, vol. 5, pp. 5–6.

38. Love, *Vestiges of Old Madras*, vol. 3, pp. 105–19.

39. Elijah Impey to Andrew Ross, Oct. 11, 1776, BL Add MS 16266, f. 24.

40. Smith to the Court of Directors, Oct. 10, 1776, BL IOR /H/129.

41. Gurney, "The Debts of the Nawab of Arcot," Appendix 1. In 1767, Smith's mother-in-law and aunt, Francis Mary Munro, and his brother-in-law and fi rst cousin, Robert Duncan Munro, claimed 5,700 and 1,600 pagodas from the Nawab, respectively.

42. Marshall, The *Writings and Speeches of Edmund Burke*, vol. 5, p. 230.

43. *Morning Post and Daily Advertiser* (London), Tuesday, Jan. 23, 1781, issue 2561.

44. Ibid.; *London Courant and Westminster Chronicle*, Monday, Jan. 22, 1781; *Lloyd's Evening Post* (London), Wednesday, Jan. 17–19, 1781, issue 3679.

45. Marshall, *The Writings and Speeches of Edmund Burke*, vol. 5, p. 9.

46. Ibid., vol. 5, pp. 553–56.

47. Smith to Dundas, Apr. 15, 1786, BL IOR /H/434.

48. The bulk of these letters can be found in the Home Miscellaneous Series, BL IOR/H/434, in the British Library and in Melville Papers MS 1060 of the National Library of Scotland.

49. Nightingale, *Trade and Empire in Western India*, pp. 36–55.

50. Sept. 10, 1787, NLS MS 1060, ff. 246–54.

51. Smith to Dundas, Nov. 26, 1786, NLS MS 1060, ff. 226–39.

52. Sept. 10, 1787, NLS MS 1060, ff. 246–54.

53. Harlow, *The Founding of the Second British Empire*, vol. 1, pp. 72–75, 81; Cook, "Alexander Dalrymple."

54. Alexander Dalrymple to Henry Dundas, July 17, 1784, Mar. 12, 1791, Nov. 16, 1791, Feb. 1, 1791, June 4, 1792, Sept. 28, 1792, Nov. 2, 1792, Feb. 3, 1794, Nov. 7, 1797, July 26, 1802, Sept. 4, 1802, NLA, MS 43/1, MS 43/7–12, 14–15, 18, 20–21.

55. Smith to Dundas, Jan. 10, 1790, NLS MS 1060, ff. 272–75.

56. Smith to Dundas, Nov. 26, 1786, NLS MS 1060, ff. 226–36.

57. Smith to Dundas, Jan. 10, 1790, NLS MS 1060, ff. 272–75.

58. Smith to William Cabell, Jan. 10, 1790, BL IOR /H/434.

59. Said, *Orientalism*; Oliver Goldsmith, *Citizen of the World*. For works on British and European constructions of China see: D. Porter, "A Peculiar but Uninteresting Nation"; Markley, *The Far East and the English Imagination*; Spence, *The Chan's Great Continent*; Batchelor, "Concealing

the Bounds."

60. Ambassador Macartney, "A Journal of the Embassy to China in 1792 n 1793 n 1794," OSB fd 12/2, vol. 2, pp. 307– 8.

61. Marx, "Revolution in Europe and in China."

62. Smith to Dundas, Apr. 23, 1781, BL IOR /H/434.

63. Spence, *The Search for Modern China*, p. 38.

64. Kuhn, *Soulstealers*; p. 58; Rawsky, *The Last Emperors*, p. 7.

65. Spence, *The Search for Modern China*, p. 40.

66. Smith to Dundas, Jan. 27, 1785, BL IOR /H/434.

67. Smith, "Some Propositions tending to the Establishment of the East India Companys Trade to China on a fi rm and advantageous basis," Feb. 16, 1783, BL IOR/H/434.

68. George Smith of Canton, Narrative of the Canton Debts, BL IOR/G/12/18, pp. 91–112.

69. Ibid.

70. Ibid.

71. Captain Rogers to Dundas, 1792, BL IOR G/12/91, vol. 2.

72. *London Chronicle,* Saturday, Sept. 3–5, 1778, issue 3394; BL IOR/G/12/90, pp. 53– 64.

73. George Smith of Canton, Narrative of the Canton Debts, BL IOR/G/12/18, pp. 91–112.

74. Consultation, Oct. 7, 1779, BL IOR/G/12/68; Jan. 15, 1781, BL IOR/ G/12/20, pp. 310–21.

75. Blankett to Lord Shelburne, Dec. 8, 1782, and Jan. 27, 1783, BL Bowood Manuscripts. Thanks to P. J. Marshall for sharing these references with me. Y7527-Hanser.indb 196 4/10/19 2:02:56 PM Final Proofs Yale Representation Limited Notes to Pages 138–144 197

76. Smith to Dundas, Nov. 26, 1786, NLS MS 1060, ff. 226–35.

77. Smith, "Some Propositions tending to the Establishment of the East India Companys Trade to China on a fi rm and advantageous basis," Feb. 16, 1783; Smith to Dundas, Apr. 15, 1786, BL IOR /H/434.

78. Smith to Dundas, Sept. 19, 1790, NLS MS 1069, ff. 61– 62.

79. Smith to Dundas, May 27, 1786, NLS MS 1069, f. 10.

80. *Journals of the House of Commons*, May 12, 1794, vol. 49, pp. 585– 86.

81. Captain Mackintosh to Mr. Rose, Nov. 19, 1791, BL IOR G /12/91, vol. 1; Captain Mackintosh to Henry Dundas, Dec. 20, 1791, BL IOR G/12/91, vol. 1; Captain Rogers, "China Debts to Europeans," BL IOR G/12/91, vol. 2.

82. Bowen, "Privilege and Profit."

83. Captain Mackintosh to Mr. Rose, Nov. 19, 1791, BL IOR G /12/91, vol. 1; Captain Mackintosh to Henry Dundas, Dec. 20, 1791, BL IOR G/12/91, vol. 1.

84. Captain Rogers, "China Debts to Europeans," BL IOR, G/12/91, vol. 2.

85. Copy of a letter from Thomas Fitzhugh to Nathaniel Smith, Aug. 28, 1787, BL IOR G/12/91, vol. 1.

86. BL IOR G/12/90–91, vols. 1–2, passim.

87. Macartney to Dundas, Jan. 23, 1792, BL IOR G/12/91, vol. 1.

88. Ross, *Correspondence of Charles, First Marquis Cornwallis*, vol. 2, pp. 1–2.

89. Smith to Dundas, Apr, 15, 1786, BL IOR /H/434.

90. Smith to Walsingham, July 18, 1786, NLS MS 1069, ff. 7– 8.

91. Scott, *Remarks and Ideas on the Export Trade from Great Britain to India*.

92. Spence as quoted in Chen, *Chinese Law in Imperial Eyes*, p. 26.

93. Instructions to Lord Macartney, Sept. 8, 1792, CUL, MSS DS117, George Macartney Papers, Asia Collections, vol. 5, doc. 228.

94. Ibid.

95. Smith Burges and Baring to Dundas, Jan. 20, 1792, BL IOR G/12/91.

96. Memorandum, in the hand of Sir Francis Baring, TBA, c1792, NP1.C22 10a.

97. Cathcart to Dundas, Aug. 18, 1787, BL IOR/G/12/90.

98. Baring to Dundas, Sept. 4, 1792, TBA, NP1.C22.8.

99. Dundas to Baring, Sept. 4, 1792, TBA, NP1.C22.8.

100. Ross, *Correspondence of Charles, First Marquis Cornwallis*, vol. 2, pp. 1–2.

101. Instructions to Lord Macartney, Sept. 8, 1792, CUL.

102. Dundas to Sir Archibald Campbell, July 27, 1787 (copy), Mel. MSS Eskbank "Grange" letter-book, as cited in Furber, *Henry Dundas, First Viscount Melville*, p. 59.

103. William Cabell to Smith, July 21, 1786, NLS MS 1060,f. 224.

104. Smith to Dundas, Nov. 10, 1790, NLS MS 1060, ff. 288–93.

105. Smith to Dundas, Feb. 16, 1783, and Apr. 15, 1786, BL IOR H/434; Peyrefitte, *Immobile Empire*, pp. 73–75; Platt, *Autumn in the Heavenly Kingdom*, pp. 109–10.

106. Sept. 10, 1787, NLS MS 1060, ff. 246–54; Nightingale, *Trade and Empire in Western India*, p. 55.

107. George Smith of Madras to Dundas, Apr. 15, 1786, BL IOR /H/434.

108. George Smith of Canton, "Narrative of the Canton Debts," BL IOR/ G/12/18, pp. 91–112.

109. Instructions to Lord Macartney, Sept. 8, 1792, CUL, MSS DS 117, George Macartney Papers, Asia Collections, vol. 5, doc. 288; Furber, *Henry Dundas, First Viscount Melville*, p. 68.

110. Frost, *Global Reach of Empire*, pp. 173– 80.

111. Instructions to Lord Macartney, Sept. 8, 1792, CUL.

结　语　三位乔治·史密斯的遗产

1. Smith to Dundas, May 27, 1786, NLS MS 1069, ff. 9–10.

2. Memorial of Viceroy of Guangdong and Guangxi, Jueluo Bayansan, and Guang dong Superintendent of Customs, Tu Ming-a, to the Qian long Emperor, *Qinggong Yue Gang Ao Shangmao Dangan Quanji*, Doc. 501, pp.

2688– 2700, Qianlong 45th year, 10th month, 26th day.

3. *Journals of the House of Commons*, May 12, 1794, vol. 49, pp. 585– 86.

4. Smith to Dundas, March 28, 1787, NLS MS 1069, ff. 15–16.

5. Smith to Dundas, Sept. 19, 1790, NLS MS 1069, ff. 61– 62.

6. Cathcart to Dundas, Aug. 18, 1787, BL IOR/G/12/90.

7. Ibid.

8. Cathcart to Smith, Nov. 19, 1787, BL IOR/G/12/90, p. 41.

9. Baring and Burges to Dundas, July 25, 1792, BL IOR/G/12/91, vol. 2.

10. Dundas to Macartney, Sept. 8, 1792, BL IOR/G/12/91, vol. 2.

11. Cathcart to Dundas, Aug. 31, 1787, BL IOR/G/12/90.

12. Cathcart to Smith, Nov. 19, 1787, BL IOR/G/12/90.

13. Cathcart to Dundas, Aug. 31, 1787, BL IOR/G/12/90.

14. Cathcart to Lord Sydney, Dec. 2, 1787, BL IOR/G/12/90.

15. Smith to Cathcart, Nov. 20, 1787, BL IOR/G/12/90.

16. Ibid.

17. Thorne, "Macartney, George, Earl Macartney (1737–1806)."

18. Furber, *Henry Dundas, First Viscount Melville*, p. 50.

19. Ibid., pp. 50–54.

20. Staunton as cited in Pritchard, *The Crucial Years of Early Anglo-Chinese Relations*, p. 274.

21. George Macartney, *Travel Journal*, BLYU, OSB fd12 ½.

22. Ibid.

23. Ibid.

24. Smith to Scott, May 10, 1794, NLS MS 1069, f. 104. The first David Scott was born in 1791 but died young. The second David Scott was born in 1796 and survived to adulthood.

25. Ibid.

26. Scott to Dundas, May 11, 1794, NLS, MS 1069, ff. 102–3.

27. Ibid.

28. Ibid.

29. Smith to Scott, May 10, 1794, NLS MS 1069, f. 104.

30. *Journals of the House of Commons*, May 12, 1794, vol. 49, pp. 585– 86.

31. *Journals of the House of Commons*, May 15, 1794, vol. 49, pp. 595–96.

32. Ibid.

33. *General Index to the Journals of the House of Commons*, vol. 35, A.D. 1774– vol. 55, A.D. 1800.

34. Ibid.; An Act for the Relief of certain Insolvent Debtors, *House of Lords Sessional Papers*, 1714 –1805, 1 January 1760–2 July 1801.

35. Letter Books of David Scott, Scott to Smith, May 8, 1798, BL IOR /H/729, p. 185.

36. Anglican Parish Registers, Woking, Surrey, SHC STK/1/5.

37. BL IOR/P/416/98, f. 3a.

38. Letter Books of David Scott, Scott to Charlotte Smith, no date, circa 1803?; Scott to Charlotte Smith, Jan. 31, 1804, BL IOR /H/731, pp. 135–36; Bulley, *Bombay Country Ships*, pp. 177– 80.

39. Erickson, *Women and Property in Early Modern England*, pp. 19–24.

40. Bombay Proceedings of the Mayor Court, Bombay Proceedings, June 28, 1779, BL IOR /P/417/37, pp. 676– 80.

41. Combs, " 'Concealing Him from His Creditors.' "

42. SHC QS6/7/53–54.

43. SHC BR/T/1266/7, Dec. 27–28, 1793.

44. SHC BR/T/1266/11, June 1–2, 1808.

45. Letter Books of David Scott, Scott to Charlotte Smith, Jan. 31, 1804, BL IOR/H/731, pp. 191–92.

46. Ibid.; Letter Books of David Scott, Scott to Charlotte Smith, No date, circa 1803?, BL IOR /H/731, pp. 135–36.

47. PRO, PROB 11/1818/63.

48. For Harriet's will see: PRO, PROB 11/2135/102.

49. 1841 Census, HO1070 0675/01, fol. 18, p. 29: 8 Devonshire St., Marylebone, ST MARYLEBONE, MDX; 1851 Census, HO107 1468, fol. 842, hse 86: 18 Pembridge Villas, Kensington, KENSINGTON, MDX; 1851 Census, HO107 1593, fol. 375, hse 42: Byfl eet, CHERTSEY, SRY; 1851 Census, HO107 1973, fol. 828, hse 5: Chandos Cottage, Thurslstone rd, Cheltenham, CHELTENHAM, GLS.

50. PRO, PROB 11/2243/311.

51. Ibid.

52. PRO, PROB 11/1976/202.

53. *The Asiatic Journal and Monthly Register for British and Foreign India, China and Austalasia*, new series, vol. 13 (Jan.–Apr. 1834): 205.

54. BL IOR/L/MIL/9/258/52v–53, 55v–56; BL IOR/L/MIL/9/116, p. 364; BL IOR/L/MIL/9/258/146v– 47.

55. PRO, PROB 11/1818/63.

56. BL IOR/L/AG/23/10/1 no. 949; IOR /L/MIL/9/258/52v–53, 55v–56.

57. PRO, PROB 11/1818/63.

58. BL IOR/L/AG/23/10/1 no. 949.

59. BL IOR/L/MIL/9/208, f. 287.

60. Ryde New Cemetery Section H Plot 2104; Clark, *The East India Register and Army List for 1845*, p. 155; BL IOR L /AG/34/29/299.

61. 1861 Census, RG9 0770, fol. 70 hse 153: "Romans," Norwood, Uxbridge, MDX.

62. *London Gazette*, Feb. 16–19, 1782, issue 12271.

63. *London Gazette*, Apr. 15–18, 1786, issue 12743; *London Chronicle*, Saturday, Dec. 26, 1789, issue 5211; *Public Advertiser* (London), Wednesday, Jan. 27, 1790, issue 17324; *London Gazette*, Tuesday, Apr. 4, 1786, issue 12740;

Public Advertiser (London), Thursday, June 24, 1784, issue 15625; *London Gazette*, Saturday, July 19, 1783, issue 12459.

64. Smith to Hastings, Nov. 30, 1785, BL Add MS 29169, f. 138.

65. *Calcutta Gazette; or, Oriental Advertiser*, vol. 05: 1786, issue 130.

66. Ibid.

67. *Calcutta Gazette; or, Oriental Advertiser*, vol. 06: 1786–1787, issue 149.

68. *Calcutta Chronicle; and General Advertiser*, vol. 02: 1787–1788, issue 89; *Calcutta Gazette; or, Oriental Advertiser*, vol. 06: 1786–1787, issue 153; *Calcutta Gazette; or, Oriental Advertiser*, vol. 10: 1788–1789, issue 237; *Calcutta Gazette; or, Oriental Advertiser*, vol. 06: 1786–1787, issue 150.

69. Smith to Dundas, Oct. 5, 1785, BL IOR /H/434.

70. Smith to Dundas, Dec. 6, 1785, BL IOR /H/434.

71. Smith to Dundas, Mar. 19, 1786, BL IOR /H/434; Smith to Dundas, Apr. 15, 1786, BL IOR /H/434.

72. Smith to Dundas, Oct. 5, 1785, BL IOR /H/434.

73. Smith to Dundas, Nov. 25, 1785, BL IOR /H/434.

74. Smith to Dundas, Sept. 10, 1787, NLS, Melville MS 1060, ff. 246–54.

75. BL IOR/H/434, Oct. 1, 1785, Smith to Dundas; BL IOR /J/1/15, pp. 241– 45.

76. Smith to Dundas, Oct. 1, 1785, BL IOR /H/434.

77. Smith to Dundas, Jan. 20, 1791, BL IOR /H/434.

78. BL IOR/J/1/15, pp. 426–31; BL IOR /J/1/15, pp. 241– 45.

79. BL IOR/J/1/15, pp. 241– 45.

80. *The Gentleman's Magazine*, 1807, vol. 77, pt. 2, p. 1172.

81. PRO, PROB 11/1478/169. The marriage does not appear to have been a happy one. Walter Ruding sued Jemima Claudia in 1821 for using his last name. He also attempted to have the court declare their marriage null and void, since she was under the legal age at the time of their marriage and did not have permission from a guardian. *The Annual Register, or a View of the*

History, Politics and Literature of the Year 1821 (London, 1821).

82. BL IOR/N/1/5, f. 57.

83. *The Gentleman's Magazine*, 1809, vol. 79, pt. 1, p. 477.

84. BL IOR/N/1/7, f. 6.

85. Lord Clive Military Fund and Pension Registers and Payment books—widows in Madras, BL IOR /L/AG/23/2/14; BL IOR L /MIL/9/126/1-6; BL IOR/N/1/4, ff. 193, 201; IOR /N/1/6 f. 88.

86. A. Symonds, "Petrie, William (1747–1816), of 14 Hanover Street, Hanover Square, Mdx."

87. BL IOR/J/1/15, pp. 241– 45; BL IOR /J/1/15, pp. 426–31.

88. Symonds, "Petrie, William (1747–1816), of 14 Hanover Street."

89. PRO, PROB 11/1615/393.

90. BL IOR/L/MAR/B/451C.

91. Ibid.; PRO, PROB/11/1198/107.

92. Mackillop, "Europeans, Britons, and Scots."

93. PRO, PROB/11/1198/107.

94. Ibid.

95. Cormack, *An Historic Outline of the George Smith Bounty*; Cormack, *More About Founder of Fordyce Academy*.

96. Greenberg, *British Trade and the Opening of China*, pp. 34–35.

97. Bowen, "Gentlemanly Capitalism and the Making of a Global British Empire."

98. Jasanoff, *Edge of Empire*, p. 8.

参考文献

主要手稿来源

Collections in Australia

CANBERRA: NATIONAL LIBRARY OF AUSTRALIA (NLA)

MS 43/1, MS 43/7–12, 14–15, 18, 20–21, Papers of Alexander Dalrymple, 1784–1806

Collections in Denmark

COPENHAGEN: NATIONAL ARCHIVES (RIGSARKIVET; RAC)

Ask 954, 1078-9, 1141-1155, 1116-1229 Negotieprotocolor for Kinfarere 1735–1833

Collections in Sweden

STOCKHOLM: NORDIC MUSEUM ARCHIVE (NORDISKA MUSEET ARKIVET; NMA)

F17:1–17 Ostindiska Kompagnier Documenter and Private Trade Documents 1744–1767 Skepps instrukioner, kassabokfoering, protokollsutdrag, och inventariefoerteckning Bokfoering med Compradoren 1762–1766. Jean Abraham Grill Papers, 1736–1792

Inkomna skrivelser G–H (volym 4)

Raekenskaper, Huvudbok, 1765–1766, enskilda affaerer, register

Utgåebde brev Brevkopieböker (volym 1B)

Collections in Taiwan（China）

TAIPEI: TAIPEI PALACE MUSEUM ARCHIVES

Ming-Qing Archives, Junjichu Dang Zhejian 明清档案：军机处档折件 [Grand Council Archives]

Collections in the Netherlands

NATIONAL ARCHIVES, THE HAGUE (NAH)

Canton 88, 1779.01.26

Collections in the United Kingdom

BRITISH CENSUSES

1841 Census, HO1070 0675/01 fol. 18, p. 29: 8 Devonshire St. Marylebone, St. Maryle bone, Middlesex

1851 Census, HO107 1468 fol. 842 hse 86: 18 Pembridge Villas, Kensington, Kensington, Middlesex

1851 Census HO107 1593 fol. 375 hse 42: Byfleet, Chertsey, Surrey

1851 Census HO107 1973 fol. 828 hse 5: Chandos Cottage, Thurslstone Rd., Cheltenham, Cheltenham, Gloucestershire

1861 Census, RG9 0770 fol. 70 hse 153: "Romans," Norwood, Uxbridge, Middlesex

EDINBURGH: THE NATIONAL ARCHIVES OF SCOTLAND (NAS)

GD 2061

GD 2061/11, 16a, 14a, 20, 24

GD 51/3/81

EDINBURGH: THE NATIONAL LIBRARY OF SCOTLAND (NLS)

MS 1060 (Melville Papers: India)

MS 1069 (Melville Papers: China)

MS 3385 (Melville Papers: Correspondence with Lord Cornwallis)

GREENWICH: NATIONAL MARITIME MUSEUM (NMM), THE CAIRD LIBRARY

SAN/F/40

SAN/T/2

LONDON: THE BARING ARCHIVE (TBA)

NP1.C22 1792-97 (Documents Relating to the 1st Lord Macartney's Embassy to China)

LONDON: BRITISH LIBRARY (BL)

Add MS 13875 (Marquess Wellesley: Collection of letters and papers...)

Add MS 16266 (Letter Books of Sir Elijah Impey)

Add MS 29169, 29210 (Correspondence of Warren Hastings)

Add MS 34686 (Correspondence and Papers of Robert Palk)

Add MS 38310 (Liverpool Papers)

Add MS 45436 (Anderson Papers)

Bowood Manuscripts (Uncatalogued)

European Manuscripts

Mss Eur C387/1– 4 (Scattergood Papers)

Mss Eur D675 (John Mcqueen)

Mss Eur D993 (Sir Joseph Banks Papers)

Mss Eur E340/2 (Charles Smith Papers)

Mss Eur F331/19–21 (Vansittart Collection)

Mss Eur F558 (Papers of the Macintyre and Anderson families c. 1770–1882)

Mss Eur K45 (Dr. Kerr's Observation upon Natural History)

India Offi ce and Oriental Collections: Records

B/80– 84 (Minutes of the East India Company's Directors and Proprietors)

D/156, 157 (Minutes and Memoranda of General Committees, 1700–1858)

E/1/55, 63, 71, 73, 168 (General Correspondence, 1602–1859)

G/12/18–20, 46–102 (East India Company Factory Records, c. 1595–1858)

H/24, 129, 168, 219, 228, 340, 411, 434, 449, 729, 731, 795 (Home Miscellaneous
  Series, c. 1600–1900)

IOR/B/80–84 (Minutes of the Court of Directors and Court of Proprietors 1599–
  1858)

J/1/15, J/1/2 (East India College, Haileybury, Records, and Records of Other
  Institutions, 1749–1925)

L/AG/23/10/1–2, L /AG/23/2/14, L /AG/23/10/5, L /AG/34/29/299 (Accountant-
  General's Records, c. 1601–1974)

L/MAR/B257A, L/MAR/B/544G-H, L/MAR/B/482G, L/MAR/B/319B, L / MAR/ B/451 (Marine Records, c. 1600–1879)

L/MIL/9/116, 126, 208, 258 (Military Department Records, 1708–1959)

L/P&S/2/1 (Political and Secret Department Records, 1756– c. 1950)

N/1/4, N/1/5, N/1/6, N/1/7, N/2/1, N/3/3 (Returns of Baptisms, Marriages and Burials, 1698–1969)

P/2/51, P/2/65, P/3/2, P/3/11, P/3/10; P/3/27, P/3/34, P/328/60, P/416/98, P/417/37 (Proceedings and Consultations, 1702–1945)

R/10/5–9, 33, 67 (China: Canton Factory Records, 1623–1841)

LONDON: THE NATIONAL ARCHIVES (KEW), PUBLIC RECORD OFFI CE (PRO)

PRO 30/11/9, 30/11/11 (Charles Cornwallis Papers)

PROB 11/973/225, 11/1615/393, 11/1198/107, 11/1478/169, 11/1513/130, 11/1700/378, 11/1976/202, 11/2135/102, 11/2243/393, 11/973/225, 11/1818/63, 11/2243/311(Prerogative Court of Canterbury: Will Registers)

IR1/22 (Duties Paid on Apprentices' Indentures)

MANCHESTER: JOHN RYLANDS LIBRARY (JRL)

English MS 697 (Melville Papers)

NORTHUMBERLAND: NORTHUMBERLAND COUNTY RECORD OFFI CE (NRO)

Grey MSS, NRO 753, Box 1 G–I, Jan. 14, 1745 (Ralph William Grey of Backworth)

WOKING: SURREY HISTORY CENTRE (SHC)

GUHT1/1–2 (Guildford HT Baptisms and Burials, 1558–1783)

GUM/1/3 (Guildford St. Mary Baptisms and Burials, 1698–1753)

GUM/1/4 (Guildford St. Mary Baptisms and Burials, 1755–1812)

SHC QS6/7/53–54

SHC STK/1/5 (Anglican Parish Registers, Woking, Surrey) BR/T/1266/7, BR/ T/1266/11

Collections in the United States of America

ITHACA, NY: CORNELL UNIVERSITY LIBRARY (CUL)

Copies of the East India Company Records, and Other Documents Relating to China and the China Trade Prepared for Lord Macartney's Information, vols. 1, 10.

MSS DS117, George Macartney Papers, Asia Collections, Cornell University Library, vols. 2, 5, 10.

NEW HAVEN, CT: BEINECKE LIBRARY, YALE UNIVERSITY (BLYU)

OSB fd12 ½ (George Macartney's Travel Journal)

Osborn c594 (Letters January 1773, 1773-1777)

主要一手印刷资料
期　刊

The Asiatic Journal and Monthly Register for British and Foreign India, China and Australasia, new series, vol. 13.

Calcutta Chronicle; and General Advertiser, vol. 02: 1787–1788, issue 56.

Calcutta Chronicle; and General Advertiser, vol. 02: 1787–1788, issue 89.

Calcutta Gazette; or, Oriental Advertiser, vol. 05: 1786, issue 130.

Calcutta Gazette; or, Oriental Advertiser, vol. 06: 1786–1787, issue 149.

Calcutta Gazette; or, Oriental Advertiser, vol. 06: 1786–1787, issue 150.

Calcutta Gazette; or, Oriental Advertiser, vol. 06: 1786–1787, issue 153.

Calcutta Gazette; or, Oriental Advertiser, vol. 10: 1788–1789, issue 237.

Calcutta Gazette; or, Oriental Advertiser, vol. 14: 1790–1791, issue 357.

Calcutta Gazette; or, Oriental Advertiser, vol. 16: 1791–1792, issue 392.

General Evening Post (London), Tuesday, May 23, 1786, issue 8200.

General Evening Post (London), Saturday, June 14, 1788, issue 8516.

The Gentleman's Magazine, January 1731, vol. 1, p. 37.

The Gentleman's Magazine, August 1785, vol. 55, p. 655.

The Gentleman's Magazine, July 1786, vol. 56, part 2, pp. 967- 68.

The Gentleman's Magazine, December 1807, vol. 77, part 2, p. 1172.

The Gentleman's Magazine, 1809, vol. 79, p. 477.

India Gazette, or, Calcutta Public Advertiser, Monday, January 17, 1785, vol. 5, issue 218.

India Gazette, or Calcutta Public Advertiser, vol. 5, January 31, 1785, issue 220.

India Gazette, or Calcutta Public Advertiser, vol. 5, April 25, 1785, issue 232.

Lloyd's Evening Post (London), Wednesday, January 17, 1781, issue 3679.

London Chronicle (London, England), September 3–5, 1778, issue 3394.

London Chronicle, Saturday, December 21, 1782, issue 4067.

London Chronicle, Saturday, February 8, 1783, issue 4088.

London Chronicle, Saturday, March 15, 1783, issue 4110.

London Chronicle, Saturday, December 26, 1789, issue 5211.

London Courant and Westminster Chronicle, Monday, January 22, 1781.

London Gazette, February 16, 1782–February 19, 1782, issue 12271.

London Gazette, Saturday, May 10, 1783, issue 12439.

London Gazette, Tuesday, July 6, 1784, issue 12558.

London Gazette, Saturday, July 19, 1783, issue 12459.

London Gazette, Tuesday, March 14, 1786, issue 12734.

London Gazette, Tuesday, April 4, 1786, issue 12740.

London Gazette, April 15, 1786–April 18, 1786, issue 12743.

London Gazette, Tuesday, July 4, 1786, issue 12766.

London Gazette, Saturday, April 14, 1787, issue 12847.

London Gazette, Tuesday, October 26, 1790, issue 13249.

London Gazette, Saturday, January 22, 1791, issue 13276.

London Gazette, Saturday, June 18, 1791, issue 13318.

Morning Chronicle and London Advertiser, Saturday, March 22, 1783, issue 4320.

Morning Chronicle and London Advertiser, Monday, May 16, 1785, issue 4993.

Morning Herald and Daily Advertiser (London), Saturday, February 1, 1783, issue 706.

Morning Post and Daily Advertiser (London), Tuesday, January 23, 1781, issue 2561.

Public Advertiser (London), Wednesday, February 5, 1783, issue 15191.

Public Advertiser (London), Thursday, June 24, 1784, issue 15625.

Public Advertiser (London), Friday, July 22, 1785, issue 15962.

Public Advertiser (London), Wednesday, January 27, 1790, issue 17324.

The Times (London), Friday, July 8, 1785, p. 3, issue 166.

World (London), Monday, November 23, 1789, issue 899.

手册与文献

Burke, Edmund, *Mr. Burke's Speech on the motion made for papers relative to the Directions for charging the nabob of Arcot's private debts to Europeans on the revenues of the Carnatic, February 28th, 1785* (London: J. Dodsley, 1785).

Dundas, Henry, *Heads of Mr. Dundas's Speech on the State of Affairs of the East India Company the 25th February 1793* (London, 1793).

East India Company, *Three Reports of the Select Committee, appointed by the Court of Directors to take into consideration the export trade from Great Britain to the East Indies, China, Japan, and Persia; laid before the Lords of the Committee of Privy Council. With the appendixes. Also, Mr. Secretary Dundas's letter to Mr. Baring; a concise statement of the East India Company's income; and the heads of their agreement for a new charter* (London: J. S. Jordan, 1793).

Goldsmith, Oliver, *Citizens of the World: or, letters from a Chinese philosopher, residing in London, to his friends in the East* (1760– 61).

Scott, David, *Remarks and Ideas upon the Export Trade from Great Britain to India with a Plan and Proposals for the Increase thereof* (London, 1787).

议会资料来源

General Index to the Journals of the House of Commons, vol. 35, A.D. 1774–vol. 55, A.D. 1800.

House of Lords Sessional Papers, 1714 –1805, January 1, 1760–July 2, 1801.

Journals of the House of Commons, vol. 49, 1794.

英文资料集

Chang Hsiu-Jung and Anthony Farrington, et al., eds., *The English Factory in Taiwan, 1670 –1685* (Taipei: Taiwan University Press, 1995), 9–16.

Great Britain, Royal Commission on Historical Manuscripts, *Report on the Palk Manuscripts in the Possession of Mrs Bannatyne of Haldon, Devon* (London: Her Majesty's Stationery Office, 1922).

Marshall, Peter, ed., *The Writings and Speeches of Edmund Burke*, vol. 5: *India: Madras and Bengal, 1774 –1785* (New York: Oxford University Press, 1981).

Pickering, Danby, ed., *The Statutes at Large from the Magna Charta to the End of the Eleventh Parliament of Great Britain*, vol. 28 (Cambridge, 1761–1807).

Quincy, Josiah, ed., *The Journals of Major Samuel Shaw, the First American Consul at Canton: with a Life of the Author* (Boston: W. Crosby and H. P. Nichols, 1847).

Raithby, John, ed., *The Statutes Relating to the Admiralty, Navy, Shipping and Navigation of the United Kingdom* (London: George Eyre and Andrew Strahan, 1823).

Ross, Charles, ed., *Correspondence of Charles, First Marquis Cornwallis*, vol. 3 (London: John Murray, 1859).

Spencer, Alfred, *Memoirs of William Hickey* (London: Hurst and Blackett, 1919), vols. 1–2.

Van Dyke, Paul, and Cynthia Viallé, trans., *The Canton-Macao Dagregister 1763* (Macao: Cultural Institute, 2008).

中文资料集

Fu, Loshu, ed., *A Documentary Chronicle of Sino-Western Relations* (Tucson: Published for the Association for Asian Studies by the University of Arizona Press, 1966).

Qianlong Chao Shangyu Dang 乾隆朝上谕档, Zhongguo Di 1 Lishi Dang'an Guanbian, 中国第一历史档案馆编 [Imperial Edicts Archive in the Qianlong Reign], vols. 1–18 (Beijing: Dangan Chuban She, Faxing Xinhua Shudian Beijing Faxingsuo, 1991).

Qinggong Yue Gang Ao Shangmao Dang'an Quanji 清宫粤港澳商贸档案全集 [A Complete Collection of the Archival Documents on Trade in Canton, Hong Kong, and Macao from the Qing Palace]. Zhongguo Guji Zhengli Yanjiu Huibian, 1652–1911, vol. 5 (Beijing: Zhongguo Shudian, 2002), facsimile.

Xiangshan Ming Qing Dang'an Jilu 香山明清档案辑录 [Collection of Xiangshan (County) Ming-Qing Documents, 1624–1911] (Shanghai: Shanghai Guji Chuban She, 2006).

Yang Jibo, Wu Zhiliang, and Deng Kaisong, eds., *Ming Qing Shiqi Aomen Wenti Dang'an Wenxian Huibian* 明清时期澳门问题档案文献汇编 [Collection of Ming-Qing Documents Concerning Macao Affairs, 1624–1911], 6 vols. (Beijing: Renmin Chuban She, 1999).

二手文献

Andrade, Tonio, "A Chinese Farmer, Two African Boys, and a Warlord: Toward a Global Microhistory," *Journal of World History*, vol. 21, no. 4 (2011).

———, *The Gunpowder Age: China, Military Innovation, and the Rise of the West in World History* (Prince ton, N.J.: Prince ton University Press, 2016).

———, *How Taiwan Became Chinese: Dutch, Spanish, and Han Colonization in the Seventeenth Century* (New York: Columbia University Press, 2008).

————, "Koxinga's Conquest of Taiwan in World History: Refl ections on the Occasion of the 350th Anniversary," *Late Imperial China*, vol. 33, no. 1 (June 2012): 122– 40.

Arasaratnam, Sinnappah, *Maritime Commerce and English Power: Southeast India, 1750 –1800* (Brookfi eld, Vt.: Variorum, 1996).

Ballantyne, Tony, *Orientalism and Race: Aryanism in the British Empire* (New York: Palgrave, 2002).

Bassett, D. K., "British 'Country' Trade and Local Trade Networks in the Thai and Malay States, c. 1680–1770," *Modern Asian Studies* (1989): 625– 43.

————, *British in South-East Asia During the Seventeenth and Eighteenth Centuries* (Hull: University of Hull, Centre for South-East Asian Studies, 1990).

————, *British Trade and Policy in Indonesia and Malaysia in the Late Eighteenth Century* (Zug, Switzerland: Inter Documentation Company, 1971).

Batchelor, Robert, "Concealing the Bounds: Imagining the British Nation through China," in Felicity A. Nussbaum, ed., *The Global Eighteenth Century* (Baltimore, Md.: Johns Hopkins University Press, 2000).

Bayly, C. A., *Imperial Meridian: The British Empire and the World, 1780 –1830* (London: Longman, 1989).

————, *Indian Society and the Making of the British Empire* (New York: Cambridge University Press, 1990).

Beevers, David, ed., *Chinese Whispers: Chinoiserie in Britain, 1650 –1930* (Brighton, UK: Royal Pavilion and Museums, 2009).

Benn, James A., *Tea in China: A Religious and Cultural History* (Honolulu: University of Hawaii Press, 2015).

Berg, Maxine, *Luxury and Pleasure in Eighteenth-Century Britain* (Oxford: Oxford University Press, 2007).

Berg, Maxine, Felicia Gottmann, Hanna Hodacs, and Chris Nierstrasz, eds.,

Goods from the East, 1600 –1800: Trading Eurasia (London: Palgrave Macmillan, 2015).

Bickers, Robert, ed., Ritual and Diplomacy: *The Macartney Mission to China, 1792-1794* (London: Wellsweep Press, 1993).

Blake, Robert, *Jardine Matheson: Traders of the Far East* (London: Weidenfeld and Nicholson, 1999).

Blussé, Leornard, *Strange Company: Chinese Settlers, Mestizo Women and the Dutch in VOC Batavia* (Riverton, N.J.: Foris, 1986).

Bowen, Huw, "British Exports of Raw Cotton from India to China during the Late Eighteenth and Early Nineteenth Centuries," in Giorgio Riello and Tirthankar Roy, eds., *How India Clothed the World: The World of South Asian Textiles, 1500 –1850* (Leiden: Brill, 2009).

———, *The Business of Empire: The East India Company and Imperial Britain, 1756 –1833* (Cambridge: Cambridge University Press, 2006).

———, "Gentlemanly Capitalism and the Making of a Global British Empire: Some Connections and Contexts, 1688-1815," in Shigeru Akita, ed., *Gentlemanly Capitalism, Imperialism and Global History* (New York: Palgrave, 2002).

———, "Investment and Empire in the Later Eighteenth Century: East India Stockholding, 1756-1791," *The Economic History Review*, new series, vol. 42, no. 2 (May 1989): 186-206.

———, "Privilege and Profi t: Commanders of East Indiamen as Private Traders, Entrepreneurs and Smugglers, 1760-1813," *International Journal of Maritime History*, vol. 19, no. 2 (2007): 43- 88.

Breen, T. H., "An Empire of Goods: The Anglicization of Colonial America, 1690-1776," *Journal of British Studies*, vol. 25, *Re-viewing the Eighteenth Century* (1986): 467-99.

Brewer, John, *The Sinews of Power: War, Money, and the English State, 1688 –1783*

(New York: Knopf, 1989).

Brockey, Liam, *Journey to the East: The Jesuit Mission to China, 1579 –1724* (Cambridge, Mass.: Belknap Press of Harvard University Press, 2007).

Brook, Timothy, *Vermeer's Hat: The Seventeenth Century and the Dawn of the Global World* (New York: Bloomsbury Press: Distributed by Macmillan, 2008).

Bruijn, Iris, *Ship's Surgeons of the Dutch East India Company: Commerce and the Progress of Medicine in the Eighteenth Century* (Leiden: Leiden University Press, 2009).

Bryant, G. J., "Scots in India in the Eighteenth Century," *Scottish Historical Review*, vol. 64, I: no. 177 (April 1985): 22– 41.

Bulley, Anne, *The Bombay Country Ships, 1790 –1833* (Richmond, UK: Curzon,2000).

——, *Free Mariner: John Adolphus Pope in the East Indies, 1786 –1821* (London: BACSA, 1992).

Burke, Bernard, *General Armory of England, Scotland, Ireland, and Wales; Comprising a Registry of Armorial Bearings from the Earliest to the Present Time* (London: Harrison and Sons, 1884).

Burnett, John, *Liquid Pleasures: A Social History of Drinks in Modern Britain*(New York: Routledge, 1999).

Burton, Antoinette, *Burdens of History: British Feminists, Indian Women, and Imperial Culture, 1865 –1915* (Chapel Hill: University of North Carolina Press, 1994).

Cain, Alex M., *The Cornchest for Scotland: Scots in India* (Edinburgh: National Library of Scotland, 1986).

Cain, P. J., and A. G. Hopkins, *British Imperialism: 1688 –2000* (New York: Longman, 2002).

——, "Gentlemanly Capitalism and British Expansion Overseas. I. The Old

Colonial System, 1688-1850," *The Economic History Review*, new series, vol. 39, no. 4 (November 1986): 501-25.

Carr, Lois Green, and Lorena Walsh, "The Standard of Living in the Colonial Chesapeake," *The William and Mary Quarterly*, 3rd ser., 45 (1988): 135-59.

Carter, Elizabeth, *Letters from Mrs. Elizabeth Carter to Mrs. Montagu between the Years 1755 and 1800 Chiefl y upon Literary and Moral Subjects*, 3 vols. (London: F. C. and J. Rivington, 1817).

Catterall, Douglas, "Scots along the Mass, c. 1570-1750," in Steve Murdoch and Alexia Grosjean, eds., *Scottish Communities Abroad in the Early Modern Period* (Boston: Brill, 2005).

Chang, Hsin-pao, *Commissioner Lin and the Opium War* (New York: W. W. Norton, 1970).

Chaudhuri, K. N., *Asia before Europe: Economy and Civilisation of the Indian Ocean from the Rise of Islam to 1750* (New York: Cambridge University Press, 1990).

——, *The Trading World of Asia and the English East India Company, 1660-1760* (Cambridge: Cambridge University Press, 1978).

Chen, Kuo-Tung, *Insolvency of the Chinese Hong Merchants, 1760-1843* (Taipei: Institute of Economics, Academia Sinica, 1990).

Chen, Li, *Chinese Law in Imperial Eyes: Sovereignty, Justice, and Transcultural Politics* (New York: Columbia University Press, 2016).

Cheong, W. E., "Changing the Rules of the Game (The India-Manila Trade, 1785-1809)," *Journal of Southeast Asian Studies*, vol. 1, no. 2 (1970): 1-19.

——, *Hong Merchants of Canton: Chinese Merchants in Sino-Western Trade* (Richmond, UK: Curzon, 1997).

——, *Mandarins and Merchants: Jardine Matheson & Co., a China Agency of the Early Nineteenth Century* (London: Curzon, 1979).

Cipolla, Carlo, *Guns, Sails and Empires: Technological Innovation and the Early Phases of European Expansion, 1400 –1700* (New York: Minerva Press, 1965).

Clark, F., *The East India Register and Army List for 1845* (London, 1845).

Clulow, Adam, "The Art of Claiming: Possession and Resistance in Early Modern Asia," *American Historical Review*, vol. 121, no. 1 (February 2016): 17–38.

————, *The Company and the Shogun: The Dutch Encounter with Tokugawa Japan* (New York: Columbia University Press, 2014).

————, "European Maritime Violence and Territorial States in Early Modern Asia, 1600–1650," *Itinerario*, vol. 33, no. 3 (2009).

Cole, W. A. "Trends in Eighteenth-Century Smuggling," *The Economic History Review*, new series, vol. 10, no. 3 (1958): 395– 410.

Colley, Linda, *The Ordeal of Elizabeth Marsh: A Woman in World History* (New York: Pantheon, 2007).

Combs, Mary Beth, "'Concealing Him from His Creditors': How Couples Contributed to the Passage of the 1870 Married Women's Property Act," in Tim Stretton and Krista Kesselring, eds., *Married Women and the Law: Coverture in England and the Common Law World* (Montreal: McGill-Queen's University Press, 2013).

Conner, Patrick, *The Hongs of Canton: Western Merchants in South China, 1700 –1900* (London: English Art Books, 2009).

Cook, Andrew S., "Alexander Dalrymple (1737–1808), Hydrographer to the East India Company and to the Admiralty as Publisher" (PhD thesis, University of St. Andrews, 1993).

Cormack, A. A., *An Historic Outline of the George Smith Bounty* (Banff, Scotland: Banffshire Journal, February 1952).

————, *More about Founder of Fordyce Academy*, Reprinted from *Banffshire*

Journal, January–February 1957 (Petercultern, Scotland: The Author, 1957).

Cunningham, Peter, ed., *The Letters of Horace Walpole, Fourth Earl of Orford*, vol. 1 (Edinburgh: J. Grant, 1906).

Dalrymple, William, *White Mughals: Love and Betrayal in Eighteenth-Century India* (London: Penguin Books, 2004).

Davies, Tim, "British Private Trade Networks in the Arabian Seas, c. 1680–c. 1760" (DPhil thesis, University of Warwick, 2012).

Davis, Natalie Zemon, *Trickster Travels: A Sixteenth-Century Muslim between Worlds* (New York: Hill and Wang, 2006).

Dermigny, Louis, *Cargaisons Indiennes, Solier et Cie, 1781–1793*, 2 vols. (Paris: S.E.V.P.E.N., 1959– 60).

———, *La Chine et l'Occident: Le Commerce à Canton au XVIIIe Siè cle*, vols. 1–4 (Paris: S.E.V.P.E.N., 1964).

Devine, T. M., *Scotland's Empire, 1600 –1815* (London: Penguin Books, 2004).

Devine, T. M., and Angela McCarthy, "Introduction: The Scottish Experience in Asia, c. 1700 to the Present: Settlers and Sojourners," in T. M. Devine and Angela McCarthy, eds., *The Scottish Experience in Asia, c. 1700 to the Present: Settlers and Sojourners* (Cham, Switzerland: Palgrave Macmillan, 2017).

Dickson, P. G. M., *The Financial Revolution in England: A Study in the Development of Public Credit, 1688 –1756* (New York: St. Martin's Press, 1967).

Drummond, Mary M., "Monckton, Hon. Edward (1744–1832), of Somerford Hall, Staff," *History of Parliament: The House of Commons 1754 –1790*, ed. L. Namier and J. Brook, 1964.

Erickson, Amy Louise, *Women and Property in Early Modern England* (New York: Routledge, 1995).

Erikson, Emily, *Between Monopoly and Free Trade: The English East India Company, 1600 –1757* (Prince ton, N.J.: Prince ton University Press, 2014).

Fairbank, John King, *Trade and Diplomacy on the China Coast: The Opening of Treaty Ports, 1842 –1854* (1953; Cambridge, Mass.: Harvard University Press, 1964).

Farrington, Anthony, *Offi cer Casualties of the Indian Armies 1803-1946 as Reported in the EIC Register, India Offi ce List, Indian Army List* (London: Savannah, 2012).

Fay, Peter Ward, *Opium War, 1840 –1842: Barbarians in the Celestial Empire in the Early Part of the Nineteenth Century and the War by Which They Forced Her Gates Ajar* (Chapel Hill: University of North Carolina Press, 1975).

Fichter, James, *So Great a Proffi t: How the East Indies Trade Transformed Anglo-American Capitalism* (Cambridge, Mass.: Harvard University Press, 2010).

Finn, Margot, "Anglo-Indian Lives in the Later Eighteenth and Early Nineteenth Centuries, *Journal for Eighteenth-Century Studies*, vol. 33, no. 1 (2010).

Frank, Andre Gunder, *Re-Orient: Global Economy in the Asian Age* (Berkeley: University of California Press, 1998).

Frost, Alan, *The Global Reach of Empire: Britain's Maritime Expansion in the Indian and Pacifi c Oceans, 1764 –1815* (Carlton, Australia: Miegunyah Press, 2003).

Fry, Michael, *The Dundas Despotism* (Edinburgh: Edinburgh University Press, 1992).

Furber, Holden, "Asia and the West as Partners Before 'Empire' and After," *Journal of Asian Studies*, vol. 28, no. 4 (1969): 711–21.

———, *Henry Dundas, First Viscount Melville, 1742–1811* (Oxford: Oxford

University Press, 1931).

————, *John Company at Work: A Study of European Expansion in India in the Late Eighteenth Century* (New York: Octagon Books, 1970).

————, "Madras in 1787," in Rosane Rocher, ed., *Private Fortunes and Company Profits in the India Trade in the 18th Century* (Brookfield, Vt.: Variorum, 1997).

————, *Rival Empires of Trade in the Orient, 1600 –1800* (Minneapolis: University of Minnesota Press, 1976).

Games, Alison, *Web of Empire: English Cosmopolitans in an Age of Expansion, 1560 –60* (New York: Oxford University Press, 2008).

Gardella, Robert, *Harvesting Mountains: Fujian and the China Tea Trade, 1757– 1937* (Berkeley: University of California Press, 1994).

Goldstein, Jonathan, *Philadelphia and the China Trade, 1682–1846* (University Park: Pennsylvania State University Press, 1978).

————, *Stephen Girard's Trade with China, 1787–1824: The Norms versus the Profits of Trade* (Portland, Maine: Merwin Asia Publishers, 2011).

Gosh, Amitav, *River of Smoke* (New York: Farrar, Straus and Giroux, 2011).

Grace, Richard, *Opium and Empire: The Lives of and Careers of William Jardine and James Matheson* (Montreal: McGill-Queen's University Press, 2016).

Grant, Frederick Delano, *The Chinese Cornerstone of Modern Banking: The Canton Guaranty System and the Origins of Bank Deposit Insurance, 1780 –1933* (Leiden: Brill Nijhoff, 2014).

Greenberg, *Michael, British Trade and the Opening of China, 1800 –42* (Westport, Conn., Hyperion Press, 1979).

Guo, Deyan 郭德炎 , *Qingdai Guangzhou de Basi Shangren* 清代广州的巴斯商 人 [Parsee Merchants in Guangzhou during the Qing Dynasty] (Beijing: Zhonghua shuju, 2005).

Gurney, J. D., "The Debts of the Nawab of Arcot, 1763–1776" (DPhil thesis,

Oxford University, 1968).

Hall, Catherine, and Sonya O. Rose, "Introduction," in Catherine Hall and Sonya O. Rose, eds., *At Home with the Empire: Metropolitan Culture and the Imperial World* (Cambridge: Cambridge University Press, 2006).

Hancock, David, *Citizens of the World: London Merchants and the Integration of the British Atlantic Community, 1735 –1785* (Cambridge: Cambridge University Press, 1995).

Hanser, Jessica, "From Cross-Cultural Credit to Colonial Debt: British Expansion in Madras and Canton, 1750–1800," *American Historical Review,* forthcoming.

———, "Teatime in Northumberland: The Consumption of Chinese Exports in North-east England," *Northern History*, vol. 49 (March 2012).

Harlow, Vincent T., *The Founding of the Second British Empire, 1763 –1793*, vols. 1, 2 (London: Longmans, Green, 1964).

Harms, Robert, *Diligent: A Voyage through the Worlds of the Slave Trade* (New York: Basic Books, 2002).

Harris, Ron, *Industrializing English Law: Entrepreneurship and Business Organization, 1720 –1844* (Cambridge: Cambridge University Press, 2000).

Hellman, Lisa, "Navigating the Foreign Quarters: Everyday Life of the Swedish East India Company Employees in Canton and Macao, 1730–1830" (PhD thesis, Stockholm University, 2015).

Hevia, James, *Cherishing Men from Afar: Qing Guest Ritual and the Macartney Embassy of 1793* (Durham, N.C.: Duke University Press, 1995).

Hodacs, Hanna, and Leos Mueller, "Chests, Tubs and Lots of Tea: The European Market for Chinese Tea and the Swedish East India Company c. 1730– 60," in Maxine Berg, Felicia Gottmann, Hanna Hodacs, and Chris Nierstrasz, eds., *Goods from the East, 1600 –1800: Trading Eurasia*

(London: Palgrave Macmillan, 2015).

Hodson, V. C. P., *List of the Offi cers of the Bengal Army*, 4 vols. (London, 1927– 47).

Hoffman, Philip, *Why Did Europe Conquer the World?* (Prince ton, N.J.: Prince ton University Press, 2015).

Honour, Hugh, *Chinoiserie: The Vision of Cathay* (1961; New York: Harper and Row, 1973).

Hoppit, Julian, *Risk and Failure in English Business, 1700 –1800* (New York: Cambridge University Press, 1987).

Impey, Oliver, *Chinoiserie: The Impact of Oriental Styles on Western Art and Decoration* (New York: Scribner's, 1977).

Jasanoff, Maya, *Edge of Empire: Lives, Culture, and Conquest in the East, 1750 – 1850* (New York: Vintage Books, 2005).

Jenkins, Eugenia Zuroski, *A Taste for China: English Subjectivity and the Prehistory of Orientalism* (New York: Oxford University Press, 2013).

Jing, Junjian, "Legislation Related to the Civil Economy in the Qing Dynasty," in Kathryn Bernhardt and Philip C. C. Huang, eds., *Civil Law in Qing and Republican China* (Stanford: Stanford University Press, 1994).

Jones, Eric, *The European Miracle: Environments, Economies and Geopolitics in the History of Europe and Asia*, 3rd ed. (Cambridge: Cambridge University Press, 2003).

Kitson, Peter, *Forging Romantic China: Sino-British Cultural Exchange* (Cambridge: Cambridge University Press, 2013).

Kuhn, Philip, *Soulstealers: The Chinese Sorcery Scare of 1768* (Cambridge, Mass.: Harvard University Press, 1995).

Landes, David, *The Wealth and Poverty of Nations: Why Some Are So Rich and Some So Poor* (New York: Norton, 1998).

Latham, Robert, and William Matthews, eds., *The Shorter Pepys* (Berkeley:

University of California Press, 1985).

Lawson, Philip, *The East India Company: A History* (London: Longman, 1993).

———, "Women and the Empire of Tea: Image and Counter-Image in Hanoverian England," in David Cannadine, Linda Colley, and Ken Munro, eds., *A Taste for Empire and Glory: Studies in British Overseas Expansion, 1660 -1800* (Brookfi eld, Vt.: Variorum, 1997).

Leonard, Adrian, "Underwriting British Trade to India and China, 1780– 1835," *The Historical Journal*, vol. 55, no. 4 (December 2012): 983–1006.

Love, William Davison, *Vestiges of Old Madras, 1640 -1800*, vols. 1– 4 (London: J. Murray, 1913).

Macfarlane, Alan, and Iris Macfarlane, *Green Gold: The Empire of Tea* (London: Ebury Press, 2003).

Macinnes, Allan I., and Douglas J. Hamilton, *Jacobitism, Enlightenment and Empire: 1680 -1820* (London: Pickering and Chatto, 2014).

Mackenzie, John, *Propaganda and Empire: The Manipulation of British Public Opinion, 1880 -1960* (Manchester, UK: Manchester University Press, 1984).

Mackillop, Andrew, "Accessing Empire: Scotland, Europe, Britain, and the Asia Trade, 1695– c. 1750." *Itinerario*, vol. 29, no. 3 (November 2005): 7–30.

———, "Europeans, Britons and Scots: Scottish Sojourning Identities and Networks in India, c. 1700–1815," in Angela McCarthy, ed., *A Global Clan: Scottish Migrant Networks and Identities since the Eighteenth Century* (New York: Tauris Academic Studies, 2006).

———, "A North Europe World of Tea: Scotland and the Tea Trade, c. 1690–1790," in Maxine Berg, Felicia Gottmann, Hanna Hodacs, and Chris Nierstrasz, eds., *Goods from the East, 1600 -1800: Trading Eurasia* (London: Palgrave Macmillan, 2015).

Mair, Victor, and Erling Hoh, *The True History of Tea* (London: Thames and

Hudson, 2009).

Markley, Robert, *The Far East and the English Imagination, 1600 –1730* (Cambridge: Cambridge University Press, 2006).

Marshall, P. J., *Bengal: The British Bridgehead, Eastern India, 1740 –1828* (Cambridge: Cambridge University Press, 1987).

————, *East Indian Fortunes: The British in Bengal in the Eighteenth Century* (Oxford, UK: Clarendon Press, 1976).

————, *The Making and Unmaking of Empires: Britain, India, and America, c. 1750 – 1783* (Oxford: Oxford University Press, 2007).

————, "Masters and Banians in Eighteenth-Century Calcutta," in Blair B. Kling and M. N. Pearson, *The Age of Partnership: Europeans in Asia before Dominion* (Honolulu: University of Hawaii Press, 1979), 191–215.

————, "Private British Trade in the Indian Ocean before 1800," in *Trade and Conquest: Studies on the Rise of British Dominance in India* (Brookfi eld, Vt.: Variorum, 1993).

————, "The White Town of Calcutta under the Rule of the East India Company," *Modern Asian Studies*, vol. 34, no. 2 (May 2000).

————, "William Hickey (1749–1827)," *Oxford Dictionary of National Biography* (Oxford: Oxford University Press, 2004).

Marx, Karl, "Revolution in China and in Europe," *New York Daily Tribune*, June 14, 1853.

McCarthy, Angela, *A Global Clan: Scottish Migrant Networks and Identities since the Eighteenth Century* (New York: Tauris Academic Studies, 2006).

McGilvary, George, *East India Patronage and the British State: The Scottish Elite and Politics in the Eighteenth Century* (London: Tauris Academic Studies, 2008).

Meijers, Esther, *News from the Republick of Letters: Scottish Students, Charles Mackie, and the United Provinces, 1650 –1750* (Boston: Brill, 2012).

Mentz, Søren, *The English Gentleman Merchant at Work: Madras and the City of London, 1660 –1740* (Copenhagen: Museum Tusculanum Press, University of Copenhagen, 2005).

Mintz, W. Sidney, *Sweetness and Power: The Place of Sugar in Modern History* (New York: Penguin Books, 1986).

Mok, Maria Kar-wing, "Trading with Traders: The Wonder of Cantonese Shopkeepers," in Paul Van Dyke and Susan Schopp, eds., *The Private Side of the Canton Trade, 1700 –1840: Beyond the Companies* (Hong Kong: Hong Kong University Press, 2018).

———, "Xieshi Yu Xiangxiang Zhi Jian: Ghangzhou Shangguan Ji Huangbu Bodi Waixiao Hua De Shiliao Yiyi" 写实与想像之间：广州商馆暨黄埔泊地外销书的史料意义 [Between Realism and Imagination: The Historical Meaning of Canton and Whampoa Export Paintings] (PhD dissertation, Department of History, Sun Yat-Sen University, 2017).

Mok, Patrick Kin Wai, "The British Intra-Asian Trade with China, 1800– 1842" (PhD dissertation, Department of History, University of Hong Kong, 2004).

Mokyr, Joel, *Lever of Riches: Technical Creativity and Economic Progress* (New York: Oxford University Press, 1999).

Morse, H. B., *Chronicles of the East India Company Trading to China, 1635 –1834*, vols. 1, 2, 5 (Oxford, UK: Clarendon Press, 1926–29).

———, 'The Provision of Funds for the East India Company's Trade at Canton during the Eighteenth Century," *The Journal of the Royal Asiatic Society*, April 1922.

Mueller, Leos, "Scottish and Irish Entrepreneurs in Eighteenth-Century Sweden," in David Dickson, Jan Parmentier, and Jane Ohlmeyer, eds., *Irish and Scottish Mercantile Networks in Europe and Overseas in the Seventeenth and Eighteenth Centuries* (Ghent, Belgium: Academia, 2007).

Mui, Lorna, and Mui Hoh-cheung, "Smuggling and the British Tea Trade," *The American Historical Review*, vol. 74, no. 1 (October 1968): 44–73.

——, "Trends in Eighteenth-Century Smuggling Reconsidered," *The Economic History Review*, vol. 28, no. 1 (February 1975): 28– 43.

——, "William Pitt and the Enforcement of the Commutation Act, 1784–1788," *The English Historical Review*, vol. 76, no. 300 (July 1961): 447–65.

Muldrew, Craig, *The Economy of Obligation: The Culture of Credit and Social Relations in Early Modern England* (New York: St. Martin's Press, 1998).

Murdoch, Steve, *Network North: Scottish Kin, Commercial and Covert Association in Northern Europe, 1603 –1746* (Boston: Brill, 2006).

Murdoch, Steve, and Alexia Grosjean, eds., *Scottish Communities Abroad in the Early Modern Period* (Boston: Brill, 2005).

Namier, Lewis, and John Brooke, eds., *The House of Commons, 1754 –1790* (New York: Published for the History of Parliament Trust by Oxford University Press, 1964).

Naquin, Susan, *Shantung Rebellion: The Wang Lun Uprising of 1774* (New Haven, Conn.: Yale University Press, 1981).

Nechtman, Tillman, *Nabobs: Empire and Identity in Eighteenth-Century Britain* (New York: Cambridge University Press, 2010).

Nierstrasz, Chris, "The Popularization of Tea: East India Companies, Private Traders, Smugglers and the Consumption of Tea in Western Europe, 1700– 1760," in Maxine Berg, Felicia Gottmann, Hanna Hodacs, and Chris Nierstrasz, eds., *Goods from the East, 1600 –1800: Trading Eurasia* (London: Palgrave Macmillan, 2015).

Nightingale, Pamela, *Trade and Empire in Western India, 1784 –1806* (Cambridge: Cambridge University Press, 1970).

North, Douglass C., and Barry Weingast, "Constitutions and Commitment:

The Evolution of Institutions Governing Public Choice in Seventeenth-Century England," *The Journal of Economic History*, vol. 49, no. 4 (December 1989): 803–32.

O'Brien, Conor Cruise, *The Great Melody: A Thematic Biography and Commented Anthology of Edmund Burke* (Chicago: University of Chicago Press, 1993).

Ogborn, Miles, *Global Lives: Britain and the World, 1550 –1800* (Cambridge: Cambridge University Press, 2012).

Parker, Geoffrey, *The Military Revolution: Military Innovation and the Rise of the West, 1500 –1800*, 2nd ed. (Cambridge: Cambridge University Press, 1996).

Parker, James G., "Scottish Enterprise in India, 1750–1914," in R. A. Cage, ed., *The Scots Abroad: Labour, Capital, Enterprise, 1750 –1914* (London: Croom Helm, 1985).

Parmentier, Jan, *Tea Time in Flanders: The Maritime Trade between the Southern Nether lands and China in the 18th Century* (Ghent, Belgium: Ludion Press, 1996).

Parthasarathi, Prasannan, *Why Europe Grew Rich and Asia Did Not: Global Economic Divergence, 1600 –1850* (Cambridge: Cambridge University Press, 2011).

Pearson, M. N., "Merchants and States," in James D. Tracy, ed., *The Political Economy of Merchant Empires: State Power and World Trade, 1350 –1750* (Cambridge: Cambridge University Press, 1991).

Peyrefi tte, Alain, *Immobile Empire* (New York: Vintage Books, 1992).

Philips, C. H., *The Correspondence of David Scott, Director and Chairman of the East India Company, Relating to Indian Affairs, 1787–1805*, vol. 1 (London: Offi ces of the Royal Historical Society, 1951).

———, *The East India Company, 1784 –1834* (Bombay: Oxford University Press,

1961).

Phillips, Jim, "Parliament and Southern India, 1781-3: The Secret Committee of Inquiry and the Prosecution of Sir Thomas Rumbold," *Parliamentary History*, vol. 7, part 1 (1988).

———, "Private Profi t and Imperialism in Eighteenth-Century Southern India: The Tanjore Revenue Dispute, 1775-1777," *Journal of South Asian Studies*, vol. 9, no. 2 (1986).

———, "A Successor to the Moguls: The Nawab of the Carnatic and the East India Company, 1763-1785," *The International History Review*, vol. 7, no. 3 (1985): 364- 89.

Plank, Geoffrey, *Rebellion and Savagery: The Jacobite Rising of 1745 and the British Empire* (Philadelphia: University of Pennsylvania Press, 2006).

Platt, Stephen R., *Autumn in the Heavenly Kingdom: China, the West, and the Epic Story of the Taiping Civil War* (New York: Vintage Books, 2012).

Pomeranz, Kenneth, *The Great Divergence: China, Europe, and the Making of the Modern World Economy* (Prince ton, N.J.: Prince ton University Press, 2000).

Porter, Bernard, *The Absent-Minded Imperialists: Empire, Society, and Culture in Britain* (Oxford: Oxford University Press, 2004).

Porter, David, *The Chinese Taste in Eighteenth-Century England* (Cambridge: Cambridge University Press, 2010).

———, "A Peculiar but Uninteresting Nation: China and the Discourse of Commerce in Eighteenth-Century England," *Eighteenth-Century Studies*, vol. 33, no. 2, "Colonial Encounters" (Winter 2000): 181-99.

Prakash, Om, *European Commercial Enterprise in Pre-Colonial India* (Cambridge: Cambridge University Press, 1998).

Price, Jacob M., *Capital and Credit in British Overseas Trade: The View from the Chesapeake, 1700 -1776* (Cambridge, Mass.: Harvard University Press,

1980).

Pritchard, Earl, *Anglo-Chinese Relations during the Seventeenth and Eighteenth Centuries* (New York: Octagon Books, 1970).

———, *The Crucial Years of Early Anglo-Chinese Relations, 1750 –1800* (New York: Octagon Books, 1970).

———, "Private Trade between England and China in the Eighteenth Century (1680–1833)," *Journal of the Economic and Social History of the Orient*, vol. 1, no. 1 (August 1957): 108–37.

———, "Private Trade between England and China in the Eighteenth Century (Concluded)," *Journal of the Economic and Social History of the Orient*, vol. 1, no. 2 (April 1958): 221–56.

Puga, Rogerio Miguel, *The British Presence in Macao, 1636 –1793* (Hong Kong: Hong Kong University Press, 2013).

Quiason, S. D., *English Country Trade with the Philippines, 1644 –1765* (Quezon City: University of the Philippines Press, 1966).

Rappaport, Erika, *A Thirst for Empire: How Tea Shaped the Modern World* (Princeton, N.J.: Prince ton University Press, 2017).

Rawsky, Evelyn, *The Last Emperors: A Social History of Qing Imperial Institutions* (Berkeley: University of California Press, 1998).

Richard, Josepha, "Uncovering the Garden of the Richest Man on Earth in Nineteenth-Century Canton: Howqua's Garden in Honam, China," *Garden History*, vol. 43, no. 2 (2015): 168– 81.

Rose, Sarah, *For All the Tea in China: How England Stole the World's Favorite Drink and Changed History* (London: Hutchison, 2009).

Rosenthal, Jean-Laurent, and Bin Wong, *Before and Beyond Divergence: The Politics of Economic Change in China and Europe* (Cambridge, Mass.: Harvard University Press, 2011).

Rothschild, Emma, *Inner Life of Empires: An Eighteenth-Century History*

(Princeton, N.J.: Prince ton University Press, 2011).

Said, Edward, *Orientalism* (New York: Pantheon Books, 1978).

Schopp, Susan E., "The French in the Pearl River Delta: A Topical Case Study of Sino-European Exchanges in the Canton Trade, 1698–1840" (PhD dissertation, Department of History, University of Macau, 2015).

Shammas, Carole, "Changes in English and Anglo-American Consumption from 1550–1800," in John Brewer and Roy Porter, eds., *Consumption and the World of Goods* (New York: Routledge, 1994), 177–205.

Sharma, Jayeeta, *Empire's Garden: Assam and the Making of India* (Durham, N.C.: Duke University Press, 2011).

Singh, S. B., *European Agency Houses, 1783 –1833* (Calcutta: Firma K. L. Mukhopadhyay, 1966).

Sinha, H. N., ed., *Fort William–India House Correspondence and Other Contemporary Papers Relating Thereto* (public series), vols. 2–10 (Delhi: Published for the National Archives of India by the Manager of Publications, Government of India, 1957).

Sloboda, Stacy, *Chinoiserie: Commerce and Critical Ornament in Eighteenth-Century Britain* (Manchester, UK: Manchester University Press, 2014).

Smith, Carl T., "An Eighteenth-Century Macao Armenian Merchant Prince," *Review of Culture*, International Edition no. 6 (April 2003): 120–29.

———, "Parsee Merchants in the Pearl River Delta," *Review of Culture*, International Edition no. 10 (April 2004): 36– 49.

Smith, Carl T., and Paul A. Van Dyke, "Armenian Footprints in Macau," *Review of Culture*, International Edition no. 8 (October 2003): 20–39.

———, "Four Armenian Families." *Review of Culture*, International Edition no. 8 (October 2003): 40–50.

———, "Muslims in the Pearl River Delta, 1700 to 1930," *Review of Culture*, International Edition no. 10 (April 2004): 6–15.

Smith, John Russell, *The Heraldry of Smith in Scotland with Genealogical Annotations* (London, 1873).

Smith, S. D., "Accounting for Taste: British Coffee Consumption in Historical Perspective," *Journal of Interdisciplinary History*, vol. 27 (1996): 183–214.

Smith, Woodruff D., *Consumption and the Making of Respectability, 1600–1800* (New York: Routledge, 2002).

Smith-Bannister, Scott, *Names and Naming Patterns in England, 1538–1700* (New York: Oxford University Press, 1997).

Souza, George Bryan, *The Survival of Empire: Portuguese Trade and Society in China and the South China Sea, 1630–1754* (Cambridge: Cambridge University Press, 1986).

Spence, Jonathan, *Chan's Great Continent: China in Western Minds* (London: Norton, 1998).

———, *The Memory Palace of Matteo Ricci* (New York: Viking, 1984).

———, *The Search for Modern China*, 2nd ed. (New York: Norton, 1999).

Stern, Philip, *The Company-State: Corporate Sovereignty and the Early Modern Foundations of the British Empire in India* (Oxford: Oxford University Press, 2011).

Subrahmanyam, Sanjay, "Connected Histories: Note towards a Reconfiguration of Early Modern Eurasia," *Modern Asian Studies*, vol. 31, no. 3 (1997).

———, *Political Economy of Commerce: Southern India, 1500–1650* (New York: Cambridge University Press, 1990).

Subramanian, Lakshmi, *Indigenous Capital and Imperial Expansion: Bombay, Surat and the West Coast* (Oxford: Oxford University Press, 1996).

Symonds, P. A., "Petrie, William (1747–1816), of 14 Hanover Street, Hanover Square, Mdx.," Institute of Historical Research, The History of Parliament, http://www.historyofparliamentonline.org /

volume/1790–1820/member/ petrie-william-1747–1816.

Teltscher, *Kate, High Road to China: George Bogle, the Panchen Lama and the First British Expedition to Tibet* (London: Bloomsbury, 2006).

Thampi, Madhavi, and Shalini Saksena, *China and the Making of Bombay* (Mumbai: K. R. Cama Oriental Institute, 2009).

Thorne, R. G., ed., *The House of Commons, 1790 –1820* (London: Published for the History of Parliament Trust by Secker and Warburg, 1986).

———, "Macartney, George, Earl Macartney (1737–1806)," *Oxford Dictionary of National Biography* (Oxford: Oxford University Press, 2004).

Tomlinson, B. R., "The 'Empire of Enterprise' : Scottish Business Networks in Asian Trade, 1793–1810," *KIU Journal of Economics and Business Studies*, vol. 8 (2001): 67– 83.

———, "From Campsie to Kedgerie: Scottish Enterprise, Asian Trade and the Company Raj," *Journal of Modern Asian Studies*, vol. 36, no. 4 (2002): 769–91.

———, "The Only Merchant in Calcutta: John Fergusson and the Growth of Private Trade in Bengal, 1775–1790," in Toyin Falola and Emily Brownell, eds., *Africa, Empire and Globalization: Essays in Honor of A. G. Hopkins* (Durham, N.C.: Carolina Academic Press, 2011).

Tripathi, Amales, *Trade and Finance in the Bengal Presidency, 1793 –1833* (Bombay: Orient Longmans, 1956).

Trivellato, Francesca, "Credit, Honor, and the Early Modern French Legend of the Jewish Invention of Bills of Exchange," *The Journal of Modern History*, vol. 84, no. 2, "The Jew in the Modern European Imaginary" (June 2012): 289–334.

———, *Familiarity of Strangers: The Sephardic Diaspora, Livorno, and Cross-Cultural Trade in the Early Modern Period* (New Haven, Conn.: Yale University Press, 2009).

————, "Is There a Future for Italian Microhistory in the Age of Global History?" *California Italian Studies*, vol. 2 (2011).

Van Dyke, Paul, "The Anglo-Dutch Fleet of Defense (1620–1622): Prelude to the Dutch Occupation of Taiwan," in Leonard Blussé, ed., *Around and About in Formosa: Essays in Honor of Professor Ts'ao Yung-ho* (Taipei: Ts'ao Yung-ho Foundation for Culture and Education; Dist. SMC, 2003), 61– 81.

————, *The Canton Trade: Life and Enterprise on the China Coast, 1700 –1845* (Hong Kong: Hong Kong University Press, 2007).

————, "Floating Brothels and the Canton Flower Boats, 1750–1930," *Revista de Cultura*, vol. 37 (2011): 112– 42.

————, *Merchants of Canton and Macao: Politics and Strategies in Eighteenth-Century Chinese Trade*, vol. 1 (Hong Kong: Hong Kong University Press, 2011).

————, *Merchants of Canton and Macao: Success and Failure in Eighteenth-Century Chinese Trade*, vol. 2 (Hong Kong: Hong Kong University Press, 2016).

Van Dyke, Paul, and Maria Mok, *Images of the Canton Factories, 1760 –1822* (Hong Kong: Hong Kong University Press, 2015).

Van Dyke, Paul, and Susan Schopp, eds., *The Private Side of the Canton Trade, 1700 –1840: Beyond the Companies* (Hong Kong: Hong Kong University Press, 2018).

Wakemen, Frederick, *Strangers at the Gate: Social Disorder in South China, 1839– 1861* (Berkeley: University of California Press, 1997).

Ward, Kerry, *Networks of Empire: Forced Migration in the Dutch East India Company* (Cambridge: Cambridge University Press, 2009).

Warren, James, *The Sulu Zone, 1768-1898: The Dynamics of External Trade, Slavery, and Ethnicity in the Transformation of a Southeast Asian Maritime*

State (Singapore: NUS Press, 2007).

Watson, Ian Bruce, *Foundation for Empire: English Private Trade in India, 1659–1760* (New Delhi: Vikas, 1980).

Watt, Alistair, *Robert Fortune: A Plant Hunter in the Orient* (Kew, UK: Royal Botanic Gardens, Kew, 2017).

Weatherill, Lorna, *Consumer Behaviour and Material Culture in Britain, 1600 – 1760* (New York: Routledge, 1988).

Webster, Anthony, *Gentlemen Capitalists: British Imperialism in Southeast Asia, 1770 –1890* (London: Tauris Academic Studies, 1998).

———, *Richest East India Merchant: The Life and Business of John Palmer of Calcutta, 1767–1836* (Woodbridge, UK: Boydell Press, 2007).

———, *Twilight of the East India Company* (Rochester, N.Y.: Boydell Press, 2009).

Weiller, Kenneth J., and Philip Mirowski, "Rates of Interest in 18th Century England," *Explorations in Economic History*, vol. 27, no. 1 (January 1990): 1–28.

Werner, Michael, and Benedicte Zimmerman, "Beyond Comparison: *Histoire Croisée* and the Challenge of Refl exivity," *History and Theory*, vol. 45 (2006).

Whelan, Frederick, *Edmund Burke and India: Political Morality and Empire* (Pittsburgh, Pa.: University of Pittsburgh Press, 1996).

Wills, John E., *Embassies and Illusions: Dutch and Portuguese Envoys to K'ang-hsi, 1666 –1687* (Cambridge, Mass.: Council on East Asian Studies, Harvard University, 1984).

———, *Pepper, Guns and Parleys: The Dutch East India Company and China, 1622–1681* (Cambridge, Mass.: Harvard University Press, 1974).

———, "Review: *Maritime Asia, 1500 –1800: The Interactive Emergence of European Domination*," *The American Historical Review*, vol. 98, no. 1

(February 1993): 83–105.

———, "Trade and Diplomacy with Maritime Europe, 1644–1800," in Willard J. Peterson, ed., *The Cambridge History of China*, vol. 9, part 1, *Ch'ing Empire to 1800* (Cambridge: Cambridge University Press, 2008).

Wilson, Kathleen, *Island Race: Englishness, Empire and Gender in the Eighteenth Century* (New York: Routledge, 2006).

Wong, John, "Global Positioning: Houqua and His China Trade Partners in the Nineteenth Century" (PhD thesis, Harvard University, 2012).

———, *Global Trade during the Nineteenth Century: The House of Houqua and the Canton System* (Cambridge: Cambridge University Press, 2016).

Wrightson, Keith, *Ralph Tailor's Summer: A Scrivener, His City, and the Plague* (New Haven, Conn.: Yale University Press, 2011).

Yang, Chih-ming, *Performing China: Virtue, Commerce, and Orientalism in Eighteenth-Century England, 1660–1760* (Baltimore, Md.: Johns Hopkins University Press, 2011).

Zahedieh, Nuala, *The Capital and the Colonies: London and the Atlantic Economy, 1660–1700* (Cambridge: Cambridge University Press, 2010).

索 引

（页码为原书页码，即本书边码）

106; Court of Directors, 19–20, 23–24, 27, 51–52, 57, 69, 71, 85, 123, 127, 136, 140, 143; Court of Proprietors, 127, 129; debt in India, 21; doctors in service of, 36–37; Dundas's dislike of monopoly of, 123–25, 143; employees in partnerships with private traders, 48; employees' social backgrounds, 39; employees trading on their own account, 34–35; *Lady Hughes* Affair and, 109–10, 112–16, 118–19; Macao's relationship with, 42–43; Macartney and, 149; monopoly of, ix, 2, 18, 32, 73, 124, 125, 141, 143; negative view of establishment of British embassy to China, 136, 140–43, 152; records of, 4; Smith of Canton, relationship with, 69–71; Smith of Canton's wife's inheritance invested in, 154; Smith of Madras, relationship with, 42, 47, 70, 130–31; Smith of Madras's son in writership position in, 161–62, 163; supercargos, 26, 27, 63, 97–99; Taiwan trading privileges of, 2; tea cultivation and trade by, 12, 14, 18. *See also specific national affiliations*

of the various Companies
Eliza (ship), 58, 72–73
Elliott, William, 40
embassy to China. *See* British embassy to China
Estado da Índia (Portuguese India), 43
Eurasians, 72, 107, 110–11
Europe: attempts of European governments to establish embassies to China, 140; "Rise of the West" and, 6; Sinophiles and knowledge of China in, 122, 133; tea consumption and, 13; transfer of wealth from Asia to, 22. *See also specific countries*

Felicia (daughter of Smith of Bombay and Esperanza Gaspar D'Almina), 108, 165–66
Fergusson, Elspet (mother of Smith of Bombay), 104
Fergusson, John, 35, 69, 72, 154, 160
finance and financial crisis, 6, 10, 79–102; Armenian lenders and merchants in China, 41, 72, 82, 84; bills of exchange, 22–25, 29, 48, 68–71, 8–87, 131, 154, 160; British embassy to China and financial

21, 25, 79, 86–88

India Act (1784), 121

Indian Ocean, 4, 33–34, 47, 62, 161

indigo trade, 20, 29

Indonesia, 51–52, 69. *See also* Jakarta; Sumatra

insolvency. *See* bankruptcy or insolvency

Jackson, Robert, 41

Jacobite uprising (1745– 46), 31–32, 104

Jakarta, 4, 52

James II (king), 31, 104

Jardine, William, 8

Jesuits. *See* Catholic missionaries

Jones, William, 122

Joza de Costa, Antonio, 43

Jurchen tribes, 2

Kerr, James, 26

Kewshaw (Hong merchant), 85, 91

Keyqua (Hong merchant), 91

Killican, David, 69, 87

Kirkpatrick, James (colonel), 45

Kirkpatrick, James Achilles (son of Colonel James Kirkpatrick and Kitty Munro), 45

Kuhn, Philip, 134

Lady Hughes Affair (1784), 10, 103, 108–19; arrest order for and imprisonment of supercargo Smith, 112–13, 115, 119; British media coverage of, 118–19; departure of Smith of Bombay on *Lady Hughes*, 116; determining which George Smith was supercargo on *Lady Hughes*, 108–9; "Di Xiehua" (gunner), role of, 110–11, 115–19; escalation of conflict, 113–14; establishment of British embassy to China and, 142; Europeans acquiescing to Sun's demands and abandoning British colleagues, 114–15; firing of fatal shots killing two Chinese sailors, 110; Governor Sun's handling of, 111–17; importance in British relations with China, 117–18; records of events, 109–10; swapping Smith of Bombay for gunner, 115–16

Lance, David, 24, 123

Lane, Henry, 24, 123

lascars, 72, 101

Latham (ship), 58

Law, Ewan, 86, 148, 152

law and legal systems: British law of coverture, 155; British view of Chinese legal system, 103, 118, 140; Commutation Act (1784), 18, 119, 120; comparison of financial laws of China and Britain, 99–100; Hindu and Muslim laws and institutions in India, 133; Insolvent Debtors Bill considered in House of Commons, 152–54; *Lady Hughes* incident and punishment meted out, 117; Married Women's Property Act (1870), 155; Qing court system, 83

Leslie, Abraham, 68, 89, 91–92, 100–101

Light, Francis, 131–32

Linqua, 4

Lion (ship), 150

Li Zhiying (governor of Guangdong Province), 86, 91, 93, 95–97, 101

loans. *See* finance and financial crisis

Lockwood, David, 165

Lockwood, Thomas, 123

Lopez de Silva, Joaquim, 43

Lord Amherst (ship), 158

lumber and timber trade, 106, 141. *See also specific types of wood*

Macao, 61; East India Company's relationship with, 42–43, 74; expatriate life in, 61–62, 76; Portuguese in, 42–43, 61; private traders in, 4, 28, 33; Scott suggesting it as location for British embassy, 141; Smith of Canton in, 74–75, 100; Smith of Madras in, 42–43; supercargos and, 26

Macartney, Lord: as first ambassador to China, 2, 92, 133, 137, 139, 140–44, 147–52; as governor of Madras (1781–87), 149–50

Mackay, Hugh, 68

Mackillop, Andrew, 30, 165

Mackintosh, William, 119, 139, 144

Macpherson, John, 132

Madras: British territorial conquests and military victories in, 20, 44; capital flowing to Canton from, 8; corruption and scandal in, 126–28, 149; financial crises in, 10, 102; Macartney in, 149–50; Moubray in, 62–63; Petrie as governor of, 163; private traders in, 4, 33; Smith of Madras in, 22, 38–39, 43–46

Madras Council, 52, 126–27

Madras Presidency, 19, 37, 149

in Macao, 42– 43, 61

Prince Friderick of Danmarc (ship), 41

Princess Royal (ship), 65

private traders: cotton trade and, 25, 106, 131; defi ned, ix; disadvantages and risks faced by, 34–35; expulsion from China by East India Company, 78; intra-Asian financial networks created by, 28; opium trade and, 26, 131; potential earnings of, 29–30; risks encountered by, 33–34; role of, 3– 4, 131, 167; routes taken by to reach East Indies, 33, 105; as sources of information on China, 123, 143– 44; treasuries of East India Company used by, 22–23, 69, 154. *See also* free trade; Smith of Bombay, George; Smith of Canton, George; Smith of Madras, George

prostitutes, 63

Puankequa (Hong merchant), 65, 90, 91, 112

Purling, Matthew, 136

Qianlong emperor, 83, 92, 101–11, 117, 119, 138, 144, 146

Qing empire and dynasty, 2; bureaucracy of, 135; comparing

British and Qing empires, 132, 134–35; court system of, 83; Manchus (called "Tartars") in, 133–34; Ming-Qing dynastic transition, 134. *See also* Qianlong emperor

The Queen of Denmark Juliana Maria (ship), 41

Raikes, Thomas, 136

Raper, Matthew, 88

redwood trade, 69

remittances, 19, 20, 23–24, 29, 47, 49, 79, 160

Robinson, John, 69

Rogers, John, 23, 136, 140

Ross, Andrew, 160

Rous, George, 74

Royal Navy: Penang as possible location for base in Southeast Asia for, 132; warships sent to China, 79, 94–95, 101, 113. *See also Lady Hughes* Affair

Royal Philippines Company, 51

Ruding, Walter (son-in-law of Smith of Madras and Margaretta Aurora) 162

Russel (or Russell), Claud, 46, 127–28

Russia, 139, 140

8, 165; return to Scotland (1789), 108, 164; as supercargo, 105, 106, 108–9, 112–13, 115, 119; will of, 103, 108, 165– 67. See also *Lady Hughes* Affair

Smith of Canton, George, 1, 57–78, 146– 49, 152–56; bankruptcy of, 75–78, 152–54, 156; bills of exchange from East India Company held by, 23; bond debt originating with, 84; as Canton agent of Smith of Madras and other clients in India, 49, 63, 68, 79; Canton financial crisis and, 87–92, 94, 97, 99–100; in China (1771) without Company permission, 57; commemorative plaque of, 58–59; Crichton and, 90; death of (1808), 154; departure from China for Bombay (1778), 72; Dundas and, 7, 8, 123, 125, 135–36, 138, 139, 144, 146, 152–53; *Eliza* (ship) of, 58, 72–73; establishment of British embassy to China, advocacy for, 7, 135–36, 138, 139, 141, 146– 47; expulsion from China by East India Company, 74–75, 78, 120, 155; as free-trade advocate, 125; land tax

records in Surrey on, 155–56; Leslie and, 100; lineage and Scottish origins of, 60; in Macao, 58, 60– 63, 74; not supercargo on *Lady Hughes*, 109;

Smith of Canton, George (continued) return to Britain (1782), 75, 120, 155; Scott and, 58, 62, 69, 72, 73, 152–54; services offered by, 69; wife and children of, 58, 61– 63, 120, 154–59

Smith of Madras, George, 1, 29–56, 159– 64; bankruptcy of, 56, 78, 159; in Bengal (1783–91), 39; on British imperialism in India and China, 8, 132–35; Burke and, 129; Canton agents used by, 48– 49; Commons Select Committee on India and, 129; comparing Qing and British empires, 132, 134–35; Court of Proprietors and, 129; Crichton and, 90; Dundas and, 7, 8, 109, 120, 123, 125, 129–30, 132, 134–35, 138–39, 143– 44, 161– 63; East India Company tolerating his presence in East Indies, 32, 42; education and language ability of, 38–39; establishment of British embassy to China, advocacy for, 7, 135, 138–39, 141; family background of, 35–38; inability to obtain Company position, 37–38; Indonesian trade of, 51–52; knowledge of Chinese history and governance, 132–34, 143; knowledge of Indian trade and industry, 160; leasing East India Company ship to trade with Canton, 47, 70; as lender to Chinese merchants, 49–50, 88–89; as lender to nawab of Arcot, 50–51, 126, 129; on locations advantageous for British bases in Southeast Asia, 131–32, 163; London retirement home of, 55–56, 159; losses in Manila by, 50–52; in Macao and subsequent expulsion from China in mid-1760s, 42–43; in Madras and conducting business without Company's permission (1754), 22, 37–40, 38–39; in Madras at return (1765), 43–46; Madras coup (1776) and, 127–29; on Malabar coast trade difficulties, 106; in Manila where detained by Spanish, 50–51; not supercargo on *Lady Hughes*, 109; opium trade and, 26;

partnership with Monckton, 46, 47–48, 49; in records of British East India Company, 42; in records of Danish Asiatic and Swedish East India companies, 41–42; return to Britain (1779), 52–55, 159, 162; return to Calcutta (1783), 109, 135, 160–61; on tea trade and financial practices of Chinese merchants, 130–31; wife and children of, 44–46, 159–62; woolen cloth trade in China and, 48–49

Smiths, George (collectively): as advocates for first British embassy to China, 7; as examples of British private traders in India and China, 4–8, 29–31, 167–68; identities of and confusion among, 1, 109, 171–72; Jacobite defeat (1745–46), effect of, 32; as lenders to Asian elites, 88–89, 167–68; lives and families of, 9–10

Smiths of Fordyce (family of Smith of Bombay), 104

South China Sea, 33, 47, 62, 161

Southeast Asia: East Asia Company treasury in, 69, 154; opium trade in, 26; profits from private traders' sales in, 22; proposed chain of British maritime bases in, 131; wealth transfer from, 25. *See also specific countries*

Southern Song period (1127–79), 13

Spain: galleons bringing American silver to China, 49, 51; Smith of Madras detained in Manila by, 50–51

Staunton, George Leonard, 150

St. John's Stoke Church (Guildford, Surrey), 58–59, 59, 60, 154

Stuart, Charles Edward, 31

Stuart, Jane (wife of Macartney), 149

sugar, 15, 29, 104

Sullivan, Laurence, 21

Sultanissa Begam (ship), 50–51

Sumatra, 51, 69, 160

Sun Shiyi (governor of Guangdong Province), 110–17

supercargos (*taipan*): advantages of British embassy to China for, 141–42; belief that Chinese government would enforce their contracts, 83, 84; Crichton as, 90; of European East India companies, 33, 41, 50, 140; financial crisis of 1779 and negotiations to get repayments for British creditors, 95–100; *Lady Hughes* incident and, 110, 112–18; Leslie and, 89; opium trade and, 26; role of, 23, 30; Scots as, 30; Smith of Bombay as, 105, 106, 108–9, 112–13, 115, 119; Smith of Canton and, 69–74, 153; Smith of Madras and, 42– 43, 48, 50; as source of information on China, 123, 125. *See also* Council of Supercargos

superintendent of customs. *See* Hoppo

surgeons (doctors), 26, 35–37, 41, 55, 85, 89–90 128, 158, 165

Swedish East India Company, 30, 32, 41, 50, 63, 70, 96, 104, 123

Taiwan, 2

Tang dynasty (618–907), 13

Tanjore, raja of, 126–27

taxes and duties: East India Company's collection of taxes in Bengal, 19; on tea, 18

tea, 4, 11–28, 69–70; accessories and tableware associated with, 16; attractive qualities of, 15–16; British consumer demand for, 8, 9–10, 11, 13–15, 28, 167; British interest in Chinese trade in, 7, 119;

British political initiatives and legislative measures on, 17–19; Chinese and Indian tea compared, 11–12; finances of tea trade, 79, 81– 82, 102; history of Chinese cultivation, 12–13, 14; *Lady Hughes* Affair and tea trade ramifications, 119–20; price and affordability of, 15; private traders in, 10, 131; processing and preparation of, 13; Smith of Canton and tea trade, 57; smuggling of, 14, 18, 105; social rituals and symbols associated with, 16–17, 17, 28; taxes and duties on, 18; terms used for, 13; types of, 13

Teoqua (Hong merchant), 91

Teyqua (Hong merchant), 91

Tinqua (Hong merchant), 91

tin trade, 69, 131, 132, 141

Tipu Sultan (Tiger of Mysore), 106

trade: China as offering most profitable opportunities for, 35, 130; connection between capital markets in India and China, 8, 79, 86– 88; free trade, 7, 74, 123, 125, 144, 167. *See also* East India Company; private traders; *specific items of trade or location of trading*

trade deficit, 19, 26, 48, 106, 130–31

transferences, 70

Tulloch, Charles (husband of Anna Mary Smith), 159

Tu Ming'a (customs superintendent), 86, 93, 95–97, 99, 100

Twining, Thomas, 15

Upper Harley Street, 56, 159

Valentine (ship), 132

Van Dyke, Paul, ix–x, 84

Vane, George, 16

Vansittart, George, 21–22, 34, 86, 148, 152

Vansittart, Henry, 42

Vernon, Edward, 92–93, 95, 101

Vestal (ship), 149

Wallace, James, 74

Walpole, Horace, 14–15

Wang, Lin, 112

Wang, Yunfa, 110

Ward, Joseph, 153

Watson, Henry, 26

Whampoa, 63, 113, 141

Whig party, 125, 126

William of Orange (king), 31